群

学

AUGUST CIESZKOWSKI

SELECTED WRITINGS OF
AUGUST CIESZKOWSKI'S
PRACTICAL PHILOSOPHY

切什考夫斯基实践哲学思想选集

〔波〕奥古斯特·切什考夫斯基 —— 著

文翔 等 —— 编译

社会科学文献出版社
SOCIAL SCIENCES ACADEMIC PRESS (CHINA)

水与火也能协调起来……但首先必须建造一个蒸汽机!

——奥古斯特·切什考夫斯基

本译著是国家社会科学基金一般项目"切什考夫斯基'行动的哲学'著作翻译与文本研究"(项目编号：16BZX010)的最终成果

目　录

编译者的话
行动的哲学：马克思实践转向的重要媒介

奥古斯特·切什考夫斯基（August Cieszkowski，1814~1894）是国外马克思学研究始终无法绕过去的一个人物，其论著已经被翻译成英文、波兰文、法文和德文等多种文字，影响是世界性的。非常遗憾的是，切什考夫斯基的著作的中文译本至今未曾有过，这使得他的名字及其思想并不为中国学者所熟知①，当然更别说去准确理解、把握和评估他对马克思的影响了。

我们译介切什考夫斯基的著作和思想的主要目的是丰富和完善马克思主义发展史，所以本序言采取这样一种叙事思路：首先，根据切什考夫斯基生平的主要活动区域去介绍他的生平事件及其著作；其次，全方位地呈现切什考夫斯基的思想所产生的社会历史影响，特别是通过梳理他与其他青年黑格尔派成员之间的已知关系来评判他对马克思的影响；再次，从总体性上把握切什考夫斯基在各个时期写成的、看上去似乎并不连贯的著作之间的相互关系；最后，我们再回过头来谈一谈切什考夫斯基的"行动的哲学"的当代学术价值。

---

① 在国内，人们最早知道切什考夫斯基的名字也许是在法国学者奥古斯特·科尔纽（Auguste Cornu）著的《马克思恩格斯传》的中译本（刘磊等译，三联书店，1963）之中。科尔纽的另一部中译本著作《马克思的思想起源》（王瑾译，中国人民大学出版社，1987）谈得更为详细，但该书着重谈论的是切什考夫斯基对马克思的影响，对其思想观点仅仅是寥寥数笔带过。直到21世纪初，我们才在一些研究马克思早期思想以及研究赫斯思想的著述中——比如：孙伯鍨教授著的《探索者道路的探索》（南京大学出版社，2002）、张一兵教授主编的《赫斯精粹》（邓习议编译、方向红校译，南京大学出版社，2010）——初步但又远远不够地接触到切什考夫斯基的哲学思想。

一 切什考夫斯基的生平和观点

1814 年，切什考夫斯基出生于波兰华沙附近的一个富有而有教养的贵族家庭。① 他从小就接受了良好的家庭教育，这让他多才多艺、精通多国语言。在切什考夫斯基年少之时，他就接触到了当时在波兰盛行的民族浪漫主义。据有关传记记载，在 1830 年波兰人反抗沙皇俄国的起义中，他曾经参加过一个非战斗性质的团体。② 1831 年，切什考夫斯基被波兰的雅盖隆大学③哲学系录取，在克拉科夫这座自由城市度过了两个学期。

1. 德国

1832 年，年轻的切什考夫斯基离开了正在闹革命的危险之地华沙，前往哲学氛围浓郁的柏林，并打算拜在黑格尔门下学习哲学。但是，如同年轻的大卫·施特劳斯（David Strauss）④ 一样，切什考夫斯基刚到达柏林就听到黑格尔突然病逝的噩耗。不像在第二年就很失落地离开柏林的施特劳斯，切什考夫斯基在接下来的三年时间都待在柏林大学，据说是为了寻找与他志趣相投的黑格尔哲学继承者。19 世纪 30 年代，切什考夫斯基在这所被称为"威廉·弗里德里希的大学"里被学习黑格尔哲学的狂热所吞噬，那并不算什么令人惊讶的事情。不管怎么说，他的导师们都做过黑格尔的学生，如卡尔·米什莱（Karl Michele）、爱德华·甘斯（Eduard Gans）、卡尔·韦尔德（Karl Werder）和海因里希·霍托（Heinrich Hotho）等。⑤

---

① 在关于切什考夫斯基的传记文章之中，最完整、最详细的无疑是波兰人安杰伊·沃特考夫斯基（Andrze Jwojtkowski）撰写的那篇，载于维托尔德·杰考博兹克（Witold Jakobczyk）编辑的《19 世纪的波兰》第 II 卷，波兹南：波兹南国家出版社，1969，第 141~175 页。

② 切什考夫斯基为人所知的最早作品是一首写于 1831 年的抒情爱国诗。参见波兰学者贾尼娜·兹纳米洛斯卡（Janina Znamirowska）的论文《奥古斯特·切什考夫斯基的未出版诗作》，载于《文学运动》第 IV 卷，1929 年 2 月 2 日，第 44~46 页。

③ 雅盖隆大学位于波兰的克拉科夫省的首府克拉科夫。它创建于 1364 年，是波兰历史最悠久的大学，也是世界上最古老的大学之一。从建立之初起，雅盖隆大学就是欧洲地区最重要的学术研究基地之一。

④ 大卫·施特劳斯（1808~1874），黑格尔的学生，也是青年黑格尔派中最具有代表性的人物。

⑤ 这几个人——卡尔·米什莱（1801~1893）、爱德华·甘斯（1798~1839）、卡尔·韦尔德（1806~1893）、海因里希·霍托（1802~1873）——都是黑格尔的学生。他们当时都在柏林大学任教，对青年黑格尔运动产生过不同程度的影响，所以很多研究黑格尔哲学运动的论著都会提到他们的名字。

切什考夫斯基在柏林大学学习期间，恰恰是风靡一时的黑格尔哲学不断深受宗教争端和厌恶玄思所侵蚀的年代，同时也是黑格尔学派内部逐渐分化——"老年黑格尔派"与"青年黑格尔派"之间互相对立——的年代。在这样的思想背景下，人们是完全能够概括出切什考夫斯基在柏林这段时期的思想特点的。非常值得注意的是，与切什考夫斯基关系最为密切的两位导师——爱德华·甘斯和卡尔·米什莱，他们在清楚明白表述这股思潮新趋势方面——人们日益转变的理论态度正在引领着一场方兴未艾的哲学研究革命，即超越德国古典哲学的限制，去寻找一条能摆脱黑格尔体系的困境的出路——发挥了重要作用。甘斯凭借自由主义立场对法国社会思潮尤其是圣西门主义思想保持着浓厚兴趣而将自己与黑格尔的同僚们区分开来①，极力强调预测社会问题的未来的重要性。在甘斯的熏陶和指引下，切什考夫斯基不仅开始阅读法哲学和历史哲学著作，② 而且开始从事《历史哲学导论》的撰写工作。③ 米什莱本来是一位虔诚的老年黑格尔主义者，然而在 19 世纪 30 年代以后他也深受法国流行的社会利益问题影响，从而逐渐失去了对黑格尔学说保持忠诚的耐心。④ 值得注目的是，米什莱这段时期的著作激起了切什考夫斯基对以下两个研究主题的热忱关注：第一，需要重新定位哲学，使其面向未来，以便在思想之中实现的"和解"能够在现实之中发挥积极作用；第二，需要普及这种（新）哲学，使其能在所有知识领域和社会各个阶层"大化流行"。⑤ 米什莱在世的时间比较长，同时也与切什考夫斯基长期保持通信达 60 年之久，信件内容生动地展示了《历史哲学导论》的发生学起源。切什考夫斯基在 1836 年返回波兰之前就已经明确表

① 〔德〕汉斯·冈瑟·瑞斯勒（Hanns Günther Reissner）：《爱德华·甘斯：在 1815~1848 年的生活》，载于《利奥·拜客研究所论文集》第 14 卷，杜宾根：莫尔出版社，1965。
② 〔德〕沃尔特·库尼（Walter Kühne）：《奥古斯特·切什考夫斯基伯爵》（*Graf August Cieszkowski*），载于《波恩大学斯拉夫研究所出版物》第 XX 卷，莱比锡：O. 哈拉索维茨出版社，1938，第 426 页。
③ 参见切什考夫斯基在 1836 年 6 月 20 日写给米什莱的第 1 封信，载于库尼的《奥古斯特·切什考夫斯基伯爵》，第 359 页。
④ 〔德〕卡尔·米什莱：《真理在我生活中》，柏林：尼古拉出版社，1884，第 129 页。
⑤ 卡尔·米什莱在 1831 年就把哲学称为"破晓时分啼鸣的公鸡"，有意识地"翻转"了黑格尔的那个著名比喻——哲学是"在黄昏时分才起飞的密涅瓦的猫头鹰"。详情参见〔德〕霍斯特·施图克（Horst Stuke）：《哲学之事实》（*Philosophie der Tat*），斯图加特：E. 科勒特出版社，1963，第 64 页。

达出他对黑格尔哲学的强烈不满，认为黑格尔的精神哲学没有达到他的逻辑学所实现的那种辩证的和完美的高度。① 几个月之后，伴随着"历史辩证法"这个术语的出炉，切什考夫斯基对黑格尔哲学的批判采取了更加具体的形式，同时也使他的意图更加明确：

> 哲学能不能成为一门严密的科学？如果它是一门科学，但是按照现有的通用的科学原理，我们却得不出这个结论……哲学还站在那里原地不动，历史已经从它身边穿越而过，赶了好长的路程，并且为我们留下了相当多的生动资料。因此，这些资料邀请我们去做出计算，去查找推动进步的方法，去发现问题的未知因素（x）。我承认，这个 x 就是未来。未来属于积极思考的领域，常常逃离人类的直觉和反思，我想要征服它。②

米什莱对切什考夫斯基的兴趣持怀疑态度，认为从黑格尔的地基上继续前进看起来是一件非常困难的事情，稍有不慎就会走向乌托邦主义，除非这种哲学能建立在每个个体的具体经验之上，又或者除非它能用大众可理解的术语和符合现代思维原则的方法向人们通俗易懂地证明它适用于历史的理解。③ 切什考夫斯基没有理会这些质疑，继续从事《历史哲学导论》的撰写工作。1835~1837 年，他通常采用旅行来弥补他思想理论的不足，他先后游览了法兰西和英格兰。在法国，他受到傅立叶和圣西门的空想社会主义思想的熏陶；在英国，他比恩格斯更早地发现早期资本主义存在的各种社会问题。1838 年，切什考夫斯基把处女作《历史哲学导论》在柏林维特公司用德文出版。

这部著作虽然只有 157 页，但它堪称那个时代最伟大的创作，是"充

---

① 参见切什考夫斯基在 1836 年 6 月 20 日写给米什莱的第 1 封信，载于库尼的《奥古斯特·切什考夫斯基伯爵》，第 358 页。

② 参见切什考夫斯基在 1837 年 3 月 18 日写给米什莱的第 3 封信，载于库尼的《奥古斯特·切什考夫斯基伯爵》，第 366 页。

③ 参见米什莱在 1838 年 4 月 6 日写给切什考夫斯基的第 4 封信，载于库尼的《奥古斯特·切什考夫斯基伯爵》，第 270 页。

满了文学气息和哲学思辨相结合的时代精神"。① 在那段开始于法国七月革命（1830年）的"不祥十年"里，头5年时间记录着的是黑格尔、歌德（Goethe）和施莱尔马赫（Schleiermache）② 相继辞世——他们的去世带走了人类对未来的仅有的一点希望。卡尔·伊梅尔曼（Karl Immerman）在1835年写成的小说《继承者》中吐露了那些同时代人优柔寡断的心声。

> 一次孤独无助的跟跄和踌躇，一副漫无目的和荒唐可笑的严肃做作，一种努力斗争的感觉——我们不知道要达到什么目标——对（政治）恐怖的恐惧是如此可怕以致形成了一种不可言状的恐怖心理——就好似人类，在波涛汹涌的海面上的小船之中推来搡去，遭受看不到头的精神晕船……我们是可以用一个词语来表达我们的这种不幸：拙劣的模仿者。我们承受的负担也会被那些出生太晚的人所继承。③

切什考夫斯基在《历史哲学导论》中对人类事业有效出路的高度自信与他同时代人沉溺于怀疑和抱怨形成了鲜明对比。

在哲学史上，《历史哲学导论》的问世也处于这样一个时刻：大卫·施特劳斯对保守黑格尔主义的批判即将获得最后胜利。在同一年，政论家阿尔诺德·卢格（Arnold Ruge）④ 等人创办了"为青年黑格尔派哲学家的天启制定方法和路径"⑤ 的《哈雷年鉴》。在这部生逢其时的著作中，一个主导青年黑格尔哲学运动的核心主题被提出和介绍了——切什考夫斯基宣称"我们仍没有到达历史的尽头"。把切什考夫斯基看成"破译黑格尔哲学中

---

① 〔英〕奥波德-森德·桑戈尔：《评切什考夫斯基的〈历史哲学导论〉》，载于《形而上学评论》1982年第4期，英国哲学教育协会有限公司出版，第860页。

② 施莱尔马赫（1768~1834），德国哲学家、新教神学家，德国浪漫主义的代表性人物。

③ 〔德〕卡尔·伊梅尔曼：《继承者》（Die Epigonen），载于〔德〕R. 博克斯贝格尔（R. Boxberger）主编《伊梅尔曼作品集》第Ⅴ卷，柏林，1842，第123页。

④ 阿尔诺德·卢格（1802~1880），德国政论家，青年黑格尔派分子，资产阶级激进民主主义者。1837年创办《哈雷年鉴》（后改名为《德国年鉴》），成了青年黑格尔派的宣传中心。1843年《德国年鉴》被查封，卢格邀请马克思一起到法国巴黎创办《德法年鉴》，后因与马克思发生思想分歧而停刊。

⑤ 〔德〕阿尔诺德·卢格：《过去的时代》（Aus früherer Zeit）第Ⅳ卷，柏林，1862，第445页。

隐含的千禧教义的第一人"① 并不过分。从内部批判似乎无法超越黑格尔体系的情况下，切什考夫斯基率先在黑格尔致思缜密的理论体系中发现了一道"缝隙"。在切什考夫斯基看来，黑格尔是在心不在焉的情况之下犯了一个"莫名其妙"的错误，把历史的有机发展过程划分成了四个时期：东方文明时期、希腊文明时期、罗马文明时期以及基督教—日耳曼文明时期。他随即指出，历史肯定是绝对精神的运动，所以它必须遵循辩证的三分法的发展原则：正题、反题和合题。简而言之，"正题—反题—合题"也可被看作历史时间的三个时刻——过去、现在和未来，分别对应感觉、理智和实践。在完成对黑格尔的批判性评论之后，切什考夫斯基发展了一个带有根本性的创新观念：在必然性和自由之间架起一座可沟通和可理解的桥梁——最终从理论走向实践。他"抛投"出来的答案是：

> 在未来，哲学必须承认它自己衰败，原则上也要有所改变……正如艺术的史诗必须迈入思想的散文一样，哲学也必须从理论的高度下落到实践领域之中。一般而言，哲学的未来命运就是"具有实践性质的哲学"，或者更确切地说，是"实践哲学"——它对日常生活和社会关系最具体的影响就是"在具体实在的活动中发展真理"。②

在切什考夫斯基的构想中，过去（古代文明时期）是"圣父的时代"——在那里，未开化的实践和纯粹的感觉统治着人类意识；现代文明时期亦即"圣子时代"是由基督开启的，它的世俗否定论在黑格尔的绝对主义理论之中得到了不折不扣的贯彻执行；目前缺乏实践性的理论正处于一个"新时代"——最终的"实践时代"——的门槛上，过去与现在将在这"精神时代"中通过辩证的扬弃，从而达到它们最终的完美形态。源于实践的"后理论哲学"的未来细节将由一种令人叹服的创造性天赋和一套独特的逻辑体系来完成刻画。

2. 法国

在《历史哲学导论》出版后不久，切什考夫斯基就以论文《伊奥尼亚

---

① 〔英〕奥波德-森德·桑戈尔：《评切什考夫斯基的〈历史哲学导论〉》，载于《形而上学评论》1982年第4期，英国哲学教育协会有限公司出版，第860页。

② 〔波〕奥古斯特·切什考夫斯基：《历史哲学导论》，参见本书第106页。

哲学的智慧和洞见》（*De philosophiae ionicae*，*ingenio*，*vi*，*loco*）① 从海德堡大学获得了他的博士学位，而不是人们所预料中的柏林大学。然而，正如后来马克思在耶拿的经历表明的那样，从一所从来没有上过的大学那里获得博士学位在当时来说并不是不可能的。然后，他旅居法国并把此地作为他以后几十年的活动中心。

巴黎在当时是一个朝圣之地，对切什考夫斯基也不例外——无论怎样讲，法国资产阶级立宪制的经验都是一个重要的启示。简单说来，当时的法国有三个层面的东西吸引了切什考夫斯基的注意，这一切都反映在他当时的作品中：①法国社会主义，让切什考夫斯基在《历史哲学导论》中勾勒的"未来社会生活"的轮廓有了一个现实、具体而细致的征兆；②法国社会的整体性，不仅让切什考夫斯基找到了经济自由的放任主义、中庸之道的自由主义和泛滥猖獗的个人主义存在诸多弊端的生动例子，而且还让他发现此地就是践行他有机工作方案的实验室；③法国在这个时期的萎靡不振的精神面貌以及热衷于救赎与救世主义的荒诞表现，让切什考夫斯基坚定了自己的信念：宗教生活具有普适性，宗教复兴具有迫切性。

我们从切什考夫斯基的日记②中可以了解他在巴黎的活动和想法。可以肯定的是，切什考夫斯基融入了当地文化圈——这个圈里的知识分子通过阅读他的著作而熟知他。他把所有工作时间都投入到公开演讲、阅读、与法国知识分子探讨，以及观察社会和工业中出现的各种各样新奇事物。因此，切什考夫斯基经常出席法兰西科学院的学术会议——在那里，自由主义经济学家关注的东西占主导地位，不过有时也能听到一些关于工人阶级研究的评论。③

---

① 非常遗憾的是，这篇博士学位论文并没有保存下来。切什考夫斯基后来在波兰发表的另一篇论文《伊奥尼亚哲学之实质》（载于《华沙图书》第Ⅰ卷，1841，第 287~306 页和 536~561 页）可能再现了这篇博士学位论文的主题和素材。

② 切什考夫斯基的两本日记（即《日记Ⅰ》和《日记Ⅱ》）至今没有公开出版，原件保存在波兹南大学图书馆的手稿部。它们记录了切什考夫斯基在 1831~1839 年的评论、观点、读书笔记和个人遭遇。

③ 在《日记Ⅱ》的第 13~14 页（时间大概是 1838 年 11 月~1839 年 2 月），切什考夫斯基特别记录了他听过的 A. 布朗基（A. Blanqui）的一系列演讲。布朗基承认他是因为读了维勒梅（Villermé）的《工人阶级状况图片》（巴黎，1840）而开始关注工人阶级状况的。

切什考夫斯基如饥似渴地学习，他尤其重视的经济学知识突飞猛进。① 更为重要的是，他在这里遇到了许多显赫人物。通过一名流亡法国的波兰经济学家路易斯·沃洛夫斯基（Louis Wolowski）② 切什考夫斯基开始认识了自由主义经济组织的许多成员如路易斯·奥古斯特·布朗基（Louis-Auguste Blanqui）③、希波吕芡·德·帕西（Hippolyte de Passy）④ 和 P. L. E. 罗西（P. L. E. Rossi）⑤，以及一位非常重要的经济学圈外人士——皮埃尔·约瑟夫·蒲鲁东（Pierre-Joseph Proudhon）⑥。此外，他也已经非常容易接触到那些官方理论家——特别是罗耶·科拉德（Royer-Collard）⑦ 和维克托·库辛（Victor Cousin）⑧，以及那些杰出人物，如儒勒·米什莱（Jules Michelet）⑨ 和埃德加·基内（Edgar Quinet）⑩ 等。同时，切什考夫斯基还结识了一些

---

① 切什考夫斯基在《日记Ⅱ》的第 13 页提到，他在 1838 年 11 月阅读的经济学著作就有亚里士多德的《在天堂》、朗斯基的《铁路移动路径》、贝松的《法国金融史》、圣西门的《宣传册汇编》、沃勒斯基的《抵押贷款制度》、布莱克斯都恩的《英国法律评论》等。

② 路易斯·沃洛夫斯基（全名 Louis-François-Michel-Reymond Wolowski, 1810~1876），19 世纪波兰经济学家、法学家、作家。他出生在波兰华沙，后流亡法国并加入法国籍，在 1839~1848 年担任法兰西科学院院长，也是开明的《经济学家杂志》的编辑。

③ 路易斯·奥古斯特·布朗基（1805~1881），法国早期工人运动活动家、革命家、早期共产主义者，巴黎公社的传奇人物，曾担任巴黎公社议会主席。

④ 希波吕芡·德·帕西（1793~1880），19 世纪法国经济学家、法学家，他主要因为自己的著作《开明贵族与文明进步》（巴黎，1826）而为人所知。

⑤ P. L. E. 罗西（1787~1848），当时是一位法学院教授，后来曾任庇护九世教皇的秘书。

⑥ 皮埃尔·约瑟夫·蒲鲁东（1809~1865），法国的政论家，经济学家，小资产阶级社会主义者，无政府主义奠基人之一。蒲鲁东的学说和政治活动对巴黎公社前的法国工人运动颇有影响，马克思在《哲学的贫困》中对其进行了深刻的批判。特别指出，切什考夫斯基的名字偶尔也会出现在蒲鲁东的笔记本中，参见由〔法〕P. 豪布特曼（P. Haubtmann）编辑的《蒲鲁东笔记》第 1 卷第 177 页和第 234 页、第 2 卷第 258 页、第 3 卷第 80 页，巴黎：M. Rivière 出版社，1961~1968。

⑦ 罗耶·科拉德（1763~1845），19 世纪法国著名的思想家、革命家、政治评论家，曾在 1789 年 7 月 20 日至 1792 年 8 月 10 日任法国大革命时期巴黎公社委员。

⑧ 维克托·库辛（1792~1867），19 世纪法国的教育家、哲学家、历史学家，1834 年任巴黎高等师范学校校长，1840 年在基佐内阁中任教育大臣。切什考夫斯基在《日记Ⅱ》第 13 页（1838 年 11 月 29 日）提到，他和库辛进行过一次长谈。

⑨ 儒勒·米什莱（1798~1874）是 19 世纪法国著名历史学家，被学术界称为"法国最早和最伟大的民族主义和浪漫主义历史学家"。切什考夫斯基在《日记Ⅱ》第 14 页（1838 年 12 月 23 日）提到他同米什莱进行过会晤。

⑩ 埃德加·基内（1803~1875），19 世纪法国历史学家、诗人、哲学家、激进的共和主义者。他信奉共和主义，一生都支持欧洲革命运动，参加过 1848 年巴黎二月革命。

社会党领袖，如拉梅内（H. F. R. de Lamennais）① 和皮埃尔·勒鲁（Pierre Leroux）②，他还时常出入于傅立叶主义者杂志《法郎吉》（*la phalange*）的办公场所，并在那里认识了傅立叶改良主义的两位领袖：路易斯·布朗（Louis Blance）与维克托·孔西德朗（Victor Considérant）。③ 在巴黎的主流圈子以外，切什考夫斯基在笔记本中还提到他与另外两名非主流思想家进行过接触和交流：一个是巴兰榭（Pierre Simon Ballanche）④，他的轮回理论让切什考夫斯基仰慕已久；另一个是赫内斯·朗斯基（Hoene Wroński），这位发明家自称是救世主义者，主要关注数学与神秘主义的结合。⑤

同时，切什考夫斯基也研究物资性的自然环境和社会环境。他参观过监狱和工厂，对火车非常感兴趣，也对农艺充满关注。⑥ 这些活动在很大程度上是先前兴趣的延续。切什考夫斯基之所以在这方面或那方面有发现和创见，是因为法国提供给他的不仅仅是新奇，而且还肯定了他早期的理念，并为他提供了能够精心策划、构思先前方案的机会。例如，还在波兰的时候，切什考夫斯基就提出，三种新型肥料的发现是一个有特别重大意义的征兆，并且他非常严肃地写道，引进甜菜种植可以使人类生活变得更甜美。⑦ 因此，

---

① 拉梅内（全名 H. F. R. Lamennais，中文常译为于格·费利西泰·罗贝尔·德·拉梅内，1782~1854），19 世纪法国神父、作家、督教社会主义代表人物之一。

② 皮埃尔·勒鲁（1797~1871），是 19 世纪法国著名的哲学家、小资产阶级空想社会主义者。

③ 切什考夫斯基在《日记Ⅱ》第 14~15 页（时间是 1838 年 12 月 8 日~26 日间）提到他与路易斯·布朗和维克托·孔西德朗的多次见面。

④ 巴兰榭（有译为巴朗什或巴兰奇，1776~1847）是一位天主教徒、宗教和社会哲学家，在 19 世纪初法国浪漫主义思想的发展中起了重要作用——在那个时代，人们都被他对 18 世纪理性主义的拒绝以及他表达宗教和社会理论的诗意和神谕风格所吸引。切什考夫斯基在《日记Ⅱ》的第 12 页（1838 年 11 月 3 日）记录了他与巴兰榭会晤时的情形。切什考夫斯基在波兰之时就已经读过巴兰榭的著作，并在《历史哲学导论》引用过他的思想。

⑤ 赫内斯·朗斯基（全名 Joseph-Marie Hoene Wroński，1776~1853），19 世纪法国最具原创性的哲学家之一。关于他的古怪哲学思想可参见其著作《哲学创新》（*une philosophie de la création*），巴黎：胜利者出版社，1970。

⑥ 参见切什考夫斯基的《日记Ⅱ》第 10 页，时间在 1838 年 8 月 24 日至 9 月 14 日。

⑦ 切什考夫斯基在《日记Ⅱ》第 2 页（1837 年 1 月 18 日）写道："在今年可以看到，几乎每一个事件都蕴含着一些重要社会意图，它在我们意想不到的地方出现，比如今年发现的三种人造肥料的制造就是一个极其重要的预兆。我们正走向一场世界性的激进改革，在那里，自然将重生，人类的原罪不仅会在精神上而且会在物质上被改革的成果填平。地球将会从这个巨大的诅咒中获得自由，从现在开始，它生产的将不仅仅是灌木和荆棘。为了使这一切发生，它需要持续不断的营养，而这种肥料就是手段"。也可参见他在 1836 年 6 月 30 日写给米什莱的第 1 封信，载于库尼的《奥古斯特·切什考夫斯基伯爵》，第 357~358 页。

当他来到国外之时，他详细记载了不同土壤的肥力，同时也在设法发展甜菜产业。总而言之，在众多熟悉切什考夫斯基的人的眼中，他肯定是一位极其认真甚至少年老成的青年。

在 1839 年，切什考夫斯基出版了他的第一部经济著作《信贷与流通》（*Du credit et de la circulation*），有 300 多页，用法语撰写。① 事实上，在更早之前，他就已经在计划甚至是着手构思这本书了。当还在波兰的时候，尽管黑格尔主义者忽视经济学，但切什考夫斯基早就已经阅读了大量英国自由主义经济学的经典著作。他对这些英国学说采取了批判的态度，抨击它们具有反国家甚至是反社会的倾向。② 他在阅读西斯蒙第（Sismondi）的著作时发现，西斯蒙第也是因为更偏爱历史主义导向和政治经济学而放弃了自己早年的自由主义思想。③ 受西斯蒙第的启发，切什考夫斯基批判欧洲大陆传统的想法变得更加强烈。或许，把切什考夫斯基列为西斯蒙第的门徒——与佩克尔（Pecqueur）和维伦纽夫·巴格蒙特（Villeneuve-Bargemont）相提并论——有些轻率，但值得注意的是，切什考夫斯基曾经勤勉而刻苦地钻研过他们两人的著作。④ 这些思想与他接受的黑格尔主义教育一道，共同构成切什考夫斯基对经济问题的态度的解释背景。

《信贷与流通》主张使用附息票据也许显得有些怪异，但他旨在寻求这样一种可能性方案：用土地代替贵金属作为价值的担保者，一方面使国家成为债权人而不是借贷方——这涉及国家作为经济代理人的角色和作用问题，另一方面强调无息信贷将带来社会公正——这涉及在公共领域与私人领域之间的划界原则问题。这类计划尽管在其他国家或地区享受到了各式

① 〔波〕切什考夫斯基：《信贷与流通》第 1 版，巴黎：特雷特尔和沃尔茨出版社，1839。
② 在切什考夫斯基的《日记 II》随处可见他对史密斯、李嘉图和麦卡洛克的评价。
③ 西蒙德·德·西斯蒙第（1773~1842），法国政治经济学家、法国古典经济的完成者、法国浪漫主义的奠基人。他在 1819 年出版的代表作《政治经济学新原理》标志着他从英国古典政治经济学的信徒转而成为激烈的反对者。他从小生产者的立场出发，批评英国古典政治经济学以财富为研究对象，忽视了人和人的享受，认为经济自由主义给社会带来灾难，要求依靠国家政策调节社会经济生活。他强调消费先于生产、生产服从消费，反对李嘉图为生产而生产的思想。西斯蒙第还指出，资本家为利润拼命扩大生产，但小生产的破产和社会分配不公使广大人民收入不足，收入不足使消费不足，因而一部分产品不能实现而必然产生经济危机。他最早论述了资本主义生产过剩危机的必然性，这是他的科学功绩。
④ 切什考夫斯基在《日记 II》第 3 页（1837 年 11 月至 1838 年 1 月）列举的阅读书目中就有维伦纽夫·巴格蒙特的《基督教政治经济学》（巴黎，1819）。

各样的幸运，① 但在法国却遭受了令人沮丧的挫折——它们自己和各种信贷机构都丧失了信誉，由此导致法国的银行与金融发展停滞不前。切什考夫斯基提出的方案几乎引起了所有法国社会改革者的思想共鸣。时至今日，《信贷与流通》所取得的成功也仍难以评估。毫无疑问，它是切什考夫斯基的作品中阅读量最大的，在他有生之年就发行了三个不同的版本。② 而且，它比《历史哲学导论》更加经久不衰，后者在出版之初引起强烈反响之后很快就被遗忘了，直到 20 世纪才被重新发现。再者，《信贷与流通》还吸引着整个欧洲的目光。在俄罗斯，这部作品被当作审判俄国第一个社会主义团体"彼得舍夫斯基傅立叶学者学会"（Fourierist Petrashevskii Circle）的证据而被援引。③ 在英国，经济学家麦克劳德（Henry Dunning Macleod）在它最后一个版本中找到作者举的反证来辩驳这部著作。④ 在其他地方，这本书同样也被频繁地引用。⑤

切什考夫斯基还在 1844 年出版了《现代贵族与贵族社会》（*De la pairie et de l'arstocratie moderne*）一书。⑥ 简要地讲，这本小册子是一部关于立法改革计划的作品，主要谈及如何恢复法国上议院的工作效率及合法地位。他强调民主需要与之相匹配的社会阶层，因此写作的主要意图可以被明确地解释为：构建一种与现代国家要求相适应的且易于为人们所接受的精英理论。毫无疑问，他的这本书从圣西门的《组织者》（*Organisatrur*）那里获得

---

① 德国学者 G. R. 巴克（G. R. Bark）在《土地成为财富：纸币的一个历史贡献》（柏林：E. 埃贝林出版社，1930）中列举了不少相关案例。

② 这三个版本分别是 1839 年版、1847 年版、1884 年版。

③ 〔波〕维克多里亚·斯里沃夫斯卡（Wiktoria Sliwowska）：《传唤提案案例》，华沙：科学出版社，1964，第 203~206 页。

④ 〔英〕亨利·邓宁·麦克劳德：《政治经济学词典》第 1 卷，伦敦，1863，第 431~432 页。

⑤ 同上："在一般情况下，我们应该毫不在意地忽视这部著作，仅仅因为我们痛恨作者浪费了如此多的精巧劳动而提出一部崭新的、迷惑了很多人的约翰法典学说。但是，当我们发现大陆上几位最有能力的经济学家已经赞成切什考夫斯基伯爵的观点之时，事情事实上呈现出了非常不同的一面。随着这种趋势的不断积累，它已经激起人们的一些警觉：这些有害的、荒唐的事情会变得更加普遍。让我们有种难以言表的诧异是，像 M. 约瑟夫·加尼尔、M. 博德里亚、博卡尔多教授——意大利政治经济学辞典的作者等这样出名的经济学家都已经采用了切什考夫斯基的理论。"这段话出自〔意〕G. 博卡尔多（G. Boccardo）主编《政治经贸词典》第 1 卷，都灵：佛朗哥出版社，1857，第 518~519 页。

⑥ 〔波〕切什考夫斯基：《现代贵族与贵族社会》，巴黎：阿米欧出版社，1844，共有 164 页。

了不少启示①，同时意味着黑格尔对切什考夫斯基的影响更加广泛。这部著作的核心思想——计划建立一个团体或阶层，使其凌驾于民间团体之上并能代表全体利益——就与黑格尔的政体学说的关注焦点直接关联。② 在其中，我们也能强烈感觉到托克维尔（Tocqueville）的存在。③ 与托克维尔有些相反，切什考夫斯基对这些问题的解答持有乐观主义态度，虽然他严重低估了这股完全能识别他自己身份的社会势力所拥有的强大力量。

除上述两部著作之外，切什考夫斯基也偶尔写一些应景性文章。为了把《信贷与流通》的思想内容转换成具有可操作性的术语，切什考夫斯基印刷出版了一篇题为《不动产信贷》（Du credit immobilier）的文章。④ 事实上，这篇文章最初是以一份农业信贷报告的形式出现的。其兴趣点在于：它督促国家在宏观调控、鼓励信贷改革等方面扮演一个强有力的角色。另一篇文章《论村庄收容所》（On village shelters）对他后来的发展影响深远。该文敦促在地方一级建立道德与实践教育体制，一方面可以减轻父母抚养孩子的部分负担，另一方面又能培养出认真负责和具有专业素质的未来工人。⑤《论改善农民工的条件》（Zur Verbesserung der Lage der Arbeiter auf dem

---

① 〔法〕圣西门：《组织者》，载于《克劳德-亨利·圣西门的著作》，巴黎：人类出版社，1966。值得注意的是，傅立叶主义者在综述《现代贵族与贵族社会》之时也谴责切什考夫斯基在宣传工业封建主义方面同圣西门的批判极为相似且水平相当，参见《法郎吉》第4卷，第174~178页。

② 切什考夫斯基对黑格尔哲学的术语和概念的依赖是如此之显著，以至于达到与生俱来之程度，所以他也把上议院的作用描述成是"国家永恒利益、普遍因素和重大潮流"的代表。无论怎样讲，这部著作所具有的强烈的黑格尔主义色彩引起了德国哲学协会的注意，参见《诺亚克年鉴·思辨哲学》第 I 卷，柏林和纽林：斯普林格-维拉格出版社，1846，第180页。

③ 托克维尔（全名 Alexis-Charles-Henri Clérel de Tocqueville，1805~1859），法国历史学家、政治家，社会学（政治社会学）的奠基人，主要代表作有《论美国的民主》《旧制度与大革命》。切什考夫斯基的日记表明，他不仅读过托克维尔的著作，而且还遇见过托克维尔。《现代贵族与贵族社会》运用的社会调研方法与《论美国的民主》极为相似，这不仅仅是因为切什考夫斯基想要借助托克维尔的权威，最为重要的是他们俩有共同关心的话题，亦即民主正日益变得狭隘、琐碎、粗俗和平庸。

④ 这篇论文首次是以《土地信贷》（Du credit foncier）之名公开发表，载于《经济日报》第17卷（1847年5月），第263ff页。后来，它又作为《信贷和流通》第3版（巴黎：吉约曼出版社，1884）的附录出现。《不动产信贷》是作为单独的小册子重印，巴黎，1847。

⑤ 〔波〕切什考夫斯基：《林木行业的贸易组织》，载于《华沙图书》第 II 卷第2部分，1843，第367~411页。它在德国是作为一本单独的小册子出版的，其题目是《有利于婴儿护理和国民教育的解决方案》，柏林，1855。

Lande）是切什考夫斯基在那段时期最引人注目的一篇文章。① 此文提出了"利润共享"的主张。具体说来就是：在同一块土地上劳作的全体工人应该参与利润分成，亦即人人都成为资本的共有人。切什考夫斯基在这一阶段的活动经历值得我们注意的是，无论他的社会主义思想发生了什么变化，但都完全遵循了早期社会主义者的基本理念——比如说，圣西门和傅立叶就认为，如果所有权普遍化更有助于接近人类幸福这个终极目标，他们就都准备坦然接受并努力奋斗。②

3. 波兰

即使长期旅居国外，切什考夫斯基也时刻没有忘记自己的祖国。1841年，他就以《华沙图书馆》③（Biblioteka Warszamska）为基地与波兰人进行合作。除了提供物质支持和参与组织管理之外，切什考夫斯基还在上面发表了许多文章、游记和时事评论报告。然而，在沙皇俄国殖民统治下的波兰，对任何文化事业都有严格限制。在不得已的情况下，切什考夫斯基选择把活动基地转移到了波兹南。④ 1848 年之后，波兹南更是成为他余生活动的基地和永久的家园。

切什考夫斯基带到波兹南的价值观和政治立场，与当地社会思潮互相激荡和融合，形成了后来众所周知的"有机工作理论"。早在 1843 年，切什考夫斯基就在《年鉴》（Rok）⑤ 上发表的《论知识分子的目标与波兹南

---

① 这篇文章载于《省农协关于第二次全面收集马克勃兰登堡和劳西茨的资料举行的讲座》（1845 年 5 月 17 日），柏林，1846。法译本不仅在《经济日报》（1845 年 10 月第 XII 期）出现过，而且还以《提升农民工的社会地位》（Sur les moyens d'améliorer le sort de la population des campagnes）为题目单独发行，巴蒂尼奥勒：德-亨努耶出版社，1846。

② 〔美〕乔治·利希海姆（George Lichtheim）：《社会主义的起源》（The Origins of Socialism），纽约和华盛顿：普拉格出版社，1969，第 2 章。

③ 当时的《华沙图书馆》是一家进步期刊，因历史悠久而著名，其创立后不久就成为波兰实证主义思潮的先驱。对《华沙图书馆》的综述性研究，参见〔波〕亨利克·刘易斯特姆（Henryk Lewestam）《波兰新文学运动概论》，华沙：S. 风琴出版社，1859。

④ 当时的波兹南是一个由德国代管的波兰省，有相对较为自由宽松的环境，所以吸引了一大批志同道合的同胞来到此地。参见〔波〕维托尔德·杰考希克（Witold Jakóbczk）《十九世纪大波兰历史研究》，载于《有机工作历史》第 1 卷（1815~1850 年），波兹南：科学之友协会出版社，1951。

⑤ 《年鉴》在范围和特征上都与《华沙图书馆》极其相似，但比后者更强调持续的进步。比如，波兰思想界讨论恩格斯的《英国工人阶级状况》的第一份综述就出现在《年鉴》第 IV 卷（1846）。

公国的工作的协调》（*On the co-ordination of intellectual aims and works in the Grand Duchy of Posen*）一文中做出了拥护有机工作理论的个人声明。在此，他重申以下政治信念：第一，否定时代已经成为过去，推进有机工作才是时代的主旋律；第二，有机工作的核心思想是：国家的复兴只能由艰苦的劳动、良好的农业和繁荣的工业来激发；第三，只有奠基在社团力量之上，有机工作论才会获得成功——在这个意义上，"有机"一词意味着协调甚至是融合当前的各种力量，致力于避免它们各自为战或最坏的情况——派系内讧造成的内耗。也许只有把"有机工作论"与波兰移民中的"进化论救世主主义"和波兰东部省的"封建主义思想"相比较，才能更好地理解、把握和评价它。处在欧洲遍地战火包围中且屡遭不幸的波兰人抛弃了他们的起义传统，一方面把他们自己政治活动限定在"通过和平手段来促进他们自己的民族事业"的范围之中；① 另一方面，主导他们的民族精神逐渐趋向越来越神秘的弥赛亚主义。② 作为带有现代化气息的救世学说，有机工作理论之所以能在波兰最发达的省份之一（即波兹南）蓬勃发展并不会令人感到诧异，因为在那里，强大的资产阶级与务实的贵族阶层已有了合作的可能性。带着乐观主义态度，切什考夫斯基余生全身心投入到有机工作事业之中。

很具有讽刺意味，1848 年既标志着切什考夫斯基的希望破灭，又标志着他的活跃政治生涯的开始。参加完波兹南省最后一届不动产会议之后，切什考夫斯基在 1848 年 4 月来到布雷斯劳。在那里，正在准备联合所有的波兰流亡者和国内各派别为最终建立一个唯一的波兰政府而召开国民会议。作为建立在这儿的临时通信局的成员之一，切什考夫斯基不久就意识到，追求真正的、任何形式的政治统一是可望而不可即的事情。尽管政治统一

---

① 关于波兰移民的权威参考书，是〔波〕卢多米尔·盖德恩（Ludomir Gadoń）撰写的《波兰移民：11 月起义失败后的最初几年》，克拉科夫：波兰同胞出版社，1902。阐述更为详细的著作是 J. 尤杰斯基（J. Ujejski）的《1831 后的波兰移民宗教社会倾向总体概述》，载于《克拉科夫科学学院通报》，1915，第 11~28 页。

② 按照波兰浪漫主义作家的解释，弥赛亚主义是一种历史哲学，富有救赎波兰人苦难的思想品格。它的基本思想是：波兰是一个基督教国家，为拯救整个人类才深受迫害。对于 19 世纪弥赛亚主义的研究成果，可参见〔美〕J. L. 塔尔蒙《政治弥赛亚主义：浪漫主义时期》，纽约：普拉格出版社，1960，第 265ff 页。

不成功，不过在他的大力游说下，一个有组织的压力集团①建立起来了。由于他被选举为新组建的普鲁士国民议会的成员，切什考夫斯基就从布雷斯劳赶回了波兹南。与此同时，由于无法出席在布拉格召开的泛斯拉夫会议——该会议试图在多个帝国的斯拉夫野心之中找到共同的基础，② 他委托波兰代表在会议上传发了一本他的小册子。它以《一个波兰人的预言》命名，采用作者匿名的方式出现，同时还附上了切什考夫斯基在布雷斯劳的一篇演讲稿《致自由人民的代表》。③ 在前文中，他采用的论证方法与《历史哲学导论》如出一辙即完全是辩证的：斯拉夫人将是未来自由的领路人，因为他们今天完全不自由。毫无疑问，这本小册子更像是切什考夫斯基的弥赛亚宣言。弥赛亚主义是切什考夫斯基作品的一个显著特征，更为重要的是他还为它赋予了普遍主义的形式。布雷斯劳演讲稿，不仅是现有国际体系破产的控告书，而且是基于"所有社会个体与国家自由而全面发展"理念来制定国际新秩序的呼吁书。具体来说，国际新秩序的目标必然是：普遍裁军、人民代表大会取代传统外交、国家陪审团或国际法院。

　　致力于波兰统一和斯拉夫人团结的努力虽然遭受了挫折，但却更坚定了切什考夫斯基的信念：在暴力革命创造的宪法框架之下工作，也能很好地推动波兰的革命目标。因而，从波兹南到 1848 年 5 月至 12 月在柏林召开的第一届普鲁士国民议会，他把他自己的全部希望和所有精力集中在作为代表的角色上。④ 在这里，切什考夫斯基为波兰国家利益所做的积极活动使他成为德国左翼的可靠盟友，因为恢复波兰民族权利是德国民主的一块试金石。⑤ 令人有些震惊的是，切什考夫斯基支持采取激进措施废除贵族的头衔和特权，甚至他加入了一些他不太可能参加的组织，比如一个以巴枯宁

---

① 所谓的"压力集团"，是指向政府和公众施加影响的团体。它以英国谷物联盟为模本，力求利用匈牙利与德国的新宪法提供的合法机会，为保卫波兰国家利益开辟新道路。

② 关于布拉格泛斯拉夫会议的情况，可参见〔法〕贝尼特·赫普纳（Benit Hepner）《巴枯宁与泛斯拉夫主义革命：俄罗斯和欧洲的五个历史思想》，巴黎：M. 河流出版社，1950，第 265 页。

③ 该文在《波兰报纸》（1848 年 7 月 14 日第 93 号）上公开发表过。

④ 〔波〕W. 布里克（W. Bleck）：《1848~1849 年国民议会上的波兹南问题》，载于《波兹南省历史学会杂志》第 XXIX 卷，1914，第 1~82 页。

⑤ 马克思和恩格斯曾经总结过德国左翼的历史地位："民主波兰的建立是民主德国建立的首要条件"，参见《新莱茵报》（1848 年 8 月 20 日）。

为首的重要民主组织——《死亡革命》（Die Reform）编委会。① 事实上，德国左翼更愿意把切什考夫斯基看作成员之一，以至于选举他为会议秘书。

在柏林筹建"战术联盟"的同时，切什考夫斯基也加紧努力在波兹南建立一个波兰国家联盟。② 该联盟的行动只能通过合法手段从事代表波兰利益的民族事业，主要通过舆论来影响公众的观点，并超越所有的政治派别。③ 事实上，该联盟的活动范围比以前要大得多，这不仅表现在捍卫波兰的权利上，而且表现在通过建立学校和图书馆去增强公民教育上，甚至致力于通过储蓄银行、税收和补贴来提高人民的物质利益。因此，这个联盟就变成一种更具民族主义气息的构想，它事实上是由切什考夫斯基早年倡导并支持的进步之友协会演变而来。然而，联盟活动不断扩展与成功，最终使它转化成某种"国中之国"，如同秘密政府那样行事。而作为外事活动首脑的切什考夫斯基，干的就是类似于外交部长那样的工作。果然不出所料，该联盟在 1850 年被普鲁士政府取缔了。④ 同年，切什考夫斯基重新回到了普鲁士下议院——他曾于 1849~1855 年和 1859~1866 年两度在此任职。这段时间，切什考夫斯基的活动重心集中在：在法律依然提供保障的框架下，捍卫波兰裔少数民族的既得利益，同时维持在柏林的波兰代表团队的凝聚力。⑤ 切什考夫斯基被选举为副主席和核心小组委员会主席，以自己擅长调停分歧观点的成功经验来给出相关指示。⑥

---

① 〔波〕维托尔德·杰考希克：《十九世纪大波兰历史研究》，载于《有机工作历史》第 I 卷（1815~1850），波兹南：科学之友协会出版社，1951，第 105 页。

② 联盟成立于 1848 年 6 月 25 日，在 1849 年 1 月举行了第一次集会。关于联盟的详细描述以及切什考夫斯基的独特作用，可参见维托尔德·杰考希克的《切什考夫斯基和波兰联盟》（Cieszkowski i Liga Polska），载于《历史回顾》第 XXXVIII 卷，1948，第 137~168 页。

③ 波兰国家联盟章程的相关内容，参见〔波〕维托尔德·杰考希克的《切什考夫斯基和波兰联盟》，载于《历史回顾》第 XXXVIII 卷，1948，第 152 页。

④ 联盟在高峰时期非常显著，成员达到 20000~30000 人，地方分会就有 246 个。参见维托尔德·杰考希克的《切什考夫斯基和波兰联盟》，第 152 页。

⑤ 为了确保波兰人能够在波兹南进行自治的合法权利，切什考夫斯基公开发表了《国家与国际法律文书汇编——兼论对普鲁士与波兹南公国关系的影响》（柏林：优格出版社，1849）。为了在波兹南建立波兰大学，他也积极参加运动但没有成功。参见《议员奥古斯特·切什考夫斯基对波兹南大学和教育教学两项提案的关切》，柏林，1853。

⑥ 波兰核心小组委员会评议备忘录的公开出版，为了解切什考夫斯基的活动情况提供了有价值的信息，参见 Z. 古拉特（Z. Gulate）编《波兰人在柏林的会议协议》第 1 卷（1849~1851），波兹南：国家科学出版社，1956。关于切什考夫斯基代表同胞冷静斡旋的例子，也可参见 Z. 古拉特的《1863 年的普鲁士兴登堡》，波兹南：波兹南出版社，1963。

切什考夫斯基退出政坛在很大程度上是出于家庭原因。在他人生的最后 30 年里，他过着安静的隐居生活，几乎不参与任何活动，因为他把闲暇时间利用在继续追逐其他那些兴趣和计划上。他创办了一个短期培训的农业学院，① 领导了波兹南学习之友协会，② 在威尼斯开展历史研究③和关注公共卫生。④ 据透露，切什考夫斯基还前往梵蒂冈理事会展开游说以通过反对顽固立场的法案，最终被采纳。⑤ 即使 70 多岁了，他也继续参加国际科学大会。尽管他的资金急剧减少，他仍然愿意随时为各种各样的学术活动提供资助。⑥

在那些岁月里，切什考夫斯基一直都在持续不断地撰写他的得意之作《我们的天父》。这部著作在 19 世纪 30 年代便开始构思，直到他 1894 年去世仍然没有完成。尽管这本书到处充满宗教色彩，但切什考夫斯基的儿子坚持认为，完成《历史哲学导论》的灵感源于《我们的天父》，后者提供的整个感恩弥撒场面才导致前者的想象力的诞生。⑦ 尽管这种解释令人难以置信，但切什考夫斯基的日记证明，《我们的天父》的中心议题——亦即"作为先知先觉的上帝祈祷文只洞察到后基督教时代的三分之一"，其确立日期

① 〔波〕N. 厄奔奥斯基（N. Urbanowski）：《哈莉娜高等农业学院的回忆录》，载于《波兹南科学之友协会年鉴》第 XX 卷，1894，第 267~282 页。学院存在 8 年之后被政府下令关闭。
② 〔波〕A. 乌特考斯基（A. Wojtkowski）在《波兹南学习之友协会百年》中记载，切什考夫斯基在 1857 年任第一任会长，在 1861~1868 年和 1885~1894 年仍为会长。
③ 《切什考夫斯基在威尼斯的波兰文件》（*AugustCieszkowskii akta polskie w Wenecji*），载于《波兹南城市纪事》第 X 卷，1932 年 4 月，第 389~401 页。
④ 〔波〕F. 奇拉普斯基（F. Chlapowski）：《奥古斯特·切什考夫斯基晚年对自然科学的贡献》，载于《波兹南科学之友协会年鉴》，1895，第 335~355 页。
⑤ 〔波〕A. 伊洛托夫斯基（A. Zóltowski）：《奥古斯特·切什考夫斯基》，载于〔波兰〕S. 奇利鲍斯基（S. Chilibowski）编辑的《波兰哲学百年：19 世纪》第 5 卷，克拉科夫，1909，第 421~437 页。
⑥ 〔波〕H. 巴雷奇河（H. Barycz）：《论切什考夫斯基与雅盖隆大学的关系》，载于《波兰科学院报告》第 XLIII 卷，1938，第 287~288 页。据记载，切什考夫斯基不仅为懂波兰语的学生提供奖学金——涉及统计、管理和商业专业，同时也为波兰经济史研究和很少人从事的阶级研究资助了一个基金。
⑦ 库尼在《奥古斯特·切什考夫斯基伯爵》第 55 页记载了"这笔账目"。根据《历史哲学导论》中的内部证据以及切什考夫斯基与米什莱通信这些原始资料，库尼似乎也持怀疑态度。

最早可追溯到 19 世纪 30 年代。① 事实上，这部手稿的最早日期那部分——《阿门篇》，碰巧是它的最后一章——落款时期就是 1836 年。② 由于是不连续写作，所以对它进行准确分期事实上是非常困难的。有证据显示，在 19 世纪 70 年代（甚至在 90 年代），切什考夫斯基还在对第 3 卷的第 1 版进行修改。③ 第 1 版的第 2 卷④的写作时间，也许比第 1 卷还要早。更重要的是，书稿各部分不均匀的篇幅长度似乎表明，这部作品始终在与时俱进地"捕捉"流行元素，亦即文本的框架结构一旦被建立起来，作者便在持续不停地为它添加那些难以预料的时代元素。直到 1899、1903 和 1906 年，《我们的天父》的剩余三卷才在已逝作者的儿子的编辑下得以连续出版。

在《我们的天父》中，切什考夫斯基解读的主祷文由七个请求组成（有五个是肯定意义的请求，另外两个是否定性的请求），而且详细说明了这七个请求在不久的将来必将成为现实。上帝向人类启示的这七个请求全部指向未来，其中包括上帝的计划：怎样构建和组织一个完美的未来社会，以及怎样实现道德、经济、社会和政治的和谐。切什考夫斯基坚信他的哲学揭示了主祷文的真实意蕴：在即将到来的新时代里，所有这些请求最终将完全实现。通读这本书，你会明显感觉到英国学者安德烈·利比希（Andre Liebich）所总结的三个明显的矛盾——乌托邦模式与切什考夫斯基写作的纲领性文件之间的矛盾、他怀旧性的宗教虔诚与他表面的现代性之间的矛盾、意识形态与乌托邦之间的矛盾。⑤ 这也让人们对这部著作褒贬不一。

据说，切什考夫斯基曾将《我们的天父》一书比作"树干"，而将他的

---

① 切什考夫斯基在《日记 I》第 15 页（时间大约在 1837 年）写道："我们在祈祷中要求的面包，未来时代会赐予我们"——这非常像《我们的天父》的口吻。《日记 II》第 11 页（时间在 1837~1838 年）有一条记录即切什考夫斯基列出的"附加解说和对解说的新争论"，它几乎确切地指向《我们的天父》。

② 〔波〕切什考夫斯基：《我们的天父》第 3 卷，第 2 版，波兹南：费泽里·马耶夫斯基出版社，1922，第 286 页。

③ 切什考夫斯基在 1876 年写给 F. 班纳利的信，参见库尼的《奥古斯特·切什考夫斯基伯爵》第 25 页。

④ 〔波〕切什考夫斯基：《我们的天父》第 2 卷，第 1 版，波森：雷特格倍出版社，1899。

⑤ 〔英〕安德烈·利比希：《切什考夫斯基著作选读》，伦敦与纽约：剑桥大学出版社，1979。

其他论著比喻为"树枝"。① 毋容置疑，《我们的天父》是切什考夫斯基字数最多和流传范围最广的一部作品，它的独特功能在于为他的其他写作奠定了一个清楚明白且环环相扣的哲学基础：①劳动是理解人类历史的第三时代的钥匙；②祈祷文是上帝对未来的启示，祈祷的真理在于与神秘的未来发生关联；③祈祷唤醒意志，意志产生行动；④行动的结果就是塑造未来社会的现实结构，就是天国降临；⑤不断遭受苦难的斯拉夫人是上帝的选民。毫无疑问，这部著作寄托着这样一种努力——把波兰的弥赛亚主义、基督教的千禧年说、法国的社会主义思潮和黑格尔的历史哲学融合起来，并在其顶部建立一个高度社会化的现代乌托邦。事实上也是如此，这部著作在它那个时代成功地构建了一种堪称典型和原创的世界观理论，这使切什考夫斯基超越了他同时代的大多数思想家，因为类似的主题并没有在同辈人之中被发现。

二　切什考夫斯基的著作文本及影响

1. 切什考夫斯基的著作文本

切什考夫斯基的论著非常丰富，他在世时只出版和发表了他的部分作品。在他逝世之后，他的儿子小奥古斯特·切什考夫斯基出版、再版和翻译了他的一些作品，其中包括一些从未公开的作品。此后，还出现过一些关于切什考夫斯基的论著，其出版时间最早可追溯到 20 世纪之初。这里为大家提供的这份较为完整的切什考夫斯基文献目录清单，可以在由波兰哲学和社会学研究所编辑的《波兰哲学书目》的第Ⅱ卷中找到。② 这份清单对于"管窥"切什考夫斯基的影响力和回顾他的思想发展演变能起到注释作用，因而具有独特的学术价值。

切什考夫斯基的处女作《历史哲学导论》最先是以德语出版。③ 后来这个德语版被不断再版：一是波兰的德语版本即"1908 年莱特伯格版本"；④

---

① 参见奥古斯特·切什考夫斯基的晚辈对《我们的天父》的介绍，附录在《我们的天父》第1卷，第1版，波森：雷特格倍出版社，1899。

② 波兰哲学和社会学研究所编《波兰哲学书目》(*Biblio-grafia filozofii polskiej*) 第Ⅱ卷，华沙：波兹南科学出版社，1961，第 34~52 页，第 304~496 条。

③ 〔波〕切什考夫斯基：《历史哲学导论》(德文版)，柏林：维特出版社，1838。

④ 〔波〕切什考夫斯基：《历史哲学导论》(德文版)，波兹南：莱特伯格出版社，1908。

二是"克劳斯（Kraus）版本"①；三是由费利克斯·迈纳出版社编辑出版的"1981年版本"。② 同时，它在1908年还被小切什考夫斯基翻译成波兰语，这就是最早的波兰语版本。③ 现有的最完整的波兰语版本是《历史哲学导论：天父与重生及1838~1842年间的哲学著作》——我们称为"盖尔维茨和瓦利基的合编本"④，它已经在小奥古斯特的基础上进行了一些细微修改。1973年，《历史哲学导论》的法语版本⑤也出现了，它在德语原版的基础上进行了部分删减。

1838年，切什考夫斯基向海德堡大学提交了自己的博士学位论文《伊奥尼亚哲学的智慧与洞见》。尽管这篇论文已经轶失，但我们能从他那篇作为历史哲学的导论文章《伊奥尼亚哲学之实质》大致窥见其思想动态。同时，我们也能从沃尔特·库尼的专著《奥古斯特·切什考夫斯基伯爵》中收集到一些信息。

1911年，德语版《天父与重生：最关键部分，第一批判，米什莱教授关于上帝和灵魂不朽的讲座》⑥ 在波兰再次公开发行⑦，同时还特别附录了《C. L. 米什莱对永恒灵魂的顿悟》一文。《天父与重生》的第2卷永远不会再出现了，因此这篇附录和库尼专著中的断简残篇⑧就成了我们理解、把握和评价"具有积极意义"的《天父与重生》第2卷可能包含的内容的唯一线索。1911年的德语版本以及它的附录也被切什考夫斯基的儿子翻译成了

---

① 〔波〕切什考夫斯基：《历史哲学导论》（德文版），列支敦士登：诺德林出版社，1976。

② 〔波〕切什考夫斯基：《历史哲学导论》（德文版），汉堡：费利克斯·迈纳出版社，1981。

③ 〔波〕切什考夫斯基：《历史哲学导论》（*Prolegomena do Historiozofii*，波兰文版），波兹南：莱特伯格出版社，1908。

④ 〔波〕切什考夫斯基：《历史哲学导论：天父与重生及1838~1842年间的哲学著作》（*Prolegomena do His-toriozoi*，波兰文版），简·盖尔维茨（Jan Garewicz）和安杰伊·瓦利基（Andrzej Walicki）合编，华沙：国家科学出版社，1972。

⑤ 〔波〕切什考夫斯基：《历史哲学导论》（*Prolégomènes à l'historiosophie*，法文版），由〔法〕迈克尔·雅各布（Michael Jacob）编，巴黎：自由场出版社，1973。

⑥ 〔波〕切什考夫斯基：《天父与重生》（*Gott und Palingenesie*，德文版），柏林：E. H. 施罗德出版社，1842。

⑦ 〔波〕切什考夫斯基：《天父与重生》（德文版），波兹南：莱特伯格出版社，1911。

⑧ 〔德〕沃尔特·库尼：《奥古斯特·切什考夫斯基伯爵》，载于《波恩大学斯拉夫研究所出版物》第20卷，莱比锡：O. 哈拉索维茨出版社，1938。这些断简残篇包括《切什考夫斯基遗留的〈天父与重生〉的相关材料》（第440~444页）和《切什考夫斯基为〈天父与重生〉补充的零碎论文》（第446~454页）。

波兰语。① 这部波兰语版本仅做了一点小小的改动，同时还附录了"盖尔维茨和瓦利基的合编本"中的一些片段。

切什考夫斯基的主要经济著作《信贷与流通》② 最初是法文版本，后来经历了两次重新修订，亦即"1847年修订本"和"1884年修订本"。③ 在这两部修订本中，都增加了冗长的脚注，以回应对原著的各种批评。除此之外，"1884年修订本"还收录了切什考夫斯基的其他两篇文章，分别是：《不动产信贷：给全国农业大会委员会提交的报告》和《关于中止投机买卖的发展》。前一篇附录文章，最早刊登在1847年3月的《法郎吉》上，同时还在1847年6月的《经济学家杂志》第ⅩⅦ卷出现过。第二篇附录文章于1866年10月同样在《经济学家杂志》的第ⅩⅩⅩⅥ卷刊登过。这部著作的第三版即"1884年修订本"连同它的附录，被作者的儿子翻译成波兰文字。④ 瓦利基在1969年《牛津斯拉夫文集》（Oxford Slavonic Papers）第Ⅱ卷的第104页中还曾经提到过"1893年俄语版本"。

法语版的《现代贵族与贵族社会》⑤，在1908年再版⑥之时加入了作者儿子撰写的序言。后一个法语版本也被切什考夫斯基的儿子翻译成波兰文字，译名为《我们这个时代的贵族》。

切什考夫斯基公开发表过的文章，归纳如下。

（1）关于社会与经济的论文。① 《改善工人的社会地位——1845年5月17日在马克勃兰登堡和卢萨蒂亚省协会第二届讲座进行的演讲》，它在1845年10月就以法文形式发表在《经济学家杂志》第ⅩⅤ卷上，当时的题目是《关于改善农村人口的方法——1845年7月在柏林农业会议上的演讲》。据小切什考夫斯基推测，1891年，这篇文章还被意大利威尼斯的法拉利·克里梅耶尔出版社（Ferrari Krichmayer）作为一本单独的小册子出版，

---

① 〔波〕切什考夫斯基：《天父与重生》（波兰文版），波兹南：莱特伯格出版社，1911。
② 〔波〕切什考夫斯基：《信贷与流通》（法文版），巴黎：图特尔和乌尔茨出版社，1838。
③ 〔波〕切什考夫斯基：《信贷与流通》（法文版），巴黎：吉约曼公司出版社，1847和1884。
④ 〔波〕切什考夫斯基：《信贷与流通》（O Kredycie I obrocie，波兰文版），波兹南：莱特伯格，1908。
⑤ 〔波〕切什考夫斯基：《现代贵族与贵族社会》（法文版），巴黎：阿米欧出版社，1844。
⑥ 〔波〕切什考夫斯基：《现代贵族与贵族社会》（法文版），巴黎：法兰西印刷出版公司，1908。

翻译者是 M. A. C.。②《论农村收容所》① 后来被翻译成德文，译名为《以国民教育为基础的托儿所——为确立国家在人民福利方面的作用所做出的积极贡献》。③还有一篇具有理论意义的文章《木材贸易和林业组织》② 和一篇专题评论文章《对当前英国财政状况的评论》。③

（2）关于带有政治性的声明与建议的文章。前文已提及过，分别是：①《论波兹南大公国知识分子与工人的合作》；②法律备忘录《国家与国际文书汇编：关于波兹南大公国与普鲁士王室的关系》；③两次演讲的文稿——《奥古斯特·切什考夫斯基议员关于波兹南大学教学问题的两项提议》。

（3）其他文章：①前文已提及过的《一个波兰人的预言》；②《圣灵之路》④，它构成《我们的天父》的"导言"；③《现代小说》⑤ 是对黑格尔的文学理论的一次有趣尝试；④《对谢林演讲的评论》⑥ 是切什考夫斯基的早期作品；⑤两篇私人旅行报道——《罗马印象》⑦ 和《柏林博览会见闻》⑧。

人们普遍把《我们的天父》看作是切什考夫斯基的代表作。它的第 I 卷的引言部分，在 1848 年就以匿名的方式出现，即"1848 年版本"⑨，并在 1870 年进行了重印，即"1870 年版本"⑩。在作者辞世之后，这部作品的其他内容却呈现出了两种完全不同的版本。第一个版本是由莱特伯格出版社

---

① 〔波〕切什考夫斯基：《论农村收容所》（*O ochronach wiejskich*），载于《华沙图书馆》第 II 卷（1842-II），第 367~411 页。

② 〔波〕切什考夫斯基：《木材贸易和林业组织》（*Organization handlu drzewem i przemyslu leśnego*），载于《华沙图书馆》第 II 卷（1842-II），第 112~143 页。

③ 〔波〕切什考夫斯基：《对当前英国财政状况的评论》（*Uwagi nad obecnym stamen finansów angielskich*），载于《华沙图书馆》第 II 卷（1842-I），第 377~418 页。

④ 〔波〕切什考夫斯基：《圣灵之路》（*O drogach Ducha*），载于《波兹南科学之友协会年鉴》第 II 卷（1863-II），第 735~776 页。

⑤ 〔波〕切什考夫斯基：《现代小说》（*O romansie nowoczesnym*），载于《华沙图书馆》第 VI 卷（1846-I），第 135~166 页。

⑥ 〔波〕切什考夫斯基：《对谢林演讲的评论》（*Uwagi na temat mowy Schellinga*），载于《华沙图书馆》第 II 卷（1842-I），第 424~426 页。

⑦ 〔波〕切什考夫斯基：《罗马印象》（*Kilka wrażeń z Rzymu*），载于《华沙图书馆》第 II 卷（1842-I），第 642~657 页。

⑧ 〔波〕切什考夫斯基：《柏林博览会见闻》（*O wystawie berlinskiej*），载于《华沙藏书》第 IV 卷，1844，第 704~709 页。

⑨ 〔波〕切什考夫斯基：《我们的天父》（波兰文版），巴黎：莫尔德和勒努出版社，1848。

⑩ 〔波〕切什考夫斯基：《我们的天父》（波兰文版），波兹南：祖潘斯基出版社，1870。

在波兹南印刷出版。① 它一共包含四卷：第Ⅰ卷（1899）是引言部分，与先前版本完全一样，都是用《圣灵之路》来做补充说明；第Ⅱ卷（1899）是祈祷；第Ⅲ卷（1903）讲述的是第一个祈求——《愿人人都尊你名为圣》；第Ⅳ卷（1906）讲述的是第二个祈求——《愿天国降临》。第二个版本由费舍尔和马耶夫斯基（Fiszer i Majewski）出版社在波兹南印刷出版。② 尽管这个版本只设计了三卷，但它包含的内容更广泛。第Ⅰ卷（1922），《圣灵之路》之前同样是导言；第Ⅱ卷（1922）的内容包括了祈祷和第一个祈求；第Ⅲ卷（1923）由第二至第七个请求以及《阿门》组成。非常奇怪的是，这两个版本的内容都是由作者的儿子确定的，并且他还为第一种版本的每卷写下了简洁的序言。

《我们的天父》的法文版本③，书名叫"Notre Père"——非常遗憾的是，这个版本的现存图书极其罕见。它的第Ⅰ卷是由 W. 盖斯图特（W. Gasztowtt）和小切什考夫斯基翻译的，样本来自作者死后出版的第一个版本（即"1899 年莱特伯格版"）的第 1 卷。它的第Ⅱ~Ⅳ卷是由保罗·凯金（Paul Cazin）和小切什考夫斯基翻译，印刷出版时间在 1927~1929 年，除第Ⅳ卷的第 2~7 个祈求的样本是波兰语的第二个版本，其余都参照作者死后出版的第一个版本而译。关于这个法文版本翻译的具体细节，可参考特蕾莎（Teresa Garnysz-Kozlowska）撰写的《奥古斯特·切什考夫斯基的〈我们的天父〉在法国的翻译史》一文。④ 据说，《我们的天父》还有一个"意大利语版本"⑤，是由一个叫奥雷利奥·帕米尔（Aurelio Palmieri）的人参照"1848 年版本"的第Ⅰ卷翻译的。

除了这些已经公开出版的作品外，尽管切什考夫斯基保存在华沙的未发表手稿在第二次世界大战期间遭到了彻底毁坏，但还是有大量的其他文

① 〔波〕切什考夫斯基：《我们的天父》（波兰文版），波兹南：莱特伯格出版社，第 1 卷（1899）、第 2 卷（1899）、第 3 卷（1903）、第 4 卷（1906）。
② 〔波〕切什考夫斯基：《我们的天父》（波兰文版），波兹南：费舍尔和马耶夫斯基出版社，第 1 卷（1922）、第 2 卷（1922）、第 3 卷（1923）。
③ 〔波〕切什考夫斯基：《我们的天父》（法文版），巴黎：法兰西印刷出版公司，第 1 卷（1906）、第 2~4 卷（1927-1929）。
④ 〔法〕特蕾莎：《奥古斯特·切什考夫斯基的〈我们的天父〉在法国的翻译史》，载于《历史哲学和社会思想档案》第ⅩⅥ卷，1970，第 173~183 页。
⑤ 〔波〕切什考夫斯基：《我们的天父》（意大利语版），奥雷利奥·帕米尔编译，博洛尼亚：扎尼切利出版社，1919。

献资源可资利用。最有价值的当属库尼的专著《奥古斯特·切什考夫斯基伯爵》。① 这部专著不仅收录了前面提及的那些未公开出版的残篇断简，而且还包含了下面这些短篇文章：《切什考夫斯基简历（1838）》（第426～427页）和《切什考夫斯基未公开出版的〈历史哲学导论〉的序言》（第444～445页）。更为重要的是，库尼的这本书还收录了切什考夫斯基与卡尔·米什莱之间的往来信件，一共45封，时间跨度差不多有60年之久。除了《切什考夫斯基简历》外，其他所有文献都在"盖尔维茨和瓦利基的合编本"中被翻译成了波兰文。库尼的这部著作后来被作为克劳斯重印本再次发行。② 除了切什考夫斯基与米什莱之间的信件，库尼还公开过另外一些信件，尤其是来自斐迪南·拉萨尔（Ferdinand Lassalle）③ 和一些黑格尔信徒的信件，参见《切什考夫斯基对生活和作品的新见解：来自未发表的遗产》。④ 其中，还有一封切什考夫斯基打算写给谢林的书信草稿——切什考夫斯基显然没有把这封信寄出去，但它完全可以与《对谢林演讲的评论》相提并论。切什考夫斯基最重要的书信集是《西吉蒙德·克拉辛斯基与奥古斯特·切什考夫斯基的通信》，⑤ 由 J. 卡伦巴赫（J. Kallenbach）编辑，涵盖了他们1841～1859年的信件。除此之外，切什考夫斯基的日记也是相当有价值的文献资源。他两本未出版的日记记录了他在1831～1839年的评论、观点、读书笔记和个人遭遇，其原件保存在波兹南大学图书馆的手稿部。

在英语世界，切什考夫斯基在20世纪才被"重新发现"，这让人们竞相谈及、译介、引用和研究他的作品，而且越来越频繁。日益增长的英文研究文献有待进一步收集和整理。在这里，我们重点指出与本选集汇编有

---

① 〔德〕沃尔特·库尼：《奥古斯特·切什考夫斯基伯爵》，载于《波恩大学斯拉夫学院出版物》第 XX 卷，莱比锡：O. 哈拉索维茨出版社，1938。
② 〔德〕沃尔特·库尼：《奥古斯特·切什考夫斯基伯爵》，列支敦士登：诺德林出版社，1968。
③ 斐迪南·拉萨尔（1825～1864），19世纪普鲁士著名的政治家、哲学家、法学家、工人运动指导者、社会主义者。德国早期工人运动著名领导人，全德工人联合会的创立者，国际共产主义运动中机会主义路线的重要代表。
④ 〔德〕沃尔特·库尼：《切什考夫斯基对生活和作品的新见解：来自未发表的遗产》，载于《斯拉夫文化和历史年鉴》第 VI 卷，1930 年第 I 期，第 54～66 页。
⑤ 〔波〕J. 卡伦巴赫：《西吉蒙德·克拉辛斯基与奥古斯特·切什考夫斯基的通信》，克拉科夫：盖纳出版社，1912。

关的两部重要译著：一部是由威廉·J. 罗斯（William J. Rose）汇编的《我们的天父》的英文简本，书名叫《国家欲望》；① 另一部是安德烈·利比希有选择地编译的《切什考夫斯基著作选读》② ——因为它在剑桥大学出版社出版，我们暂且称它为"剑桥版本"。总体来讲，我们这个中译本参照的文本依据主要就是这个剑桥版本，只是在编排顺序上按照著作初次出版时间的先后顺序做了微调：①历史哲学导论；②信贷与流通；③论波兹南大公国知识分子与工人的合作（剑桥版本编为第 4 部分）；④论改善农民工的条件（剑桥版本编为第 3 部分）；⑤一个波兰人的预言；⑥我们的天父。不过，我们增补的内容至少多出它一倍。增补的内容主要来自切什考夫斯基的那两部最有影响力的著作——《历史哲学导论》和《我们的天父》。我们不仅编译了前一部作品的全部内容（文本依据主要是"1908 年莱特伯格德文版本"），而且增补了后一部作品中所有有关实践哲学的论述（文本依据主要是法文版本，同时参考了《国家欲望》）。需要指出的是，如果本选集编译结果在细节上与上述文献有一定出入的话，那是因为我们比对了它们的原始版本——德语版本、法语版本或波兰语版本——而做出的相应修订。

2. 切什考夫斯基的影响

给切什考夫斯基带来巨大声誉的还是那两部最有影响力的著作——《历史哲学导论》和《我们的天父》。相比之下，后一著作产生的影响主要是在切什考夫斯基逝世之后，大多只局限于波兰和斯拉夫地区，故我们先探讨之。

（1）《我们的天父》的影响。从切什考夫斯基不愿在生前向外界提交他的研究结果来看，这或许表明，他并不完全确信自己会取得成功。从《我们的天父》遗著的编辑工作受到了天主教神学家们的严厉谴责可以看出，他的恐惧是有道理的。③ 后来的发展表明，《我们的天父》力图实现波兰的弥赛亚主义、基督教的千禧年说、法国的社会主义思潮和黑格尔的历史哲学之间的"综合"，实际上各方面都不讨好。或许，切什考夫斯基在他的理论和实践中所留下的一定数量的、或明或暗、真真假假的那些矛盾对立，

---

① 〔英〕威廉·J. 罗斯：《国家欲望》，伦敦：基督徒学生运动出版社，1919。
② 〔英〕安德烈·利比希：《切什考夫斯基著作选读》，伦敦与纽约：剑桥大学出版社，1979。
③ 〔波〕科彭斯（Koppens）：《对〈我们的天父〉第 2 卷的综述性说明》，载于《对切什考夫斯基先生的普遍检视》第 LXVII 卷，1900，第 242～253 页。

最能很好地诠释"切什考夫斯基提出的可供选择的、相对和平的社会改良方案为什么没能获得持久思想共鸣"的原因。从一定意义上讲，人们对《我们的天父》的评价通常取决于他们能不能充分欣赏宗教和乌托邦的表达形式。19 世纪的西方思想家，无论是热衷于通过众所周知的宗教装扮而把现代思想渗透到民间信仰之中去的，抑或是力图运用浪漫主义的反抗形式去对抗理性启蒙主义施加的根本影响的，只不过是一种思想传播策略，属于那个时代"不可磨灭的印记"。

波兰人领会到这部著作的精髓是第一次世界大战之后的事情。对它进行的相关研究衍生出一套独特的话语系统，核心问题是：《我们的天父》的性质以及与波兰弥赛亚主义的关系。肇始于波兰浪漫主义运动①而形成的波兰弥赛亚思想表达了这样一种态度：等待弥赛亚来拯救所有被奴役的欧洲民族或国家，使它们免遭俄国、普鲁士、奥地利和土耳其等帝国的奴役之苦与政治压迫。这一时期的波兰诗人和哲学家预言，斯拉夫民族，尤其是波兰人，将在这一过程中扮演非常重要的角色。据说，唯一知晓《我们的天父》在秘密写作的人是切什考夫斯基的至交好友——齐格蒙特·库若辛斯基（Zygmunt Krasiński）——就是一位波兰浪漫主义诗人。② 由于黑格尔的方法、语调和结构在《我们的天父》中的强大影响，弥赛亚主义和基督教都充满了辩证的历史智慧，从而也就具有了自己的独特的现代性形式。这样一来，弥赛亚主义不仅摒弃了消极的耶稣复临论，而且赋予斯拉夫人在未来社会的主体地位。从这个意义上讲，无论是把切什考夫斯基看作是现代宗教思想家，还是把他看成波兰国家哲学的创始人，都不会让人感到惊讶。尽管人们对切什考夫斯基可否被确切地称为"弥赛亚主义者"还有一些争论，但是，《我们的天父》不仅让波兰人对宗教虔诚主义提出疑问，

---

① 美国学者马雷克·索杰卡在《超越了黑格尔与福山：切什考夫斯基及行动的哲学》（源于伊利诺伊大学出版社为美国艺术与科学学会的波兰代表出版的《波兰评论》第 39 卷，1994，第 4 期，第 434~444 页）一文中指出，象征着各种思想观点融合的波兰浪漫主义思潮是"理性主义"与"神秘主义"的奇怪组合，理性主义的直接来源是德国的唯心主义，神秘主义却是源于基督教哲学和法国的空想社会主义思想。波兰浪漫主义思潮也是"暴力革命论"与"进化论"的调和，前者倡导以暴力摧毁专制主义，而后者提倡通过和平的方式进行政治、社会和经济改革。

② 关于库若辛斯基和切什考夫斯基相互之间的具体影响，参见〔波〕博莱斯瓦夫·盖沃基（Boleslaw Gawecki）的《波兰浪漫主义思想家》，华沙：帕克斯出版社，1972，第 69~87 页。

更是成为波兰新浪漫主义兴起的一服催化剂。① 反过来看，波兰新浪漫主义勃兴又见证了切什考夫斯基"行动的哲学"的伟大复兴。

《我们的天父》一般地刻画了斯拉夫民族的总体特征，并把自由、包容、正义与和平看作是斯拉夫民族身份识别的特征。这让这部著作在斯拉夫地区获得了一些回响。当尼古拉斯·别尔嘉耶夫（Nicholas Berdyaev）②第一次读到用法语翻译的《我们的天父》之时，他为波兰传统与俄罗斯的相似性所震撼，以至于他在那以后一直感到遗憾没有让他的俄罗斯朋友知道这件事情。在生命晚期，别尔嘉耶夫多次提到"伟大的波兰弥赛亚主义者"，并在《俄罗斯思想》中专门用了几页的篇幅来介绍切什考夫斯基的思想，称"他的弥赛亚主义是斯拉夫人集体向往民族和宗教统一所遭受到苦难的表达"③。与这种主流解释相对的还有一种解释方法就是：切什考夫斯基的弥赛亚主义与他的阶级局限性密切相关。④ 第一种解释方法夸大了切什考夫斯基思想中的神秘主义和空想主义，甚至把它误读为四海为家的泛斯拉夫主义和改良实用主义。第二种解释方法囿于切什考夫斯基所处的阶级地位和不可辨别的宗教信仰不能自拔，因此也就不能检查出他的革命辞令怀疑论与其社会激进主义之间的矛盾。鉴于充满对立的解释方法削弱了人们对《我们的天父》的理论兴趣，力图提供一种富有成效的批判性研究的语境正在泛斯拉夫地区酝酿中。

（2）《历史哲学导论》的影响。《历史哲学导论》在西方世界引起的讨论持续发酵，不仅证明了它蕴含着不可磨灭的影响力，而且还衍生出了学

---

① 我们可以在不仅限于斯坦尼斯洛·布索索斯基（Stanislaw Brzozowski）的波兰哲学家和作家的思想中看到切什考夫斯基哲学产生的影响。布索索斯基采用了切什考夫斯基的行动主义思想，把"行为"概念看作是每个个体努力实现物质领域与精神领域的结合。布索索斯基在他"劳动哲学"之中表达出来的观点，应该被视为是把切什考夫斯基哲学糅入现代主义世界观的最具独创性而又最成功的尝试之一。

② 尼古拉斯·别尔嘉耶夫（1874～1948），20世纪最有影响力的俄罗斯思想家，以理论体系庞杂、思想精深宏富享誉西方世界。一生共发表有43部著作、500多篇文章，很多论著都被译为中文。

③〔俄〕尼古拉斯·别尔嘉耶夫：《俄罗斯思想》，纽约：麦克米伦出版社，1948。也可参见中译本《俄罗斯思想》，雷永生、邱宇婧译，三联书店，2004。

④ 这种解释方法的代表人物是波兰学者 T. 康斯基（T. Koński），参见他的两篇论文：一篇是《19世纪中期波兰弥赛亚主义的哲学观》，载于《哲学社会思想史档案》第Ⅱ卷，1957，第81～125页；另一篇是《19世纪中期波兰人对弥赛亚和天主教的反应》，载于《波兰哲学思想史》第Ⅲ卷，B. 巴奇科（B. Baczko）编辑，1957，第271～294页。

术界的三大问题域：①切什考夫斯基在批判黑格尔哲学运动中的地位和作用，这主要发生在该书首次出版后的二十多年时间里；②切什考夫斯基对马克思产生的可能性影响，这主要发生 20 世纪上半叶；③切什考夫斯基对黑格尔哲学阵营的影响。

《历史哲学导论》刚面世就成为畅销书，各种正式评论如潮。即使普鲁士的官方报纸的匿名评论员对切什考夫斯基也既钦佩又反对——钦佩他原创性的哲学立场，但不喜欢他的作品含有"有些无畏的品质"。① 卡尔·米什莱为黑格尔学派的主要杂志供稿，专注于证明：切什考夫斯基的结论是正确的，但他认为自己已经超越了黑格尔则是错误的。上述评论很快就变成黑格尔左派的宣传工具。黑格尔左派对切什考夫斯基所处的位置表达了更多的理解和包容，他们完全支持《历史哲学导论》对黑格尔的批评，但也指责作者没能历史主义地发展"社会生活"的含义，因而留下了一个令人难以接受的、模糊的概念。② 从黑格尔左派并不把他视为同道可以看出，切什考夫斯基只是在黑格尔学派内部讨论中发挥了非常重要的催化剂作用。这也预示着后来的发展结果：随着时间的推移，切什考夫斯基会在黑格尔学派内部的地位不断下降，并越来越陷入被孤立的境地。不过，《历史哲学导论》的读者并不局限于德国。在黑格尔追随者众多的俄国，相关评论迅速而兴奋地蔓延开来。巴枯宁（Bakunin）③ 很快就意识到这本书的重要价值，因为他也是从对黑格尔哲学的顺从转向建立在自由创造行动之上的"否定辩证法"。更值得瞩目的是，亚历山大·赫尔岑（Alexander Herzen）④ 甚至用《历史哲学导论》的思想来介绍黑格尔。他记载说："在科学达到顶峰之后，它自然会超越自身而进入到'行动'之中"，"这个世界只是在活

---

① 参见普鲁士官方汇报，1838，283 号，第 1167 页。
② 〔德〕尤利乌斯·弗莱恩施达特（Julius Frauenstadt）的《〈历史哲学导论〉评论》，载于《德国科学和艺术哈雷年鉴》第 60 期，1839 年 3 月 11 日，第 476~488 页。
③ 巴枯宁（全名 Mikhail Alexandrovich Bakunin，1814~1876），俄罗斯早期无产阶级革命者，著名无政府主义者。在第一国际时企图篡夺领导权，一再受到马克思和恩格斯的批判，后被开除出第一国际。
④ 亚历山大·赫尔岑（1812~1870），19 世纪俄国作家、思想家、革命活动家。长期流亡西方，反对沙皇专制主义。列宁称赞他是"在俄国革命的准备上起了伟大作用的作家"，被誉为"俄国社会主义之父"。

动之中才是完整的……理论与实践的鲜活统一"。① 这样的腔调自然让人对《历史哲学导论》浮想联翩。在法国，埃德加·基内敏锐地注意到切什考夫斯基的作品显示了德国哲学发展的新趋势。② 据说，希波吕忒·帕西在一次重要学术会议上还特意评价过《历史哲学导论》，认为它的作者具有自主精神。在波兰，《历史哲学导论》获得了极大的关注，这是因为切什考夫斯基与当地知识分子关系紧密的缘故。总而言之，这部著作让19世纪的人们自然而然地都把奥古斯特·切什考夫斯特看作是那个时代特有的代表性人物。

有关"切什考夫斯基对马克思产生的可能性影响"问题的争论，是由乔治·卢卡奇（George Lukács）③ 开启的。他在论文《莫泽斯·赫斯与理想主义辩证法问题》（Moses Hess und die Probleme der idealistischen Dialektik）④ 中承认《历史哲学导论》对赫斯产生了深刻影响，但同时强调切什考夫斯基的"实践"概念存在局限性，因而他拒绝接受"切什考夫斯基对马克思有影响"的任何观点。法国学者奥古斯特·科尔纽则在奠基之作《马克思恩格斯传》⑤ 中提出了针锋相对的看法。他认为，切什考夫斯基开创的"黑格尔哲学的革命性变革"已经影响了马克思思想的形成。后来，又有两部非常有影响力的研究成果持相类似的对立观点：一部是什洛莫·埃韦尼利（Shlomo Avineri）的《马克思的社会与政治思想》（Social and Political Thought of Karl Marx）⑥，另一部是戴维·麦克莱伦（David McLellan）的

---

① 〔俄〕亚历山大·赫尔岑：《科学中的佛教》，载于莱姆基（Lemki）编写的《A. I. 赫尔岑》第3卷，马萨诸塞：哈佛大学出版社，1961，第218页。

② 〔波〕Z. L. 扎勒斯基（Z. L. Zaleski）：《埃德加·基内与奥古斯特·切什考夫斯基》，载于《历史比较文学的普遍综合归功于弗尔南多·鲍迪斯伯格》第2卷，巴黎：冠军出版社，1930，第360页。

③ 乔治·卢卡奇（1885~1971），匈牙利著名的哲学家和文学批评家，他以《历史和阶级意识》开启了西方马克思主义思潮，被誉为西方马克思主义的创始人和奠基人。

④ 〔匈〕乔治·卢卡奇：《莫泽斯·赫斯与理想主义辩证法问题》，载于《社会主义工人运动的历史档案》第ⅫI期，1926，第103~155页。

⑤ 〔法〕奥古斯特·科尔纽：《马克思恩格斯传》第Ⅰ卷（1818~1844），巴黎：法兰西大学出版社，1955，第142页。这部著作已经有中译本，参见奥古斯特·科尔纽《马克思恩格斯传》，刘丕坤、王以铸、杨静远译，持平校，三联书店，1980。

⑥ 〔英〕什洛莫·埃韦尼利：《马克思的社会与政治思想》，剑桥：剑桥大学出版社，1968，第124~131页。

《青年黑格尔派与马克思》（*The Young Hegeliam and Karl Marx*）。① 前者根本否认切什考夫斯基对马克思的影响，后者承认有一定程度的影响。R. 劳特（R. Lauth）和 J. 奥斯特洛夫斯基（J. Ostrowski）继续辩论着相同话题，但都无法令人信服。R. 劳特的观点可参见其论文《斯拉夫思想对马克思思想形成的影响》（*Einflüsse slawischer Denker auf die Genesis der Marxschen Weltanschauung*）②，而 J. 奥斯特洛夫斯基的观点体现在《基督教对马克思主义思想起源的贡献》（*A Christian contribution to the origins of Marxism*）一文③中。

试图在马克思与切什考夫斯基之间建立直接联系的困难，促使人们展开了关于"《历史哲学导论》对黑格尔哲学阵营的影响"的大讨论。然而，即使在这样的语境之下，"切什考夫斯基对马克思产生的可能性影响"这个问题，仍然不时成为大讨论的焦点话题。研究成果表明，与马克思关系密切的几位青年黑格尔派成员都高度称赞过切什考夫斯基及其《历史哲学导论》。①在向柏林青年黑格尔派圈子传播切什考夫斯基的新奇思想观点的过程中，卡尔·韦尔德扮演了核心角色。在 1834 年同布鲁诺·鲍威尔一道被柏林大学神学院聘任为编外讲师的韦尔德，不仅是"博士俱乐部"的创始人之一，而且与 1837 年加入俱乐部的马克思在逻辑学和文学上相互分享着相同兴趣。据称，韦尔德最先接到有待校正的《历史哲学导论》的清样稿，并在整个学期都在阅读它，相关思想观点给他留下了极其深刻的印象。④ ②在共同创办《德法年鉴》的过程之中，卢格的编辑生涯与马克思发生了交集。在 1839 年，卢格就曾在《哈雷年鉴》上刊出过一篇歌颂《历史哲学导论》的评论文章，称切什考夫斯基的思想观点在人类历史理解史上是一次"实质上的进步"。⑤ ③身为黑格尔主义"左派"领导者之一的莫泽斯·赫

---

① 〔英〕戴维·麦克莱伦：《青年黑格尔派与马克思》，伦敦：麦克米伦出版社，1969，第 4~7 页。这一部著作已经有中译本，参见戴维·麦克莱伦《青年黑格尔派与马克思》，夏威仪、陈启伟、金海民译，商务印书馆，1982。

② 〔德〕R. 劳特：《斯拉夫思想对马克思思想形成的影响》，载于《东方基督徒期刊》第 XXI 期，1955，第 413~448 页。

③ 〔波〕J. 奥斯特洛夫斯基：《基督教对马克思主义思想起源的贡献》，载于《当代海外波兰人科学与文化代表大会纪要》第 I 卷，伦敦，1970，第 45~57 页。

④ 〔丹〕莱茵哈德·劳斯（Reinhard Lauth）：《斯拉夫哲学家对马克思主义世界观形成过程的影响》，载于《东方克里斯蒂安那期刊》第 21 期，1955，第 414 页。

⑤ 《哈雷年鉴》，1839，第 475 页。

斯长期与切什考夫斯基保持着密切联系。虽然赫斯反复重申是"理智的切
什考夫斯基"① 的那些有关未来的科学制定和新时代的动态特性的见解深深
地影响了他，实质上即便说《历史哲学导论》构成赫斯的"行动哲学"的
理论基础也不过分。赫斯本人曾公开宣称，在现存的著述中，能把沉睡的
理论强行唤醒并赋予它实践的生命活力的只有两部作品——他自己的《人
类圣史》② 和切什考夫斯基的《历史哲学导论》。考虑到赫斯对马克思和恩
格斯产生过相当大的影响，《历史哲学导论》的思想通过他顺利抵达马克思
主义的创始人那里并不是不可能。③ 即使如此，也无确凿证据证明马克思对
切什考夫斯基负有间接债务关系。可以肯定的是，恩格斯本人对《历史哲
学导论》是非常熟悉的，40 多年之后，他曾经用了一个非常怪异的术语
"植物丛中的自然哲学"（naturphilosisch-botanisches Bush）去描述这部著
作。④ 马克思在一份免责声明中否认他"接受……并钻研过这位伯爵博士的
哲学"，而且还强调，由于切什考夫斯基不重视实际价值而显得太轻率，这
让他非常不满意，以至于他从来没有读过切什考夫斯基写的任何东西。⑤ 众
所周知，在《历史哲学导论》刚刚问世的时候，恰恰是求知若渴的马克思
开始阅读哲学著作的时候。如果说马克思在这个时候忽略掉了这本书，那
是令人难以置信的；而且，马克思在 40 年之后还能清楚地记得他从来没有
读过的著作的作者的名字，那也是不太可能的事情。话说回来，无论我们
的这个假设——通过赫斯，切什考夫斯基对马克思有过直接或间接的影
响——是否成立，切什考夫斯基是德国第一个提出把"实践"作为哲学研
究中心的人，5 年后马克思也是这么干的。

---

① 〔德〕莫泽斯·赫斯：《欧洲三头政治》，莱比锡，1841，第 5 页。参见中译本《赫斯精
　粹》，邓习议编译，方向红校译，南京大学出版社，2010，第 41 页。

② 〔德〕莫泽斯·赫斯：《人类圣史》，斯图加特，1837。参见中译本《赫斯精粹》，邓习议编
　译，方向红校译，南京大学出版社，2010，第 9~40 页。

③ 从 1841 年到 1843 年，赫斯与马克思、恩格斯的关系甚为亲密。在这个时候，赫斯向他的
　年轻伙伴传授了共产主义原则，参见科尔纽的《莫泽斯·赫斯与黑格尔左派》（这部著作
　没有中译本）。

④ 参见恩格斯在 1882 年 1 月 13 日写给马克思的信，《马克思恩格斯著作》第 35 卷，柏林：
　迪茨出版社，1973，第 37 页。

⑤ 参见马克思写给恩格斯的信，落款日期是 1882 年 1 月 12 日。载于《马克思恩格斯著作》
　第 35 卷，柏林：迪茨出版社，1973，第 35 页。马克思还说，他在巴黎主编《德法年鉴》
　期间（即 1843~1844 年）就接受过切什考夫斯基的拜访。但切什考夫斯基无论是在他的日
　记中还是在他公开出版的著作中都没有提到过马克思。

三 切什考夫斯基的思想和体系

1. 切什考夫斯基的思想

切什考夫斯基的思想轨迹存在一个 180 度的大转弯——从哲学转向宗教学、从激进转向保守、从现实转向神秘、从不反唯物主义转向唯心主义、从直面未来转向歌颂上帝以自助、从积极的革命目标转向小心谨慎的议会策略，从渴望世界大同转向国家救世主主义——是无须赘言的事情。这种转变带来的强烈反差淋漓尽致地体现在他那两部重要著作之中。《历史哲学导论》是一部纯粹的哲学著作。通过它，切什考夫斯基作为一位哲学家、黑格尔的批判者、新哲学的倡导者为我们所知。与之相对，《我们的天父》却是一部名副其实的神学总论——历史学、哲学、社会学、法学、人类学和神学都被统统摄入到一种解读祈祷文的宏大叙事之中。它不再是一部超越黑格尔的教材，而是基督教的教义本身——一种为了启示人类目前正站在第三个时代即"圣灵时代"的门槛上的绝对宗教。如此风格迥异、极不协调、看似并不兼容的两部著作出自同一个人之手，的确让人有些费解。

当然，我们不是不能发现切什考夫斯基著作的某些连贯性：他对黑格尔的辩证法始终保持高度忠贞的信仰。尽管切什考夫斯基反复申明，他的著作对黑格尔哲学来说是"创新"而不是"派生"，但是黑格尔的强大影响不仅表现在方法上，而且体现在语调和结构的界定上。从这个意义上讲，我们与其说切什考夫斯基是黑格尔的批评者和背叛者，倒不如说他是黑格尔的信徒和追随者。切什考夫斯基毫不掩饰地宣称，黑格尔的辩证法就是"哲人之石"，到现在还在井然有序地表演着它所蕴含的"神迹"。纵观切什考夫斯基的所有著作，近乎偏执狂地坚持了辩证的三分法确实有些迂腐：在他眼中，世界万物都是遵循辩证法法则的，连基督教的发展也不例外，也是按照"圣父时代（正题）——圣子时代（反题）——圣灵时代（合题）"的逻辑演进的。切什考夫斯基后来之所以陷入空想社会主义不能自拔，就是因为他试图把黑格尔这套方法（尽管它在历史分期方面取得了一定成功）应用于阐发福音书的内容（它描述了一个非历史主义的理想世界——"上帝天堂"）。他没有意识到，理性的辩证方法是不足以解读在启示和信仰的基础之上的福音书的"真理"的。尽管这套空洞抽象的方法明显存在徒劳无用且难以承受之重的特点，这并没有妨碍切什考夫斯基把它拓展为一套推理系统。它让切什考夫斯基的整个推理过程看起来似乎是严谨和有章法的——马克思批判的青年黑格尔派最擅长使用这种方法。不过，对三分法的刚性依赖，毫无疑问会发展出一套在表面上比黑格尔哲学更"黑格尔"的体系。这不禁让人们想起了鲍威尔的那句评论："这些老年黑格尔哲学家越是年轻，他们看起来就越老。"

切什考夫斯基继承了黑格尔的辩证法却偏离了黑格尔的思想，完全受惠于当时盛行的"有机体理论"。在切什考夫斯基看来，相互依存的各个历史因素总是按照辩证法则演化的，因此整个历史构成了一个理性发展的有机整体；如果黑格尔能够证明这一点，他是完全可能建构一种能够拥抱未来的历史科学的。然而，黑格尔本人并没能继续这种可能性，一方面是因为他囿于固有的偏见，反对以未来为导向的哲学观，另一方面是因为他对历史的分期背离了他自己的三分法原则，而且误导人们相信历史已经终结。切什考夫斯基严格遵循黑格尔的方法论原则进一步探索发现：①历史必然包括三个阶段；②已经过去了的前两个阶段（即古典文明时代和基督教文明时代）充满了辩证对立；③现在的一切迹象暗示我们正在进入第三个阶段：综合文明时期；④相对于内容充实但不擅长反思的古典文明时代和好沉思但充满个人主义色彩的基督教文明时代，第三个时期将以"后理论的和面向社会生活的"活动为标志。切什考夫斯基把这种活动称为"实践"（Praxis），它的具体表现形式是"行动"（the Deed）。这样一来，《历史哲学导论》在思想史上的划时代意义就出现了：他把当时苦闷彷徨的人们对自由的向往向未来无限敞开。

把世界历史理解为"与客观性相关联"的意识，其有机发展过程必将经历从独特的感觉到抽象的思维，最终上升到创造的意志，切什考夫斯基力图为我们"展示这块哲人石头蕴含的能量所拥有的各种神奇"。[①] 要想在未来显现这些神奇，他朦胧地感触到必须要有切实可行的方法、手段和途径。从此以后，切什考夫斯基把重心转向了建构关于未来的科学——这是一门不像传统理论哲学那样的哲学理论，它要求哲学家必须要从理论领域走向实践领域——就像马克思要求的"哲学世界化"和"世界的哲学化"那样。在切什考夫斯基看来，未来的哲学在理论上取决于人类能从未来那

---

① 〔波〕奥古斯特·切什考夫斯基：《历史哲学导论》，参见本书第 107 页。

里获得什么样的理解，以及能否洞察到这些实际存在但又无法看见的"稳定现实"是如何发生的。他把这种洞察未来的方法称为"有机综合"（Aufhebung），用他自己的话来表述就是："充分研究过去，深入分析人类生活之中的已经发展成熟的内容和因素，识别它们的片面性、排他性以及在竞争和数量上的相互优势"；① 然后在坚信它们在未来都具有综合的必然性的基础上，有意识地在更高级的同一性阶段有机整合它们，从而使无形印记在人类身上的那些潜在因素总是能够切实有效地实现。② 不难看出，所谓的有机综合方法只不过是对黑格尔的"合题"概念的一种创造性表达，类似于马克思语境中的"扬弃"一词——它们之间的明显区别在于：后者侧重于合题方法论蕴含的"批判"维度，前者更倾向于"和解"维度。由于"精神是卓越的行动"，有机综合在现实性上就表现为切什考夫斯基口中的"有机工作论"："为了在实际生活领域中实现'美'和'真'的理念……把人类生活中所有的片面性表现形式和有限的元素有机地捆绑在一起，并把人类生活带入至关重要的合作中，最终在我们世界实现绝对的'善'理念和终极目的论；这是未来的重大任务"。③ 这样一来，切什考夫斯基就建构了可容纳一切东西的宏大体系——他似乎认同黑格尔"存在即合理"的观点，因为历史中存在的一切事物都可能是未来社会的构成元素，历史中存在的所有思想观念都可能是未来科学的创作素材。明白了这一点，我们对下列问题丝毫不会感到惊讶：切什考夫斯基为什么总对新鲜事物充满持续的兴趣？为什么倾向于采用实用主义态度和临机应变原则去解决现实问题？他的思想为什么充满了内在冲突的复杂性？《我们的天父》为什么有那么强的整合力，以至于当时盛行的各种思潮都能在他对第三个时代的阐发中找到它们的原型？在切什考夫斯基看来，真正的和解不仅要求在知识中实现，而且要求在现实（物质、社会与政治）中实现。这意味着，在理解人类所处的环境的同时，还要通过诸如消灭物质贫穷和废除结构冲突那样的方式来塑造环境。要实现这一切，就要求充分利用自觉行动、哲学智慧和意志美德去把握时代发展的那些积极趋势。

---

① 〔波〕奥古斯特·切什考夫斯基：《历史哲学导论》，参见本书第 60 页。
② 〔波〕奥古斯特·切什考夫斯基：《历史哲学导论》，参见本书第 56 页。
③ 〔波〕奥古斯特·切什考夫斯基：《历史哲学导论》，参见本书第 63 页。

切什考夫斯基把这种关于未来的科学称为"实践的哲学"或者"行动的哲学"，这使他在一定程度上超越了黑格尔并同现代实践哲学发生了关联。作为近代哲学的顶峰，黑格尔哲学的最大问题同样是无法突破"意识的内在性"。无论他所谓的理性有多么客观或绝对，它始终停留在"理论理性"范畴——只是通过"自在"或"自为"这两种存在状态来表现自己，完全没有顾及"自我外化"这种情形。也就是说，在黑格尔那里，实践仍旧是理论的奴婢，其存在的真正目的反而是去成为精神的一种特殊形式。在切什考夫斯基看来，历史是人类精神按照"感觉—思维—意志"的顺序在发展，那么我们就必须承认这种发展的必然性、偶然性和自由，[①] 那是因为：如果同意"普遍理性"是哲学的最高形式，那理论理性就绝不是精神发展的顶点。接下来就顺理成章了：思维让位于行动，意志事实上成为切什考夫斯基的"行动的哲学"的最高范畴，构成所有纯粹理性行为的合题和所有历史活动的表达方式的充足理由律。卢卡奇把切什考夫斯基的思想趋向称为"回归到费希特"：一方面是两人都把意志定义为一种直接面向实践活动的创造能力，另一方面是同样关注"善"的实现问题。然而，相对于把行动看作"自我"的基本属性之一的费希特，切什考夫斯基为我们展示了另一种观念：在这个充斥着创造性行动的时代，今天发生的事实（facta）将变成历史的记录（acta）；思维在意志参与的调解下也会变成存在；意志以思维为先导，而行动则是意志的表现。从这个意义上讲，切什考夫斯基相对于费希特的关系必须被看作一种自由启迪，而不是直接依赖。

纵览有关切什考夫斯基写作与活动的所有文献资料，都可以看作是《历史哲学导论》所表达的关切合乎逻辑地发展的必然结果。巴黎十年对他来说是"行动的哲学"的见习期，因为他听从了自己内心的召唤，把"行动的哲学"的方法论原则运用于现实实践活动之中，并力图给未来的社会生活制定一种具体形式。无论是《信贷与流通》和《现代贵族与贵族社会》中所设想的宏伟方案，还是他在其他论著之中提出的更为温和的有关信贷、教育或农村福利的计划，共同构成了"行动的哲学"的思想元素。这些实习元素，不仅有助于他在 1848 年之后承担起更加重大的社会责任，而且有助于《我们的天父》进行慢条斯理的构思。这些年的实习生涯证实了切什

---

① 〔波〕奥古斯特·切什考夫斯基：《历史哲学导论》，参见本书第 57~59 页。

考夫斯基的早期直觉：从今往后，哲学必须应用于实践领域，其最紧迫的任务是解决全世界关注的"社会问题"。一言蔽之，切什考夫斯基的作品和人生都值得我们关注，因为他不仅提出现代实践哲学的建构原则，而且亲身践行着现代实践哲学的基本主张：理论与实践相结合。同理亦然，他在40年代以后的人生经历中所提出来的那些温和计划，其重要性不在于它们的强度大小，而在于它们所涉及的范围和进程。理解、把握和评价切什考夫斯基的思想观点，正确的态度应该像恩格斯要求马克思主义者那样①注意其方法，而不是纠缠于他具体说了什么。把有机综合方法和重大现实问题相结合，才使切什考夫斯基的主要思想观点在他所在那个时代具有原创和创新特征。这也为我们把握切什考夫斯基的思想体系提供了思路：正是这两种元素的完美结合，才使他所有作品协调一致成为可能。

综上所述，切什考夫斯基的最重要思想是"行动的哲学"，能把他所有思想勾连起来的也是"行动的哲学"。事实上，也只有"行动的哲学"才能超越理论哲学的传统界限而把切什考夫斯基的作品视为一个有机整体。

2. 切什考夫斯基的思想体系

从西方思想史上看，切什考夫斯基所处的年代恰恰是西方哲学由近代向现代的转折时期。他创建的"行动的哲学"虽然只是从黑格尔犯下的一个莫名其妙的错误出发，但后来理论演绎却在一定程度上洞察和揭露了以黑格尔哲学为代表的理论哲学之弊，这使他不自觉地立足在现代实践哲学的地平线上。

（1）《历史哲学导论》的实践哲学思想。《历史哲学导论》是切什考夫斯基的第一部哲学著作。它由三章构成，其标题分别为："世界历史有机体""世界历史的范畴""世界历史目的论"。用切什考夫斯基自己的话来说，这种编排完全是按照世界历史有机体"应如何""是什么""为什么"的思路进行的。事实上，第一章发现了作为有机整体的历史的基本原则；第二章总结了不同历史时期的各种具体原则，通过它们，我们可以逐渐洞察历史的发展规律；第三章则是运用这些原则去推测未来，从而充实历史

---

① 恩格斯的名言："马克思的整个世界观不是教义，而是方法。它提供的不是现成的教条，而是进一步研究的出发点和供这种研究使用的方法"。参见《马克思恩格斯选集》第4卷，人民出版社，1995，第742~743页。

有机体理论并完成历史有机结构的建构。在这部著作中，切什考夫斯基集中阐述了他的实践哲学思想，主要观点如下。

第一，立足于"是否真正有利于认知和确证未来"的视角去"诊断"理论哲学的"病灶"。在切什考夫斯基看来，无论感觉还是思维，在理解和把握未来方面都具有各自的片面性：前者的根本缺陷在于"纯粹的客观性"——让未来存在于意识之外，后者的根本缺陷在于"纯粹的主观性"——未来停留在意识之内。① 即使是青年黑格尔派极力推崇的辩证法也在他的批判语境之中，"由于辩证法规律自身携带着评判自己必要性的标准，所以，它们必须在行动领域向我们展示它们在永恒外表下的那些'变形'。"② 行动才是评判未来真理的标准，这让切什考夫斯基找到了克服近代哲学困境即"意识的内在性"的可靠路径，也让他脱离了同辈人所深陷的"理论的实践"的泥潭。

第二，在理论与实践统一关系中去阐明"实践"的含义。切什考夫斯基认为，意志才是认知和确证未来的正确方式，而意志本身则与实践密切关联，"真正实践的、应用的、执行的、自发的、自愿和自由的，因此，它包含了行为的整个领域：事件和事实及它们的意义、理论与实践、概念与现实的真实性，——它创造了历史的行动者"。③ 与传统观念把理论活动与实践活动二元对立截然不同，切什考夫斯基强调"实践在自身之中已经蕴含着理论"。这样一来，"行动不再是一个纯粹只被接收、被反思的直接结果，它已经是一种经过了提前反思、协调、思量、计划然后才被完成的事实。行动是一个主动事件，人类对它并不完全陌生，因为我们在行动实现之前就已经意识到它的存在"。最终，切什考夫斯基得出了一个与马克思实践概念具有异曲同工之妙的结论："行动是物质与精神、存在与思维的真实的本质的综合"。④

第三，行动的哲学存在的核心问题是把事实转化为行动。既然黑格尔理论哲学的错误在于"意识不可再跨越自我进行外化"，那么如何才能克服意识的内在性呢？切什考夫斯基给出的答案是"为了把这些无意识的事实

---

① 〔波〕奥古斯特·切什考夫斯基：《历史哲学导论》，参见本书第 57 页。
② 〔波〕奥古斯特·切什考夫斯基：《历史哲学导论》，参见本书第 53 页。
③ 〔波〕奥古斯特·切什考夫斯基：《历史哲学导论》，参见本书第 57 页。
④ 〔波〕奥古斯特·切什考夫斯基：《历史哲学导论》，参见本书第 59 页。

转化为有意识的，以及从它们的外在性去发现它们的内在本质，我们的意志必须强加在其上。"① 他并不否认"实践理论"对于实践的重要作用，但也意识到意志在理论转化为实践过程中具有不可或缺的重要意义，这一方面有助于矫正"纯粹理性"遗忘实践的意志功能之不足，② 另一方面有助于突破青年黑格尔派的"理性的实践"而走向"理性地实践"。马克思在《博士论文》时期似乎也意识到这一点，他指出："当哲学作为意志面向现象世界的时候……体系同世界的关系是一种反思的关系。体系为实现自己的欲望所鼓舞，就同他物发生紧张的关系。它的内在的自我满足和完整性被打破了。"③ 可以说，"把事实转化为行动"是马克思和切什考夫斯基共同面对的问题域，区别在于转化路径上的南辕北辙。

第四，行动的哲学的研究内容是"如何形成具有具体历史内容的特殊观点"。切什考夫斯基不否认哲学理论的研究对象是"本质"，但他也看到仅仅研究本质的不足："本质无法预见细节，而细节内在地蕴涵着本质的内在的、普遍的、适当的和充分的内容"。④ 当然，切什考夫斯基强调对细节研究的看法建立在历史主义基础之上，要求在普遍性（历史有机体）与特殊性的统一关系之中去把握具体的特殊性，以便得知："我们已经位于哪个阶段，已经走过了哪些环节，以及为了达到普遍精神发展之顶峰还有哪些阶段或环节需要继续走。"⑤

第五，行动的哲学的研究方法是辩证法。切什考夫斯基非常重视方法，认为"发现方法是哲学的核心本质"。的确，现代西方哲学的逻辑架构与新方法的发现是相辅相成的。从这个意义上讲，切什考夫斯基或许是倡导"方法论转向"的思想先驱之一，"哲学的终结即是绝对方法的开端，……准确地讲，如果哲学的终结不是历史的开端，至少绝对方法的开端就是哲

---

① 〔波〕奥古斯特·切什考夫斯基：《历史哲学导论》，参见本书第 59 页。
② 基于常识就能理解：人的实践行为也是知、情、意的综合结果。不言而喻，关注实践的意志功能，有助于矫正"纯粹理性"片面强调理论理性功能之缺陷。切什考夫斯基把意志与实践等同起来却没有对二者的关系详加阐述，这可能让人想到费希特。不过需要指出的是，切什考夫斯基尽管把意志与实践等同，但他并没有否认感觉和思维作用，反而强调意志就是感觉与思维的高级综合，这让他并没有走向唯意志论。
③ 《马克思恩格斯选集》第 1 卷，人民出版社，1995，第 87 页。
④ 〔波〕奥古斯特·切什考夫斯基：《历史哲学导论》，参见本书第 55 页。
⑤ 〔波〕奥古斯特·切什考夫斯基：《历史哲学导论》，参见本书第 60 页。

学的终结"。① 尽管切什考夫斯基坚信实践哲学应该有"本己的方法"，但也意识到精确刻画它的时机并不成熟，所以他把希望寄托在辩证法身上："即使哲学的发展历程还远远没有达到它的终点，但运用黑格尔的方法就能够完成它的本质任务"。② 虽然切什考夫斯基所理解的辩证法是由"正题—反题—合题"构成的三段式分析方法——这是他所处那个时代的共同看法，但是，他强调辩证法必须与具体内容相结合，"充分研究过去，深入分析人类生活之中的已经发展成熟的内容和因素，识别它们的片面性、排他性以及在竞争和数量上的相互优势"；③ 然后在坚信它们在未来都具有综合的必然性的基础上，有意识地在更高级同一性阶段有机整合它们，从而使无形印记在人类身上的那些潜在因素总是能够切实有效地实现。

第六，实践哲学的存在形式：消灭理论哲学形式。切什考夫斯基认为，哲学是与人类历史发展的第二阶段即"真"阶段相适应的，并形成了自己独特的形式；不过，在目前"由事实转化为行动"的世界历史的转折点上，哲学应该让位于适合人类历史发展的第三阶段即"善"阶段的新思潮。所以，他反复强调："现在，新思潮必须在旧哲学遗留的废墟之上采取适当立场和恰当方式，超越自我，上升到一个完全异己的却有助于构成自己进一步发展的充分条件的领域，亦即是上升到'意志的绝对实践'领域。"④ 无论"行动的哲学"是新思潮本身，抑或是理论哲学向新思潮的过渡形式，都标志着（理论）哲学的终结——"哲学除了自我消解以便为更高级的观点开辟道路之外，无物保留"。⑤ 或许是切什考夫斯基考虑到新思潮是哲学与美学的更高级综合，他才保留了"行动的哲学"这一说法。因为它包含了"哲学"这一字眼，自然会迷惑很多人——他们总是试图用哲学的经典形式即理论哲学范式去理解、把握和评价实践哲学。对此，切什考夫斯基似乎有所预见，他告诫说："哲学越进步，它就越来越远离和不能容忍它的经典形式"。⑥ 到底实践哲学的存在形式是什么呢？切什考夫斯基说得很简

---

① 〔波〕奥古斯特·切什考夫斯基：《历史哲学导论》，参见本书第94页。
② 〔波〕奥古斯特·切什考夫斯基：《历史哲学导论》，参见本书第94页。
③ 〔波〕奥古斯特·切什考夫斯基：《历史哲学导论》，参见本书第60页。
④ 〔波〕奥古斯特·切什考夫斯基：《历史哲学导论》，参见本书第99~100页。
⑤ 〔波〕奥古斯特·切什考夫斯基：《历史哲学导论》，参见本书第90页。
⑥ 〔波〕奥古斯特·切什考夫斯基：《历史哲学导论》，参见本书第94页。

单："哲学必须变得通俗易懂，因为所有人都有资格去拜读它，每一个乐于思考的人都有机会去选择它。"①

第七，行动的哲学的理论品格是"具有实践性质的哲学"。切什考夫斯基明确指出，哲学必须从理论高度下落到实践领域之中，"哲学的未来命运就是'具有实践性质的哲学'，或者更确切地说是'实践哲学'，它对日常生活和社会关系最具体的影响就是'在具体实在的活动中发展真理'"。②行动的哲学就是应用性的实践哲学，至此"行动的哲学"就进入了我们熟悉的实践哲学语境之中。

当然，《历史哲学导论》中的实践哲学思想不仅限于这些，还有待我们进一步深入挖掘。无论如何，上述观点已经为我们展现了一种别开生面但又不缺乏健全常识感的实践哲学。

（2）其他著作中的实践哲学思想。《我们的天父》被看作是切什考夫斯基的成熟哲学作品。它一共由八个章节组成：①序言：精神的存在方式；②历史自有天意；③愿人人尊你名为圣；④神圣父权的自然结果；⑤愿你天国降临；⑥愿你的旨意行在地上如在天上；⑦赐我食；⑧阿门。它们的内在线索是切什考夫斯基对构成基督教祈祷文的七个祷告的解读。在他看来，"劳动是理解第三个时代的钥匙"，这七个祷告全部指向未来，因而在未来必将变成现实。细究起来，切什考夫斯基探讨的仍旧是理论哲学家难以处理的认识论、神性与永生问题，其中又掺杂着对未来社会的实现途径和现实策略的思考，比如：怎样构建一个完美的未来社会，以及怎样实现道德、经济、社会和政治的和谐。事实上，在实践哲学视域下去阅读它，我们完全可以收获三个具有肯定意义的结论。①它是在更深层次去探索"行动的哲学"的存在论根源——现实行动的内驱力何以可能？正如他自己所言："当我们祈祷一件事的时候，就会激发我们头脑中的每一种能力来获得它，我们的纯粹的欲望唤醒了我们的意志，从而行动产生了"。②这部著作为《历史哲学导论》中的"实践"概念添加了另一个特殊含义：实践的结果原来就是和谐社会的结构，特指"天国"。正如有学者指出，切什考夫斯基强调"劳动是理解第三个时代的钥匙"的观点也是基于庄严的基督教

---

① 〔波〕奥古斯特·切什考夫斯基：《历史哲学导论》，参见本书第107页。
② 〔波〕奥古斯特·切什考夫斯基：《历史哲学导论》，参见本书第106页。

箴言："劳作就是祈祷"（orare et laborare）。事实上，《我们的天父》在虔诚的基督教教义的基础上重新掺入的所有值得尊敬的现代元素，目的就是指出劳动的高尚性甚至是圣洁性。① ③这部著作无所不包的论题让我们看到了实践哲学的广阔论域及其真正诉求：行动中的启示性真理将在日常生活和社会环境之中发现它的具体形式。在其他领域，切什考夫斯基的这套构思原则也有各种形式的"变种"：历史主体的身份识别；国家生活、国内民主生活、社会生活合乎需要地实现；社会矛盾真正解决的条件充分形成；自治机构的自由创造意识足够成熟；法律和道德的领域符合伦理规范；构建国际共同体的意愿最终达成共识。

除了上述两部著作，本书还收录了切什考夫斯基的另四部作品——《信贷与流通》《论改善农民工的条件》《一个波兰人的预言》《论波兹南大公国知识分子与工人的合作》——的部分论述，内容涉猎了哲学、政治、经济、文化、社会、宗教等领域。各作品论题不尽相同，要简要概括其主要观点有些不易，不过，我们可以从切什考夫斯基自己的一个比喻——他把《我们的天父》比喻为"树干"，把其他论著比喻作"树枝"——来考察这些论著之间的内在联系。《历史哲学导论》作为切什考夫斯基的处女作，侧重于"行动的哲学"的轮廓勾勒，但还没有达到完全成熟的阶段，对其现实应用方面亦即"如何在具体实在的活动中发展真理"更是语焉不详；而他一生都在写作的《我们的天父》可以看作是对《历史哲学导论》的补充和完善，力图去夯实"行动的哲学"的理论基础；其他论著可以看作是切什考夫斯基运用"行动的哲学"的方法去分析、解决和评价各种社会现实问题的经典案例——阅读它们，可以再现"行动的哲学"的核心话题、研究内容、研究方法与存在形式等。

四　切什考夫斯基实践哲学思想的当代价值

切什考夫斯基的思想在 21 世纪是否还有重要意义？历史是否已经验证了他对未来的预测？针对诸如此类的问题，尽管我们很难给出精确的答案，但毫无疑问的是，切什考夫斯基的历史哲学给予了我们这样的启示：历史

---

① 〔波〕K. 泽林斯基（K. Zieliński）：《切什考夫斯基的工作问题》，载于《调查》第 1 卷，1932，第 7 期，第 3~6 页。

既没有像黑格尔宣称的那样已经走到了尽头，也没有像福山所说的那样正在被终结。① 因此，他的历史观还在持续不断地传达这样一种理念：历史不断展开的过程，也是人类及其人类社会从"自在的存在状态"经"自为的存在状态"而上升到"自由自在的存在状态"的过程；人类的思想不仅可探索自身的自由，而且最终会通过来自自身的自由行动去塑造历史，成为自己的创造者。在 19 世纪初的那个年代就能提出如此深邃而乐观的思想，注定切什考夫斯基的观点可以在人类思想史上不断引起回响。在此，我们主要从马克思主义实践哲学维度来谈谈他的"行动的哲学"产生的当代价值。

当前，国内哲学界存在两种风格迥异且互不交流的实践哲学话语：一是马克思主义哲学学科中的实践哲学话语（以下简称"马克思主义实践哲学"②），一是西方哲学学科中的实践哲学话语（以下简称"当代西方实践哲学"）。③ 它们不仅在核心概念、研究路径和言说方式上存在根本性的差异，而且体现出来的理论旨趣和精神品格也大相径庭。如果要让二者正常对话，这就让人不得不反思与追问：到底什么是实践哲学？它的含义是唯一的还是允许有多种解释？如果只能有一种解释，那哪一种实践哲学观更契合它的本义呢？

1. 有助于从元哲学层面来审视当代西方实践哲学

从 20 世纪后半叶开始，西方思想界掀起了一场声势浩大且影响深远的实践哲学复兴运动，涌现出了众多在当代极负盛名的实践哲学家和流派。④ 从发生学去考察这股思潮不难发现，当代西方实践哲学的勃兴并非空穴来风，它们是现代西方哲学自然进化过程中的必然产物。众所周知，现代西

---

① 〔美〕弗朗西斯·福山：《历史之终结与最后的人》，纽约：麦克米伦出版公司，1992。该书已有中译本，参见陈高华译《历史之终结与最后的人》，广西师范大学出版社，2014。

② 特别指出，"马克思主义实践哲学"和"马克思实践哲学"并不完全等同，后者特指马克思创立的实践哲学，具有个性特征。这需要在具体语境中辨别。

③ 徐长福：《走向实践智慧——探寻实践哲学的新进路》，社会科学文献出版社，2008，第85页。

④ 这些实践哲学家和流派主要有：以罗尔斯为代表的自由平等主义、以威廉姆斯和麦克道韦尔为代表的德性伦理学、以麦金太尔为代表的社群主义、以霍耐特为代表的新法兰克福学派、以布鲁姆为代表的新保守主义、以莱肯为代表的新实用主义以及伽达默尔的"作为实践哲学的释义学"。参见《事实与价值二分法的崩溃·总序》，载于〔美〕希拉里·普特南《事实与价值二分法的崩溃》，应奇译，东方出版社，2006，第3页。

方哲学都是在批判黑格尔理论哲学的地基上兴起的。正是在这个意义上，"实际上黑格尔以后的现代哲学，在总体上是某种意义上的实践哲学"。①换句话讲，现代西方哲学各流派在潜意识里或多或少、或明或暗都有"拒斥理论哲学"的意图。也正因为如此，从而使它们从不同话题、不同路径通达了实践哲学的视域，不自觉地触及了人类行为的不同方面，诸如：行动的根基（现象学与存在主义哲学），行动的内驱力（意志哲学和生命哲学），行动的规则（实证主义哲学和解释学），行为的途径（日常语言分析哲学），行为的动机（精神分析哲学）或实践的评估系统（实用主义哲学），等等。尽管诸流派有这样或那样的缺陷与不足，但不可否认的是，它们为自觉的现代实践哲学的诞生积蓄了力量、创造了条件。

把现代西方哲学发展归结为"实践转向"无疑是深刻的。作为这种转向的积极成果之一，当代西方实践哲学无疑是一种"较为自觉"的实践哲学，这从它内部诸流派的"家族相似性"可窥见一斑。①理论研究偏好实践旨趣，主张哲学理论应该是"具有实践性质的哲学"（Practice Philosophy）。在当代西方实践哲学的语境中，实践哲学之所以被看作理论哲学的否定和反驳，关键在于后者从来没有认真关注和思考过"做"的问题，从而陷入了空谈概念、范畴、义理、体系，对解决现实实践问题没有直接的裨益。如果说理论哲学强调的是"学以致知"，那么实践哲学则追求"学以致用"，两者的分野在此昭然若揭。②在运思程序上，它们都力图通过反思人类的某一类具体行为（或称为实践、做、行动等）而去设计出一套理想的行为模式。换句话讲，当代西方实践哲学虽然以具体实践活动作为立足点或切入点，但最终目标却指向了亚里士多德意义上的"实践理性"——如何理性地实践？由此可进一步得知：③它们坚持了"从实践理解"的研究路径（区别于"对实践理解"的研究路径），但核心概念并不一定是"实践"。虽然当代西方实践哲学把具体实践活动作为反思对象，但由于其根本目的是致力于相关行动方案的改造、改善或提升，所以其核心概念就不再是"实践"本身，而是该类实践活动蕴含的价值诉求，如善、效

---

① 倪梁康：《欧陆哲学的总体思考：海德格尔思想比较研究》，《求是学刊》2005 年第 5 期。

率、发展、公平、正义或和谐，等等。① 在这个意义上不难理解，当代西方实践哲学为什么有实践哲学之实却少冠实践哲学之名。

显而易见，当代西方实践哲学经过了一连串的"迂回发展"，最终才实现了与切什考夫斯基的"行动的哲学"殊途同归。两者交相辉映，共同佐证了实践哲学的应有之义：具有实践性质的哲学（区别于"关于实践的哲学"）。切什考夫斯基被誉为青年黑格尔派中"实践问题转向"的第一人，从他所处的思想年代——西方哲学由近代向现代的转折时期——来看，他又何尝不是当代西方实践哲学的先驱者之一呢？当代西方实践哲学是现代西方哲学自然进化的结果，其存在论根基或许更为厚重一些，但只有在切什考夫斯基那里，我们才能更清晰地洞察现代哲学对近代哲学的断裂之实质，才能更为直接地领悟到实践哲学替代理论哲学的价值诉求。更重要的是，当代西方实践哲学运动方兴未艾，其进化似乎并没有达到顶峰状态——它们并没有像切什考夫斯基那样直面整体意义的"实践活动"本身。现代实践哲学内部诸流派之间的相互诘难与不可通约性表明：元哲学意义上的实践哲学仍处于支离破碎和晦暗不明的状态之中。所以，重回并研究切什考夫斯基的"行动的哲学"思想，一方面有助于消解、澄明国内学界对实践哲学的误解，另一方面有助于促进当代西方实践哲学尽快从较为自觉状态过渡到完全自觉状态，从而消解当前诸流派的部门性和分裂性。

2. 有助于从源头上理解马克思实践哲学的理论品格

同样是在 20 世纪 80 年代，以实践哲学之名去诠释马克思主义哲学的义理构成我国马克思主义哲学研究的一道亮丽的风景线。毫无疑问，拉布里奥拉把马克思的哲学指认为实践哲学是切中肯綮的。马克思那句振聋发聩的宣言——"哲学家们只是用不同的方式解释世界，问题在于改变世界"②，不仅敲响了理论哲学的丧钟，而且开诚布公地宣告了自己哲学的理论旨趣和价值取向。

检视国内马克思主义实践哲学研究，我们看到这样一种占主流地位的实践哲学观：①强调实践哲学是"关于实践的哲学"（Philosophy of

---

① 在不同实践哲学流派那里，实践哲学的核心概念是不尽相同的，如：伦理学（古典意义上的实践哲学）的核心范畴是"善"，它在经济哲学中可引申为"科学发展"或"效率"，在政治哲学中可称为"公平"或"正义"，在社会哲学中可称为"和谐"，等等。

② 《马克思恩格斯选集》第 1 卷，人民出版社，2012，第 136 页。

Practice）。在它看来，实践哲学，顾名思义就是把"实践"概念作为主题词进行研究的哲学理论。②在研究路径上主张"对实践理解"。这样一来，实践哲学的理论品格就完全倚仗于"实践"含义的解释、澄明和阐述。又由于实践本身就是一个表征活动样式总体性的范畴，对它做不同维度和不同层次的解读，必然导致对实践哲学的多样性理解，例如：实践思维论、实践本体论、生存实践论、技术实践论、交往实践论等。各种实践哲学理解模式之间的辩论与诘难让我们无不深刻地感受到，上述所有理解模式都顾此失彼，无一而足。更为遗憾的是，③无论哪一种理解模式都没能完全摆脱"解释世界"的窠臼。① 显而易见，这种实践哲学观与以"改造世界"为己任的马克思主义哲学的精神气质是相抵牾的。至此，一幅令人尴尬的画面展现在马克思主义哲学研究者的面前：打着马克思主义哲学旗号的实践哲学研究偏离了马克思"改造世界"的初衷，反倒是我们一直认为与马克思主义哲学格格不入的当代西方实践哲学似乎暗合马克思的主张。我们并没有"褒西抑马"之意，而是提醒大家应该反思这样两个相关联的问题：是不是我们的理解出现了偏差？若是，其错误根源在哪里呢？

回顾国内马克思主义实践哲学研究的发生学背景，可作如下粗线条勾勒："真理标准大讨论"把"实践"概念从认识论范畴之中剥离出来，赋予了它元哲学的意义，直接推动了"实践唯物主义"框架的确立；而实践唯物主义把"实践"作为核心词去构建马克思主义哲学体系的各种尝试，事实上并没有达到克服传统教科书弊端的预期效果，自然也就转向了对先前研究范式的全面自省阶段，亦即转向对马克思的"实践"概念的真实含义的进一步追问阶段。也许，没有经历过理论哲学专制之害带来的痛苦和煎熬，就不会明白"拒斥理论哲学以转向实践哲学"的真谛，自然就使我们在理解、把握和评价实践哲学相关问题上缺乏深层次的存在论逻辑。反过来讲，只要马克思主义实践哲学研究不摒弃传统理论哲学的研究范式，就始终无法真正"面向生活世界"；只要不扭转"对实践理解"的研究路径，就很难深入实践哲学的本来意蕴和基本视域；无论我们把"实践"概念摆到怎样的高度，这种表面尊崇实践的实践哲学"仍局限在理论哲学的范式

---

① 李金：《马克思实践哲学研究现状与趋势》，《河南社会科学》2018 年第 8 期。

之内，确切地说不能称为实践哲学，而只能称为实践主义"。①

对于马克思主义哲学的直接理论来源，受传统哲学教科书影响，人们头脑中已经形成了根深蒂固的"黑格尔—费尔巴哈—马克思"路线。该理解框架中始终存在一个悬而未决的问题：马克思究竟是怎样由"理性实践"转向"现实实践"的？近些年来，随着马克思学研究的深入和 MEGA2 的推进，青年黑格尔派对马克思的哲学思想形成具有综合性的影响作用的图景逐步凸显出来。原来，在马克思的实践哲学诞生之前，早就有切什考夫斯基的"行动的哲学"和赫斯的"行动哲学"在德国甚至整个欧洲思想界广为流传。② 或许，人们已经无法证实马克思与切什考夫斯基之间的直接交集，但"行动的哲学"思想在后来的马克思哲学思想之中反复回响却是不争的事实，诸如：以革命哲学代替黑格尔的保守哲学，以便改造世界；行动的哲学将使人能够自主地决定自己的命运，而不是成为宇宙精神的不自觉工具；用应有来对抗存在，用应该实现的理想来对抗现状。这就是我们回到切什考夫斯基的原因。

如果我们认定切什考夫斯基是马克思主义实践哲学的引路人，那么马克思主义实践哲学就应该是且只能是"具有实践性质的哲学"。如果要矫正马克思主义哲学学科中形成的"关于实践的哲学"观点和"对实践理解"研究路径的偏颇，我们就必须对马克思主义哲学史采取历史主义的态度，考察的焦点和重心就不再像过去那样仅仅局限于对马克思主义实践哲学之"流"的梳厘和深化，而是开始从其"源头"上理解、把握和阐发实践哲学的最本己意义，并把它放置在广义的实践哲学视域去分析、比较和评估。相对而言，切什考夫斯基的"行动的哲学"是离马克思主义实践哲学最近的同时也是最好的参照坐标。考察切什考夫斯基是如何突破理论哲学的藩篱而转向实践哲学的，有助于我们把握他建构"行动的哲学"的理论立足点、理论诉求、思维逻辑和方法论原则，进而有助于把握"一般意义上的实践哲学"的理论旨趣和话语特征。可以预见，随着马克思实践哲学研究的不断推进，切什考夫斯基及其"行动的哲学"论著必将为越来越多的中

---

① 王南湜：《辩证法：从理论逻辑到实践智慧》，武汉大学出版社，2011，第186页。
② 〔德〕莫泽斯·赫斯：《赫斯精粹》，邓习议编译，方向红校译，南京大学出版社，2010，第15页。张一兵教授指出，赫斯的"行动哲学"只不过更多地转述了切什考夫斯基的"行动的哲学"思想。

国学者所关注和研究。

3. 有助于理解马克思主义实践哲学转向的关键环节

莱茵报被政府查封以后，青年黑格尔派内部发生了分裂。这种政治立场分裂背后折射出来的恰恰是他们对过去共同信奉的"批判武器"即黑格尔辩证法的不同理解。以鲍威尔为首的"自由人"，由于得不到资产阶级的有力支持而退回到"自由激进主义"，从而把辩证法看作是"个人自我意识的主观创造"。他们把在头脑中促进概念的辩证运动当作现实的行动，实质也就是在玩弄概念游戏——以"理性的实践"代替"现实的实践"。当理论活动与实践活动已经被明确区分之后，如果还把理论活动当作实践活动，无疑倒退回到亚里士多德之前。当前，很多学者在头脑中谈论"实践"并还以为是在研究现实实践，这其实只不过是"理性实践观"的现代变种。只有不把"理性实践"解读为"理性的实践"，而是解读为"理性地实践"亦即"理性支配下的现实实践"，"理性实践"概念才可能转入到现代实践哲学的语境之中。

奥古斯特·科尔纽把切什考夫斯基创立的与黑格尔哲学相对抗的"行动的哲学"称为"青年黑格尔派的哲学"似乎并没有夸大其词。至少他很好地解释了为什么"实践"这一术语在德国三月革命前就成为革命者的专用词，并且自那以后被长期地普遍地保持使用。无论怎样讲，切什考夫斯基在1838年制定的实践概念与马克思在5年后所理解的实践概念存在一定程度的相似。正是在这种实践观指引下，马克思不仅批评了费尔巴哈的拥护者幻想以忽视问题的方式来克服哲学问题，同时他也指责布鲁诺·鲍威尔没能领会到当前决定性的斗争不再是哲学内部的斗争，最终得出了一个很重要的结论：不在现实中实现哲学，就不能消灭哲学；不消灭哲学，就不能使哲学变成现实。[①] 这都与切什考夫斯基的"哲学社会化""哲学大众化""哲学的社会实现"等观点遥相呼应。在马克思主义实践哲学形成过程中，如果说费尔巴哈的人本主义使马克思开始关注"感性生活"和"感性的人"，那么切什考夫斯基——赫斯的行动哲学则使马克思开始关注"具体实践"。这两种思想的碰撞、交汇促使马克思进入对"现实、感性的实践活动"的思考。

---

① 《马克思恩格斯选集》第1卷，人民出版社，2012，第8~9页。

在《博士论文》期间，马克思囿于思辨哲学的解释框架，认为哲学理论只与概念有关，研究现实实践是心理学的事情。① 切什考夫斯基—赫斯的行动哲学无疑改变了马克思这一看法，正如科尔纽指出，行动的哲学的出现是青年黑格尔派把辩证法彻底运用的必然结果，因为世界辩证发展必然突破黑格尔把辩证法限制在"理解现有的东西"上。② 为不完备且未完成的黑格尔主义哲学寻找一种有效解决方案，即提供一幅使平常人既可理解又可忍受的未来图景和一条现实路径，是每一个青年黑格尔哲学家的不懈追求。然而，青年黑格尔派中，唯有切什考夫斯基，紧随其后的还有赫斯③、马克思和巴枯宁，才用类似于行动、人类客观活动、实践和世界创造等措辞去诠释、表述这种不同于传统辩证法的辩证法。出于为青年黑格尔派的批判方法即辩证法做辩护的意图，奥古斯特·切什考夫斯基率先指出，如果希望改变世界，只有从过去和现在推演出未来的一般特征，才能指导世界历史的合理进程；因此，真正的世界历史进程应该是用"应有"对抗"现有"，用理想对抗现实，"就像思想和构思先于艺术作品一样，现在，行动和社会活动也将先于真正的哲学。"④ 为使辩证法具有"未来"的维度，切什考夫斯基才重新返回到费希特的基地上，不再把思维与存在看作是观念的统一，而是把思维看作是同现存现实相矛盾的意志。⑤ 切什考夫斯基能够超越"自由主义"还有一点就是：他把法国空想社会主义者如圣西门、傅立叶等人设想的乌托邦当作未来的目的，⑥ 从而把自我意志看作是改造现

---

① 《马克思恩格斯全集》第1卷，人民出版社，1995，第75页。
② 〔法〕奥古斯特·科尔纽：《马克思恩格斯传》（上卷），刘丕坤等译，三联书店，1980，第153页。
③ 在赫斯看来，切什考夫斯基是唯一一位有足够智慧的青年黑格尔哲学家，能够理解一种"行动哲学"怎样从黑格尔哲学中分离出来。参考〔德〕埃德蒙德·西尔伯纳（Edmund Silberner）：《莫泽斯·赫斯》，莱顿，1966，第73页。
④ 〔波〕奥古斯特·切什考夫斯基：《历史哲学导论》，参见本书第106页。
⑤ 在宽泛的意义上讲，青年黑格尔派的哲学都强调用精神活动即意志来决定历史发展的行动哲学，但是唯有切什考夫斯基的哲学才是"真正意义的行动哲学"，是因为他看到意志与现实实践辩证统一（即意志是现实行动的动机和动力），而不是把意志看作是实践本身（即"意志内实践"）。
⑥ 切什考夫斯基并不是全盘接受傅立叶的学说。他指出，"我之所以提醒思辨思想家们注意傅立叶的学说，并不是因为我没有觉察到这个学说包含的本质缺陷（傅立叶设想的未来社会制度仍旧具有'乌托邦'性质），而是为了证明：它在现实发展有机真理方面已经迈出了具有非凡意义的一步"；"傅立叶的学说之所以是一种空想，因为它在先入为主的现实面前轻而易举就投降了"（〔波〕切什考夫斯基《历史哲学导论》，第113页）。

实世界的行动，"因为重新作为存在的思维，起初乃是意志和行动。"① 这样，他的实践概念就首次突破了"理性实践"的坚硬外壳，更多地蕴含着"现实实践"特征。"绝对意志"支配下的实践活动远远超出古人的简单实践，它将被理解为"后理论时代的实践……理论和直接实践的真正合题，在这个合题中，行动是优于所有存在与思维的真正本质综合。"② 革命的、批判的实践与日常生活实践之间的区别在马克思早期的作品中就能发现，尤其是在《关于费尔巴哈的提纲》之中。此外，切什考夫斯基在对未来的见解中指出，人将成为"他自身自由的有意识的指导者"，这似乎又与原初意义上的马克思主义不谋而合。

考察切什考夫斯基的实践哲学，有几点是非常值得注意的。①他也许是德国古典哲学家中第一个提出把"实践"作为哲学研究中心的人。先前的实践哲学家更多地把实践作为"知"的附属物，因而研究重心在于"应该怎样知"。即使直接影响他的费希特哲学也主要是研究"自我"，行动只不过是自我意志的基本属性之一而已。②他作出的"主观的精神的行动"与"客观的精神的行动"之区分，实质上就是"理性实践"与"现实实践"的区分。这不仅对于马克思冲破"理性实践"有重要的理论意义，而且根本改变了把理论活动与实践活动截然二分的传统。在学理上，理论活动与实践活动有原则性的区别；③ 在现实中，我们只能大致区分它们，但无论如何也不可能把两者完全辨别开来。③他点明了"实践"的两个基本特性：一是实践的超验性，"做"必须是在"应有"指导下的"做"（切什考夫斯基更多地用"社会活动"去指称行动，马克思也许据此把它与费尔巴哈的"生物性活动"区别开来）；二是实践的意志性，行动不仅要有理性因素的参与（主要作用在于"制定行动之目的"），也要有意志力的作用（主要作用在于"保证行动之执行"）。④他初步指出了指导行动的"做之应该"的形成问题。在切什考夫斯基看来，只有辩证法才具有"从过去和现在推演出未来"的功能，那么辩证法就是历史主义方法，据此形成的知识就是历史哲学——他把自己的哲学论著起名为《历史哲学导论》，后来马克

① 〔波〕奥古斯特·切什考夫斯基：《历史哲学导论》，参见本书第 102 页。
② 〔波〕奥古斯特·切什考夫斯基：《历史哲学导论》，参见本书第 58~59 页。
③ 赵家祥：《准确把握实践界限，克服泛实践论倾向》，《学习与探索》2005 年第 2 期。

思强调真正的科学只是历史（哲学）科学绝非偶然。

当然，切什考夫斯基实践哲学思想的缺陷也是显而易见的。其中最根本的矛盾冲突就是，看起来似乎是他思想内容与其表现形式之间的撕裂。他所关心的社会和政治问题是以压倒性的、世人皆知的现代性面目出现的，然而他却选择并采用了看起来似乎十分陈旧过时的乌托邦和宗教的形式去表达它们。当切什考夫斯基对哲学做出这样的要求——哲学不仅可以帮助一个人理解他所处的那个环境，而且致力于通过压制物质欲望和消灭阶级冲突这样的方式去有计划、有目的地塑造社会环境，我们发现我们可以非常容易地理解和接受切什考夫斯基的思想。然而，当切什考夫斯基的社会实践或实践哲学的发展之结果证明他是一个基督教教徒，甚至连他所设想的神权政治乌托邦的工作原理也是从主祷文之中演绎出来之时，我们此时是很难理解、认同和支持他这个结论的。此外，我们不禁还会感慨，切什考夫斯基的乌托邦主义思想在《我们的天父》一书之中所占据的史诗一般的篇幅，与该书及其其他作品之中所包含的合乎情理的、温和适中的、注重实际的理念形成了鲜明的反差。简而言之，切什考夫斯基思想之中的乌托邦与宗教形式似乎会从根基上削弱他整个理论体系的可信度。还有矛盾冲突是显而易见的，那就是切什考夫斯基著作中描绘的目标与力图实现目标的手段之间的不协调，从根基上削弱了他解释的可接受性。这也会让人感觉到这样的逻辑矛盾：如果切什考夫斯基所提倡的手段是不充分的，那么他设想的目标就"驴唇不对马嘴"；如果没有人类的"介入"，天国就会自然来到，那么实践就是多余的。换句话说，这种矛盾——卢卡奇富有洞见地把它称为"纯粹法则的宿命论与纯粹意向性的道德准则之间的紧张关系"[1]——在切什考夫斯基那里并没有得到有效的解决，反而比别处更严重了。

也许，马克思是因为厌恶切什考夫斯基晚年思想中的神秘主义、保守主义和唯心主义，进而连他的实践哲学思想也一同否定掉了吧！

---

① 〔匈〕卢卡奇：《历史与阶级意识》，〔英〕罗德尼·利文斯敦（Rodney Livingstone）译，剑桥与马萨诸塞：麻省理工学院出版社，1971，第39页。

历史哲学导论

(Prolegomena to Historiosophy，1838)

第一章　世界历史有机体

人类最终达到了自我意识阶段，历史的一般进步与普遍发展规律不会再被简单地看作是那些热心而自欺欺人的思想家的任意捏造。与之相反，历史发展会被看作是对上帝的"绝对精神"的如实描述，看作是世界历史的"客观理性"的自然显现。对这一原则完全肯定或部分领会，已经是一个完全符合我们时代特征和需求的重大成就。尽管人类才刚刚在"历史迷宫"之中找到了正确道路，但我们已经知晓了许多基本原则。它们有助于解释历史发展阶段的必然性，有助于阐明不计其数、抽象的历史概念，并且有助于解答现实历史与理论范畴相互之间的特定关系的"谜团"。当然，我们必须承认，人类迄今为止所取得的这些成果从总体上来说还仅仅是形式上的，还具有很多的偶然性和不确定性。尽管哲学赋予了我们无数"宝藏"，但我们还远远没有解决"作为整体之历史"的相关问题——这些问题涵盖了"整体历史"的全部内容及它们的完成和实现。换句话说，尽管人类在概念上认识到了历史进步的必然性及其一般规律，但仍然不能根据概念来贯彻、实施和推进这种历史进程。

即使是最新的哲学英雄①，虽然他阐明了思想在它的纯粹要素之中以及在向世界的外化过程之中是如何错综复杂地转化的，但仍然没能把他的辩证方法——它在探寻历史的特性方面非常成功——的精髓彻底运用到其思想演变的一般有机过程中去。暂且不论他在历史哲学领域中取得的伟大功

---

① 特指黑格尔。——译注

绩，对于人类这个至关重要的问题①，他似乎是故意要抛弃他自己特有的方法、立场和发现。与之相反，他却用娴熟的手法为我们描述了从一个领域到另一个领域的某些过渡、时代的自然演替以及各民族之间的相互作用与联系。当我们开始考察这个思想体系的整体结构之时，然而，我们能找到的却只是一系列巧妙的论述或公认为出色的一般见解。在玩弄这种伟大辩证技巧的其他领域，我们也没能发现那种经过严密推理而得出的"整体发展"结论。他最先向我们展示的辩证逻辑法则并没有在他的历史哲学之中充分而清晰地反映出来。简而言之，黑格尔在推理过程和完善理论体系之时，并没有"有机体"意识，也没有形成完满的"历史整体"观念。

在此，我们必须从形式和方法问题切入，进而深入问题的本质方面。也就是说，只有从"纯形式"出发，考察的结果才能很快"直面"本质。

黑格尔把迄今为止的历史进程划分成四个时期，并分别称其为东方文明世界、希腊文明世界、古罗马文明世界和基督教—日耳曼文明世界。可以肯定的是，他曾试图使历史进程服从于他的三段论，也就是说，只保留三个历史时期：东方文明世界、古典文明世界（其中包括古希腊文明世界和古罗马文明世界）和持续至今的基督教文明世界。然而，他很快就意识到，古希腊文明世界与古罗马文明世界之间的本质相差甚远——它们之间存在的差距，至少像东方文明世界与希腊文明世界之间的差距那么明显，因此要把古希腊文明世界和古罗马文明世界"合二为一"根本不可能。除此之外，把世界历史三分的更大反对声音始终在持续发酵：我们还没有抵达历史的终点，因此，如果以这种独断论的方式去终结历史，否定未来进一步发展的可能性，那是不可接受的。事实上，我们完全可以做出与之相反的推测，正如赫尔巴特②所断言的那样：目前为止的历史还仅仅是一个开端——虽然这个命题不太容易被人接受。

单单上述评论就足以摧毁三段论的分析框架。不过，最重要的争论焦点还在于黑格尔反常的四分法在世界尤其是外部世界的一般规定性问题，因为分裂出来的第二个文明世界再次展示和证明了"整体历史"蕴含着

---

① 亦即"世界历史发展的有机过程"。——译注
② 约翰·弗里德里希·赫尔巴特（德语：Johann Friedrich Herbart，1776~1841），19世纪德国的哲学家、心理学家，科学教育学的奠基人。——译注

"四合一"特征。这样一来，答案就变得非常简单了：因为世界历史肯定不是自然界发展过程的某一个阶段，最高精神绝不可能永久支配和主宰外部世界的命运。对此，柏拉图早在他的《蒂迈欧篇》中就进行过很深入的总结。他说，虽然任何事物都有两种不同类型的表现形式，但唯有永恒不变且静止不动的表现形式才是世界精神。如果世界精神的表现形式不是如此破碎不堪且充满相互矛盾，希腊文明世界与罗马文明世界就不会处于一种紧张的对立关系之中。除此之外，有人还可能反驳说："如果仅把历史分为这样四个时期，那也就代表着人类已经发展到最后一个时期了。"这一反对观点的针对性也是显而易见的，认为把历史分为四个时期完全具有抽象思辨的特征。

为了把大师的固有缺陷转化为优点，那些最终意识到四分法具有揣测的不正当性的人①就开始诉诸其他托词。他们指出，正是由于黑格尔拒绝屈服于任何计划，又或者是他从来没有想过要去构建一种具有强制性的先验结构，所以，他在出色揭示出精神力量的同时，才显得非常"奇怪"②。其言外之意是说，黑格尔本人其实是知道应该怎样去尊重现实的自由过程，懂得怎样去保护真理的自由发展，从而才不愿意把世界历史的内容强行塞入到迂腐死板的学院派的预定模式之中。

对此，我们必须作出严肃的回应：辩证法规律要么是普遍性的、无可辩驳的，如是，我们就应该在历史发展过程中找到它们的现实表现形式；要么是无力的、片面的和不充分的，在这种情况下，就不应该到其他知识领域中去宣扬辩证法则，而且完全有必要剥夺它们到处演绎的权利。历史才是一切推断的试金石。由于辩证法规律自身携带有评判自己必要性的标准，所以，它们必须在行动领域向我们展示它们在永恒外表下的那些"变形"（sub specie aeternitatis）。如果在历史发展过程中不能找到这些绝对的辩证法规律的现实存在形式，那么辩证法就会丧失自身看起来不容置疑的事实依据。因此，哲学如果不能在历史之中证明并确认自身，它要么"自杀"，要么"杀婴"。亦即是说，哲学不能外化为历史现实，它要么颠覆自

---

① 特指老年黑格尔学派成员。——译注

② 这种"奇怪"表现为：黑格尔辩证法的一般形式是"三段式"的，但他在历史进程的划分上却表现为"四分法"。——译注

己的整个理论体系，要么推翻自己得出的结论。由此可见，那些认为黑格尔的辩证法既可避免学院派的先验模式又可维持看起来可疑的绝对自由的人，希冀把大师的固有缺陷转化为他的美德，事实上只能是一种自欺欺人又软弱无力的借口。

任何一个创立原则的人，都必须承担起这个原则可能会给知识带来最极端后果的相应责任，无论这个原则是被他自己推翻还是被别人推翻。如果他自己也无法最终证实这些"新发现"是不是真理，而且还不允许这些原则被无上光荣地推翻，灾难自然就会降临。这恰恰就是黑格尔和那些所谓的"伟大人物"的命运写照。毫无疑问，黑格尔本人不可能演绎出他的思想观点蕴含的所有推论，但这丝毫不会影响他的伟大功绩。比起那些把黑格尔理论体系视为是不可更改的传统的人①来说，那些力图纠正其明显错误或者以超越的视角来发展它的人②才是对黑格尔伟大才能的最好致敬。毕竟，黑格尔能够富有说服力地推演出发展法则，并力图从思想的成因的维度去证明它，像这样的天才难道会轻易去否定自己的创见？

如同黑格尔运用三段式去理解"世界的整体性"那样，我们也应当整体、绝对地把握历史。但是，如果我们想要避免这样一种偏见，亦即像过去那样把历史的发展自由仅仅看作是历史过程的其中一部分，就必须承认历史发展本身的自由是在历史整体之中，就必须不断地去反思并有机地理解和把握它。历史整体应该由过去和未来组成，它既包含已行之路，也包含将行之路，因此，我们的首要任务就是通过反思过去而去洞察未来的本质。

科学也不能完全摆脱"偏见"——那种根植于人类意识深处、先天具有不良品质的顽强精神。这样理论上的偏见不仅会阻碍科学的进一步发展，也常常会"窒息"鲜活的生活元素，从而使人类丧失洞见之灵感。毫无疑问，黑格尔的反思精神能够摆脱偏见的纷扰，只不过在一些关键节点上也会暴露出某些反常。可以肯定的是，黑格尔并没有处理好他的伟大发现之中所包含的一切后果，因此，对于未来进步之可能性，还有太多扫除偏见的工作需要去完成。黑格尔的错误在于总是"一般地否定"，而不是"绝对

---

① 特指老年黑格尔学派成员——译注
② 特指青年黑格尔学派成员——译注

地否定"。无论怎样讲，黑格尔在他的历史哲学之中坚持了一个看上去似乎是理所当然和不可辩驳的消极偏见，那就是他始终坚持认为自然天性和不偏不倚是正确理解历史的障碍。在他的著作中，从未提及有关未来的只言片语，他甚至认为，历史哲学研究只要能够有效地追溯过去即可，未来应该完全排除在反思的视域之外。

另外，前提设定将会导致未来可知性的丧失。除非我们能把未来看作人类已经发生的历史中不可分割的一部分，否则，便无法理解、把握世界历史的有机整体和绝对真理的实现过程。因此，确定未来的可知性，是形成历史有机整体观的一个不可或缺的前提条件。事实上，黑格尔的"未来不可知论"与康德的"绝对一般不可知论"在性质上是完全一样的，唯一的不同是：康德的"不可知论"是他批判立场和批判体系发展的必然结果，而黑格尔"不可知论"则是由外因引起的，并由外及内，从而破坏了他整个理论体系的秩序。正因为后来哲学①在纯粹思辨领域敢于不断反思，才超越了康德的先天不足，所以，克服黑格尔的类似偏见就是当今历史哲学的神圣使命。正如没有第一次突破就永远不可能获得"哲学的绝对知识"一样，我们如果不再来一次突破，就不可能获得"历史哲学的绝对知识"，就不可能挑战业已出现的狂妄自大和自相矛盾，实际上也就不可能克服批判哲学的任何挑战。的确，如果理性能够把握上帝、自由和不朽的本质，那它为什么不能把握未来的本质呢？

特别强调，我们在这里关注的是"本质"，因为本质才是哲学研究的对象。必然性的本质始终寓于永无止境的偶然事件之中，而这些偶然性总是具有不可宰制的随意性，因此本质无法预见"细节"。但是，细节却蕴含着"本质"的内在的、普遍的、适当的和充分的内容，正因为如此，本质才能在众多具体细节中呈现真实的自我。就"行动的哲学"的研究路径而言，优先立足对过去的考察应该是恰当的，而且是可取的，因为我们可以全方位、多层次、反复地凝视那些已经发生了的事情，把它们看作是必然性法则的体现——这是先前哲学的优点之所在。在我们身后，我们想要理解和把握的各种法则已然一览无遗地呈现出来了，所以我们目前能够精确发现的，只能是本质自我显现的深度和普遍性；我们能够准确表达的，也只能

---

① 特指德国古典哲学传统——译注

是它们当前的存在状态和存在形式。然而，就未来而言，我们仅能大体上探查到发展的本质；就未来的发展而言，它的现实化具有无限可能性。人类的心灵是无限自由的，其精神也是无限丰富的，但我们总面临着有可能被竞争者超越或者被一个个特殊的现实所迷惑的危险。

在未来发展的问题上，作为具有严谨逻辑的研究，我们必须准确无误地辨别普遍性与必然性（源于特殊性和偶然性）的适用范围，从而理解和把握精神演变过程之中真实的"具体—综合"的自由。正因为本质如同事物自身存在一样独特而必要，每一本质都会显现出来，只不过它的"出场"方式可能是多元的和随意的：不是以这种形式就会以那种形式表现出来，不是通过这种方式就会通过那种方式呈现出来。这种特征能够很好地解释"关于未来的反思性知识"与"个人预言"之间的区别。个人预言只是"破译未来"（praesagium），绝不是一种"先见之明"（praescientia）。所以，我们不要尽力去占卜这种或那种特殊性，也不要去预测某一个具体的英雄人物或历史事件，而应该设法去探究人的真正本质，研究人类社会的发展规律，理性地辨别本质在历史进程中的显现方式，以及评估它们与总是处于遮蔽状态的"未来之路"之间的相互关系，最终寻求建立一种持续不断的、自我构成的、自我规定的和具有具体表现形式的时代。在这样的时代里，无形印记在人类身上的那些潜在因素总是能够切实有效地实现，这才是真正哲学应该关注的问题。

接下来要谈论的是"有关未来认知何以可能"的证明问题。众所周知，法国自然科学家乔治·居维叶（Georges Cuvier）[①] 宣称，只需要一颗上古时代动物的牙齿就能推演出它的整个躯体。没有人站出来反对这个听起来非常荒谬的证明，即使是那些经常嘲笑先验推理而选择只相信经验证实的自然科学家，也不会去指责他的狂妄与自负。相反，他们却把居维叶的主张改造成了一种建立在最深刻的自然观之上的公理知识。是什么让居维叶的证明如此无可争议？那就是对有机体之本质的认知，亦即是在一个有机体内，每一个组成部分都必须与其他组成部分完全适应和协调，彼此相互依赖和相互制约。那么，我们为什么不能在历史之中同样承认有这一类似的

---

① 乔治·居维叶（1769~1832），18~19 世纪著名的古生物学家，是解剖学的创始人。——译注

有机体呢？为什么不能从历史发展过程的已知部分去推导、发现和构建
"历史有机整体"的观点以及探索目前尚未知道的未来部分呢？未来部分当
然也会同过去部分相协调、相一致，借助它们之间相互依存的关系，我们
就能完整地建构起"人类有机生活结构"。如果说过去的人类行为就是构造
人类有机生活结构的"化石"和"上古碎片"，那么我们通过它们就必然可
以展望并创建人类的真实理想。①

证实了对未来认知的可能性，有助于我们把命题转化为现实，亦即是，
有助于说明意识自身要怎样才能恰当地获得有关未来的认知。

一般说来，未来可以通过三种方式来把握和确证：感觉、思维和意志。
第一种理解模式是直接的、自然的、盲目的和偶然的，因此，感觉主要把
握存在的特殊性和个别事实，形成"预感"（pre-sentiment）。感觉是被猜测
到的，它滋生出先知者和预言家。正因为如此，古罗马法学家圣保罗（Sao
Paulo）② 曾深刻地指出："我们的预言知识并不完美"③。第二种理解模式是
反思性的、慎思的、推理的、有意识的，而且是非常必要的，因此，思维
在大多数情况下是去把握思想的普遍性、基本法则和本质。它创造了历史

---

① 有人可能会反驳说，自然是一个盲目、无意识的必然性领域，而精神领域中的所有思想都
是自由的，并且其最高级阶段即世界精神是最自由的，那么未来到底属于哪一个领域呢？
用逻辑术语来表达，自由是必然性与偶然性、自然法则与历史法则、"不容置疑的本质"
与"本质的任意表现"的思辨综合。如果我们在历史中也区分了必然性和偶然性，并且把
偶然性看作是必然性的可能表现，那么对于我们而言，无可指摘、不可辩驳的历史发展法
则就是自然法则。如果是那样的话，人类精神在历史中的确毫无作为。由此可见，对历史
有机体的构成要素关系的阐释不可能是任意的和偶然的，就像天文学家预测日食与月食那
样——它丝毫没有跨出科学的边界而坠入占卜领域，所以我们对未来历史的本质研究只能
紧紧遵循思想法则。为了防止产生误解，我们需要有效区分"自然必然性"和"精神必然
性"。既然本体自身也蕴含着对立原则，那说明相互对立的必然性无时不在、无处不在。
两种必然性的唯一区别在于：它们要么是以本体状态出现，要么是以现象状态出现，要么
是以相互和解的状态出现。当矛盾双方陷入斗争，它们就会相互干扰、相互施压；当它们
走向和解之时，它们却互为根据、有效协调。前者是自然必然性的特点，后者恰好是精神
必然性的特点……自然界现象只展现出了它混乱的偶然性，它的必然性取决于研究者的意
识。也就是说，自然界的必然性和偶然性表现出的相互分离、不可解决的矛盾，只有在思
想中才能有效解决。一般说来，在有机整体之中，对立的元素都是平等的，然而以前的每
个元素要么被压制，要么压制其他元素。因此，自然必然性是单一的，思想必然性却是思
辨的和具体的。

② 圣保罗（约公元222年去世），担任过帕比尼安法院的陪审法官，最著名的著作是关于告
示的80卷注释书，在《学说汇纂》中摘录了他的2081段作品。——译注

③ I Cor. 13. 8 etc.

哲学家。思维不再像感觉那样是猜测性的认知，而是清楚明白的认知，"这不再是不完美的知识，我们不再是在昏暗的镜子里去看，而是面对面地看"①。第三种理解模式是真正实践的、应用的、执行的、自发的、自愿和自由的，因此，它包含了人类行为的整个领域：事件与事实及它们的意义、理论与实践、概念与现实的真实性。意志创造了历史的行动者。

现在让我们进一步来探讨这三种理解模式的判断标准。第一种模式的评判标准存在于自身之外，用于检验预感的外在履行；第二种模式的评判标准存在于自身之中，用于决断思维自身的法则；第三种模式的评判标准，既存在于自身之外又存在于自身之中，用于判断一个主观意识目的论的客观实现。第一种模式非常适合古代社会，那时候的人类思维并不发达，主要依靠直觉生活——那种"预感"将产生我们所谓的"历史感召"或"历史预感"之类的东西。第二种模式适用于我们这个时代。自从基督教出现之后，我们就开始不再需要有更多的先知了，因为我们自己已有了会思考的思想家。无论怎样讲，真理是人类通过"理性精神的实践"来获取的，而古希腊和古罗马时期的人们只是在各式各样的装饰之中实现了"美"。所以说，人类现在已经进入"思想的历史"，丹尼尔（Daniel）②"尘封多年的书"将被历史哲学不断打开。因为这些书在整个预感时代始终处于密封状态，直到探寻者打开它的那一刻起，知识才会开始源源不断地增加③。第三种模式最终属于未来。实践是已知真理的客体化和有效实现——用"上帝"去描述它是非常准确和恰当的。换句话讲，实践在自身之中已经蕴含着理论维度。

或许，有人会反驳我们：意识不应该是像我们解释的那样——存在于事实之前，而是与之相反，只是当事实被解释和澄清之后，意识才会相应地产生。这种理解意味着，意识不仅不可能超越事实，反而应该是跟随在事实之后去解释与美化它们。在我们没对"事实"（facts）与"真实行动"（deeds）做出极其明显的区分之前，这种说法毫无疑问是对的。事实上，"事实"与"真实行动"虽然看起来特别相似，但它们的本质特征却是完全

---

① I Cor. 13. 12.
② 丹尼尔是《圣经》中的一个人物，是希伯来人的先知，一个伟大的法官，以公正和智慧闻名。中文版《圣经》把该名译为"但以理"，其喻意就是"先知先觉者"。——译注
③ Daniel 12. 4.

异质的。辨别它们之间的这种差异至关重要。——"事实"（facta）是那些没有得到我们赞同和我们也没有意识到的消极事件，亦即是说，它是没有被人类意识到的存在物——可以说是被我们完全无意识地邂逅和漠视的东西。显然，为了把这些无意识的事实转化为有意识的，以及从它们的各种外在性去发现它们的内在本质，我们必须把意识强加在它们身上。"行为"（actum）则是完全不同于"事实"的东西。因为，行动不再是一个纯粹只被接收、被反思的直接结果，它是一种已经经过人类提前反思、协调、思量、计划，然后才被完成的事实。行动是一个主动事件，人类对它并不完全陌生，因为我们在行动实现之前就已经意识到了它的存在。因此，完全可以这样说：事实是自然事件，行动是人为事件。事实描述的是无意识的、发生在理论形成之前的人类实践活动，因而是"前理论"的；而行为描述的则是有意识的、发生在理论形成之后的人类实践活动，因而是"后理论的"。理论是在这两类实践活动之间产生的，它一旦形成，反过来又会介入到"后理论实践"之中，启发后者实现已有理论与当下实践、主观与客观之间的真实结合，从而向我们展现：行动是物质与精神、存在与思维的真实的本质的综合。[①] 第三章将对此进一步阐述。

在必然性存在于思维之前的预感阶段，人类经历了很长时间的过度成长，加之现在已经进入知识阶段，我们只需凭借历史哲学，实际上就能使思维完全胜任"前理论实践"。现在，一切都不可避免转向对立面，也就是说，思维已经超越事实和行动，处于实际的领先地位，从而决定着"真正的行为"——本来它是完全属于未来领域的"后理论实践"。伴随人类思维的不断成熟，我们已达到历史事件的一个转折点：为了全面反思"世界历史整体"并得出相应的结论，思维可轻而易举地做到"向前看"和"向后看"。亦即是说，思维既可回顾历史，又可展望未来。把事实转化为行动，这正是今天的历史哲学需要做的事情。

我们实际上已经可以看到这样一个事实：历史行动贯穿在感觉、思维和行为这三种理解模式之中。据此，我们就会明白：过去的历史为什么一直那么昏暗阴沉？现在为什么要用真理之光去照亮一切？未来为什么能凭借自己的力量去有意识地发展？如果说过去，我们主要是通过"后知后觉

---

① 这是巴兰谢和其他人观察到的"观点"先于"道德"的原因。

行为"（post factum）去展示上帝的恩赐和智慧——它看上去是一件十分自然而又非常偶然的事情，那么现在，拥有了真正自我意识的人类，从今往后应该会使行为更加完美，从而完全按照艺术和思想采取行动。这与其说是把上帝赶出历史领域，让子孙后代自主地决定命运，倒不如说是只有当人类自身发展到足够成熟之后，自我决策才会同上帝的神圣计划完全一致。就这一点而言，世界历史中的某一个体和那些代表了民族国家的英雄，他们的传记实际上就是世界历史的传记。除了那些有意识设计了自我自由的大师之外，每一个人都不再是盲目偶然性的工具。唯有如此，上帝的意志才会如同在天堂那样在地球上随意流转，充满了爱、意识与自由。然而，迄今为止的"人间的天堂"主要还是通过上帝的绝对权力来贯彻和实施，完全没有人类的自我意识和自主决策。

由此可见，未来的抽象可能性以及它的可知性的实现问题（在历史材料经过有效阐述和确切证实之后，对它进行精确而恰当的本质论证才有可能），最终迫切要求我们把未来交付给知识——在那里，我们首先需要理解、把握和提炼有机历史的高级原理。未来可知性原则只是在有机历史的高级原理中的一个特例，我们从中仅能够概括出世界历史的本质范畴，然后再进一步推演和发展它真正的目的论的实现过程。

人类有提炼概念的使命，历史是这个提炼过程的体现。但是，这种发展成果只有在人类历史的最后阶段才能获得——在历史整体之中，先前经历的所有阶段仅仅是世界精神编制它宏伟三段论的准备阶段或前提条件。先前的历史过程是一个特殊的整体，如若仅仅考量"进步"的纯形式的话，那么，在拥有这么多个世纪以来的意识发展水平的基础上，我们绝对可以用具有明确性的数学知识来推导并确证这种进步的剩余部分。然而，世界历史发展过程并不局限于抽象的、纯形式的、模糊的"量"的发展，而且也会追求"质"的发展——因为它有"如其所是"的、多样性的发展规定。世界历史过程总会不断地发展出有"质"的实体规则，所以，严格说来，归纳法在这里并不完全适用，即使它们必须是且始终是构成这个历史过程的基础。与此相适应，历史哲学的任务就是：充分研究过去，深入分析人类生活之中的那些已经发展成熟的内容和因素，识别它们的片面性、排他性，以及在竞争和数量上的相互优势。

历史哲学必须界定世界历史构成之中的每一个特殊部分，以便得知：

我们已经位于哪个阶段，已经走过了哪些环节，以及为了达到普遍精神发展之顶峰还有哪些阶段或环节需要继续走？无论我们在过去何处发现了一个带有明显片面性的因素，在未来都必须使它完全向对立面转化；无论我们在过去何处发现了发展的冲突和矛盾——正如我们通常所做的那样，都必须认识到它们在未来具有综合的必然性。因此，我们要从这些已经产生出来的"对立面的混乱"之中构建起"反思性综合"，反思其中哪些具体综合仍需进一步汇集，并在"普遍综合"（即综合之综合）中实现更高级的统一——这才是"历史之树"结出的真正的、最高级的和最成熟的果实。因此，过去的缺点恰恰构成未来的优点；过去的否定形象恰恰是它在未来的正面肖像。这样，我们才能弄清楚过去与未来相衔接的一般环境以及它们之间的相互关系。也唯有如此，我们才能塑造出完全清楚明白的世界历史有机体系。

如此一来，未来可知性的原则以及它内部包含的特有范畴，将把我们引入世界历史过程的有机整体之中。我们首先是形成"未来总体"观念，接着根据反思理性的法则（它独自生成历史的特有部分），从世界历史有机过程得出确凿的历史分期观念。用三分法划分历史是再合适不过的了：它的第一个时期是"正题"，第二个时期是"反题"，第三个时期是"合题"——实现了"正题"与"反题"的完美融合。在历史发展的一般道路上，世界精神的这些主要形式总是一个接一个地相互串联和衔接，但这并不排除它们之间存在"相互并列"或"相互依存"的情形。

为了让读者对我们的立场有一个大致的理解（导论必限于大致见解），我们只能略为提及的是，世界精神目前正在进入第三个时期即"合题"时期。它的第一个时期，也就是"正题"时期，包括整个古代社会发生的所有事件；它的第二个时期即"反题"时期，与第一个时期根本对立，是基督教—日耳曼文明时期。因此，在我们看来，黑格尔所说的历史的前三个主要阶段，只是历史总周期的第一个时期之中的三个环节，它们共同构成了古希腊—古罗马文明世界；黑格尔所谓的第四个阶段，只不过是我们所说的第二个时期，它由现代社会组成。我们所说的第三个时期，存在于未来，对它的正确理解可以从在它之前的那两个时期各自所具有的片面性以及它们之间的矛盾对立之中去归纳、概括和总结。

在基督教—日耳曼时期之前，外在性、直接性、感性的客观现实在历史中占统治地位。作为"抽象法则"的主观精神也存在于第一个时期，亦即存在于感觉模式之中，而客观精神更多的是以最直接的形态去承担名义上的权利。相比之下，基督把内在性、反思性、主观性的因素带到了现实世界，从而把感觉提升成为内在意识，把权利提高到了道德层面。基督之所以处于过去一段时期的"中心"位置，是因为他给人类带来了根本性的变革，翻开了世界历史的最壮观和最关键的一页。与此同时，随着这一新原则的出现，新的民族不断"涌现"（迄今还活跃在历史领域之中），为已经僵化了的和苍老了的古老种族重新注入了"新鲜血液"。因此，从一定意义上讲，我们在世界历史之中找到了人类身体和道德的浴火重生。

迄今为止，世界精神已经走过了其发展过程的两个伟大时期，即古希腊—古罗马文明时期和基督教—日耳曼文明时期，前者一直持续到民族大迁徙，后者一直延续到我们生活在其中的今天。无论怎样评价，15世纪的宗教改革起了至关重要的作用。不管这场宗教改革是怎样开始的，都不会表现出与先前两个时期形成鲜明对照的尖锐矛盾，也不会表达出在所有至关重要关系上的激进转向。历史仍然没有把在自己概念之内的所有元素发展成熟，因为还有一个未来矗立在人类面前，我们不得不以过去为前提去理解、把握、评价这些元素。因此，我们必须指出，至今为止已经展现出来的那些排他性、片面性的元素，没有一个能完全满足人类的需要，因为这些元素是片面的、排他的和封闭的。如果这些元素能够冲破它们自身的封闭状态，力争进入更高一级的融合，从而把它们相互之间的机械关系和化学对立提升到有机统一状态，那才是过去事物的所有规定性应该具有的立场与荣耀。

古希腊—古罗马文明时期构成了历史的直接性领域，感情以灵魂、美和艺术为绝对形式，占据着精神的统治地位。古代社会与自然界的直接同一性随着基督教的出现而发生了辩证瓦解，特殊性开始占据优势。特殊性是中世纪封建主义的世俗化特征，它同宗教内部的普遍性要求形成了鲜明对照。此时的个体，始终处于一种矛盾状态，他的道德责任与肉体欲望处于不断的斗争和撕裂之中，所以他只是"抽象人"。在古希腊—古罗马文明时期的个人却不是这个样子，因为那时候的每个个体的内心深处的道德责任意识和理性思维意识几乎还没有被唤醒，仅仅拥有本能性的美德感知。现实世界只有一个，彼岸世界并不存在或者说彼岸世界并没有被过去的人类提前感知到，那些犹如梦境一般的本能感知对现实生活及现实世界并没有产生任何实质性的影响。

第二个时期不仅与第一个时期完全相反，而且自身也分裂出两个对立面：此岸世界和彼岸世界。这也是化学对立的原因，它们必然存在于世界历史的第二个时期。除了对古希腊—古罗马时期的原则进行否定之外，它们自身内部因素的相互否定也构成第二个时期的典型特征。① 因此，在古希腊—古罗马文明时期占统治地位的"美"观念，必须在普遍性的内部对立之中不断瓦解、消散；同时感性直觉过渡到思考与分析——感觉上升为知识，对"美"无意识地欲望上升为对"真"有意识地研究。与此同时，活生生的现实矛盾也随着思想与理想之间的矛盾对立而发展起来。以前的矛盾对立都只是自然性的存在，但是到了第二个时期，矛盾对立却变成了既定的事实。

不充分性是前两个时期的共同特点。在第一个历史时期，人类几乎只关注物质追求，这与第二个历史时期完全不同。随着感觉上升为知识，从"直接的客观性"到"内在的主观性"的转变也获得了长足发展。但是，这些转变都只是抽象的、不全面的，即它们只有在相互对立统一的关系中才能获得其存在依据和实现真正的现实性。客观精神在古希腊—古罗马文明时期表现为抽象法则，而在现代世界之中则表现为道德律令。无论是法则还是道德，都是"真正美德"的抽象前提。古希腊—古罗马的直接个体通过这一转变过程上升为人类的主观尊严，其重要意义在于：只有在"具体美德"之中才能摆脱抽象与虚空，从而在家庭和国家中扮演具体成员的角色。感觉感受到的事物和理性认识到的事物，对于绝对意志而言，并没有完全实现自身。总而言之，为了把握未来发展的新方向和新趋势，绝对意志的任务就是：了解已经被感觉感受到的东西和已经被理性认识到的东西，把握实际生活领域和客观意识领域之中的"美"观念和"真"观念，有条不紊地辨别那些具有片面性与对抗性的元素，并在人类现实生活中把它们有机融合与统一，最终在现实世界实现绝对美德和绝对目的论。此乃未来

---

① 基督教作为宗教，不仅仅是矛盾对立的，而且也是无可争辩的要素综合。它是造物主和世界万物、上帝和人类的真实统一，因此它的创造者就是真正的耶稣基督，向我们展现了宗教之中的最高真理。但在世界历史进程中，基督教—日耳曼文明时期是辩证对立的因素。

的伟大使命。

为了完成这一历史任务，为了通过一个伟大的自然界和人类学的事件去谱写这个新时期的篇章，人类非常有必要再来一次"民族大迁徙"。但是，已经发生反转的崭新关系必然赋予这次新的民族大迁徙截然相反的特性。这也就是说，"新的民族迁徙"必须对"过去的民族迁徙"做出一个否定性的回应，来自文明民族的东西仍将淹没于野蛮部落之中。第一次民族大迁徙是"纯粹天然的自然力量"战胜了一个"尚未成熟的精神力量"，但具有讽刺意味的是，这场胜利仅仅是为了服务于精神的重生。然而，现在的精神力量反过来要去干涉本身已经分裂出去且追求积极抱负的自然力量，精神的胜利将会再一次服务于自然力量的涅槃。同理亦然，原始的民族起义反抗我们业已达到的精神高度，有助于革新和改造我们自己文明已经堕落掉了的自然本性。世界精神的报复，亦即是"第二次民族反迁徙"，将不可避免地导致世界历史向第三个时期过渡。

由于基督诞生之日①总是被人们看作世界历史的正中心，从前没有人要求对世界历史有机体进行三段式划分，这是一件非常异常的事情。事实上，正如本书稍后将要揭示的那样，基督降临是一个非常重要的转折点，它在"已经逝去的时代"（公元前时期）与"即将到来的时代"（公元后时期）之间制造了尖锐的矛盾对立，以至于我们必须在人类生活的所有特殊元素之中承认这两个时期之间的相互对立。

在黑格尔的遗著中，我们在不起眼的地方发现了几个值得注意的细节。这些细节看上去好像被黑格尔的读者和他本人有意或无意地忽略掉了，即使它们有可能直接会通往本书制定的"世界历史"概念。在《论自然哲学与一般哲学的关系》一文中②（《黑格尔全集》第 1 卷，第 311～315 页），黑格尔采用了"绝对肯定"之类的术语去陈述古代社会与现代社会之间的矛盾对立关系。在本有可能对完整的世界历史有机体进行反思性理解的过程中，唯一遗漏的元素就是未来认知的可知性原则，亦即是，遗漏了这种非常重要的观点：未来概念是历史整体不可分割的一部分。

---

① 按照基督教的规定，基督诞生之年为公元元年。——译注

② 这篇文章的出处是在切什考夫斯基的原文基础上直译出来的，由于中文版的《黑格尔全集》并没有完全出版，我们也就无法具体查证，特做说明。——译注

事实上，黑格尔的观点非常接近我们的立场，那就是：根据概念和时代的辩证发展原则来保证雄辩，因为，在精神正常发展过程中，既没有一个新方向可以遵循，也没有一个新立场可以依靠，除非借助那种它在过去用清晰明白的指示去准确验明了时代需求的预感方法来使自己合法化。难道黑格尔的方法不是人类过去几个世纪以来一直所探寻和向往的吗？当我们阅读诸如像乔尔丹诺·布鲁诺（Giordano Bruno）[①] 那样的人的著作之时，难道我们没有产生这样的印象：我们正处于一个方法论革新的伟大时代？从乔尔丹诺·布鲁诺到索尔格（Solger）[②]，我们看到的是一系列连续不断的方法论祛魅与探索的过程，直到黑格尔才最终完成这个发现，并通过推动精神发展到一个重要阶段去确证它。

古代社会和现代社会的片面特征，随着历史的发展而依次呈现出来。如何化解它们之间的对立矛盾，则是属于未来的第三个时期即"合题"时期的任务。运用真正的、反思性的三分法来处理世界历史的内容，既不会裁剪过去的历史，也不会伤及未来，甚至还可为未来发展打开一片无限辽阔并且还可详细描述的新领域。如果这样，我们就能同时满足两个互相对立的要求：一方面要坚持"世界历史有机整体"观念，另一方面也不排除历史持续发展的可能性。这二者其实互为各自的"斯库拉"和"卡律布狄斯"。[③] 这些相互冲突的要求必然会使其他任何解决方案陷入两难窘境：要么谴责它深陷"斯库拉困境"——一种毫无思辨性的世界历史划分逻辑，亦即以纯粹直接的方式去偶然发现的世界历史的分期，如黑格尔的四分法；要么指责它陷入"卡律布狄斯困境"——在历史结构中强行塞入一个先验论模式。黑格尔非常明智地选择了攻击斯库拉，因为通过系统化方法更容易摆脱这种困境。要不是他尝试运用了三分法，他也可能会接踵而至地遭

---

① 乔尔丹诺·布鲁诺（1548~1600），意大利思想家、自然科学家、哲学家和文学家。他勇敢地捍卫和发展了哥白尼的太阳中心说，并把它传遍欧洲，被世人誉为是反教会、反经院哲学的无畏战士，是捍卫真理的殉道者。布鲁诺由于批判经院哲学和神学，反对地心说，宣传日心说和宇宙观、宗教哲学，1592年被捕入狱，最后被宗教裁判所判为"异端"烧死在罗马鲜花广场。——译注

② 卡尔·威廉·费迪南·索尔格（1780~1819），通常被认为是德国的一位美学理论家，尤其是浪漫主义反讽的理论家。黑格尔在1828年对索尔格的《遗著和通信》的评论中强调索尔格是一位辩证法大师。——译注

③ 斯库拉和卡律布狄斯是希腊神话中的两个海妖，她们守护着墨西拿海峡的两侧，分别代表危险和困难。——译注

受如同"卡律布狄斯的空洞公式主义"那样的失败，他的名誉也可能会因此而面临被贬损的危险。然而，如今能将哲学之舟成功地驶入港口，现在这个荣誉对黑格尔而言当然是足够幸运的了。

我们先前着重强调，世界历史普遍发展中存在有机体观点。为了考察每一个历史时期的特殊性，现在应该转而关注世界历史发展的具体细节。比起"普遍发展"而言，细节这一概念更能让人类意识尽情释放、无限敞开，所以我们在此稍作概括，不能多言。

现在，我们的研究必须从关注抽象的人类总体进步和辩证发展，转向对整体的历史发展的各个阶段的特殊性进行分析，在一个较小范围之内去反映、展示和演说历史总体发展的强大力量。这些特殊阶段是由民族和国家构成的。民族和国家必须按照事物自然发展的原初形态来决定自己的发展轨迹，从而实现它们特殊的、有限的和终极的命运。所以，具有特殊性的民族精神征服了所谓世界历史的一般思想的辩证法则，两者唯一的不同是：民族精神必须存在于特殊性与普遍性的对立统一关系之中。也就是说，因为特殊性自身的局限性，无论你是否承认它或者是在一定限度内承认它，它都会被历史否定并最终汇入普遍性的"历史长河"之中。普遍性只能通过特殊性去实现自身的真实性。

普遍性拥有永恒性和连续性的特质，相反，特殊性拥有独特性和灵活性。如是，我们很容易理解：为什么持续和匀速流动的普遍性长河在历史发展的每一个阶段都会形成一些异质的和独立的"漩涡"。与历史长河整体的纵向发展不同，特殊性在横向层面上则展现出了众多的"并存"现象。这就是民族和国家总是存在多样性的逻辑基础。共时态的民族和国家通过构建世界历史思想的不同阶段置身于历史发展的不同进程之中，从而在"并存"中体现多样性发展。

因此，过去和未来的"合题"总是在现在之中体现出来。对于那些对人类使命还遥不可及的民族与国家而言，未来意义的萌芽已经存在于今日世界，这有助于确保它们在未来继承世界统治权的合法性。要达到这一目的，它们往往需要漫长等待，一直要等到人类普遍进步思想在总体上达到有机体观念这一水平；一直要等到它们意识到必须保持自己的特殊性这一精神境界。因此，在那个激动人心的时刻到来之前，它们必须停留在还未解锁的历史的朦胧边缘。如若它们不想让自己受到严重的伤害，就不能去干涉现实世界发生的一切事情——这就是"已存之物"和"现存之物"之所以拥有强大力量的根基。只要它还属于未来的范畴，也就是说，只要它与现实需求之间的联系还没有紧密到它必须被视为与未来相适应的事物之时，那么它就没有能力告知人们有关未来的任何事情。人们甚至可以宣称，所有未来的一切，尽管也可能像"现存之物"那样不断地消失，但对"已存之物"根本没有任何影响，因为它在成为"现存之物"之前，本身就已经存在。这种表面上看起来的二律背反，事实上可以通过事物的每一次革新和重复来予以解释。事物每一次自我革新，通过诞生"新的存在"，必然使得"先前存在"消亡，但是，在我们再次考察这个"新的存在"之时就会发现，它善于利用既成事物的某些内在的或外在的特征、自然的或道德的力量来武装自己，从而坚持与当下统治世界的霸权相协调、相一致。

失败者绝不会放弃抗争。在理想的状况下，失败者的真正价值或真实成果是变成一种崭新"存在之物"的一个新元素，从而在并存现象之中找到一个隐蔽角落待起来，成为过去的直接见证人。这样，我们就可以在历史的每一时刻或每一环节之中再次发现和认识普遍有机体之整体。虽然属于当下时期的现实元素具有较强优势，或者说正在自我实现的民族总是优越于其他民族，但是，后者可以在现实世界中直接拥有非同寻常的过去或未来。由此，我们可以得到结论：处于"过去—现在—将来"链条上的事物和处于"将来—现在—过去"序列中的事物相比较，只能要么含蓄、要么明确。或者换一种说法，任何事物只能要么具有特定的意义，要么具有宽泛的意义。①

通过对历史发展的纵向过程和横向结构的研究，普遍必然性与特殊偶然性之间的对立统一关系终于完成了由数量到质量的过渡，民族和国家也会由此而摆脱时间与空间的限制以及其他变化多端的波动。但是，还有第三种因素值得研究，那就是构成主客观统一并能克服上述限制的现实因素。

能够把历史中的普遍性与特殊性统一起来的真实主体，一定是一位伟大人物——他总能在事物的对立统一中十分准确地认识、把握和评价那些

① 孟德斯鸠似乎也预料到了这种情况，他说："不同即是同，变即是不变"，从它们之间的联系中可以看出，这些结论并不能使人理解。所以说，这句话仅仅是思想丰富的直觉，绝不是思辨的思想。

对立面的发展方向。世界历史中的伟人，一方面是普遍历史观念的体现者，另一方面也是他自己民族确立的特点的体现者，也就是说，普遍性和特殊性已经在他身上集中化、人格化和典范化了——当然，伟人也始终保持着作为独立个体所拥有的基本特征。在这种情况下，伟人的价值就不体现在"个体存在"之中，因为伟人不仅存在于他与他所在那个时代的本质关联之中，而且也存在于曾经的过去和未来的世纪之中。一个伟大人物在踏上世界舞台之前，人们早就能感觉到他的需求了；当他离开世界舞台之后，人类还能持久地享受到他所带来的福祉。因此，伟人在过去是被人期望，在当下是展现力量，在未来是赢得名誉；他创造的事业越重要，他具有的观念就越深刻和宽泛，他作为个体拥有的偶然性就越有意义和价值。

历史进程是所有个体排成一个梯队形成的共同作用的结果。那些最伟大的人物总是很少很少的一部分，因此，任何人都不应该忽略和否认较小星体闪烁出来的微弱光芒，亦即是说，任何人都不应该否认自己存在的价值。所有个体必须在伟人身边围成一个圆圈，一颗星体的陨落也同时昭示着另一颗星体冉冉升起，因为人类不能缺少它们。伟人之间的差别可以用思维水平的差别来解释，特别是那些超出常人的大思想家——他们很少行动，甚至常常忽略接下来的贯彻执行。耸立在人类经历过的道路旁边的纪念碑上，有很多人似乎只是其他恒星的一颗卫星，恒星上升的高度越高，其影子遮蔽的范围就越大，受影响的范围就越广。人们受伟人影响的时间越长，至少走的弯路不会更多，也不会走得更艰辛，因为伟人的力量不是根据时间而是根据他取得成就的意义来衡量的。

紧接着要说的是，只有极少数个体对世界历史具有意义非凡的影响。当他们在一个灵活性不断提升的舞台上表现自我之时，那么就不能指责他们所具有的局限性，以及否认他始终是一个具有非常重要历史意义的个体。伟人在一个特殊圈子中构成普遍性与特殊性相统一的个性化特质，我们只有从这些主观的和具体的个性特质的综合中，才能辨认出民族或国家的领袖的真正历史意义——他们代表了他们所处的时代或所在的民族的最高峰。即便在狭隘的意义上讲，伟人所承担起的世界历史的伟大意义也应该成为我们行动的真正模范。据此，这就可以很好地解释我们为什么会经常把普遍历史同君主或其他民族首领的传记同等看待。这绝不仅仅只是"抽象的真实"。历史经验告诉我们一个真理：国家元首始终是一个国家在其发展过程的某一个阶段中的真实精神的体现者，并且带着这种精神处在抽象与现实的相互作用中。伟人一方面是精神的被动体现者，另一方面又会对精神产生积极主动的影响。反过来讲，民族精神是广泛君主观念的一个个代表，它们在每个个体身上熔铸了普遍历史的必然性和必要性。我们应该怀着一种无比敬重的心情去看待古代或现代的共和国，它们都是在伟大人物的正确认识和正确引导之下才走上人类历史发展道路的。这样，历史完全可以以"个体历史"的方式出场，人类历史也不会因此损失什么，因为这些历史个体，即便保持着本身固有的个性特质，但同时也保持着一个民族的特殊本质，更构成了人类历史发展过程的一个个特殊的"结节"。

我们可从普遍性、特殊性和个体性得出世界历史有机体蕴含的三层意义。

第一，在世界历史有机体的发展过程之中，世界历史思想也是一个各阶段相互限制、相互影响的有机发展过程，其整体思维方法是三分法。

第二，作为世界历史并存发展的特殊有机体，我们之所以能够区分它们，也是因为它们构成了"正题—反题—合题"的连续过程。"反题"不仅能在自身上体现自我与正题的区别，而且还能在与他者的区别之中获得自我规定性。这样一来，我们在反题阶段就能发现原始有机体存在一个双重折射。

其一，每一个特殊的民族都在自身中反映着整体的有机体，每一个反映又可分为续存与并存两种情形。

其二，并存的民族整体则是普遍发展历史的横切面的反映。

第三，作为世界历史精神集中存在的每一个有机个体，带领我们将世界历史发展推向了一个又一个具体高峰，因此，"集中存在"构成了续存与并存的思辨同一性。后面两个方面只是"真正集中存在"的抽象前提，因为它们被剥夺了中心地位，可以向不同方向分离，具有很大的不确定性。集中存在就是我们正在寻找的中心，它是先前两个方向的交汇处，体现了世界历史中的每一个个体对于民族、对于人类的意义，以至于它既存在于一个双重关系中，也存在于自身之中。也就是说，本质与现象、思维与存在、自我与他者之间的相互作用，才是有机体结构最重要、最具体的存在形态，也是绝对意义上的世界历史的人格化。

本章小结

本书第一章清楚地解释了我们为什么要用"历史哲学"这一术语来称谓"历史的哲学"。首先，不同于历史编纂学家，我们阐明了历史哲学的现象学起源，并将它置于历史的预感与完成的中间——在这个转折点上，事实转化为行动。预感与完成、事实与行动相衔接的关键在于理论，它是历史的绝对知识，或者客观地讲，是世界历史的"智慧"。其次，通过建构"历史有机体"这一个概念去进一步论证历史哲学的科学性。这个概念揭露了先前的历史哲学只不过拥有较为初级的理论体系和一些只能称为巧妙的哲学判断。也就是说，早期的历史哲学绝不能称为是经过严格逻辑推理的世界历史有机体理论，也绝不能与黑格尔完成的哲学革命相提并论。如果说，人类在从毕达哥拉斯到黑格尔的思想长河中收获了哲学真理，那么跟随黑格尔就会获得历史智慧。毫不隐晦地说，我们运用与黑格尔相类似的方法，已经打开了从"历史的哲学"到"历史哲学"的通道。对此，我们将在接下来的章节继续展开相关阐述。

第二章　世界历史的范畴

> 像万汇交织而成一体，
> 此一在彼一中鼓动生息！
> 像强力的天光升起落下，
> 像金桶自己传递自己！
> 翅膀扇动天福的香泽，
> 从天上下来穿过世界，
> 整个宇宙都响彻和谐！
>
> ——歌德

虽然我们在第一章中提及了历史有机体的普遍性、特殊性和个体性，但还仅仅局限于强调世界精神发展的一般过程方面，而问题的关键在于：世界精神具体是怎样发展的。前面得出的相关结论主要是基于普遍性角度来考察和处理的，现在我们想要越过普遍性转而研究特殊性，亦即是，研究事物内容的确切要素——这些要素必须与人类生活的具体发展紧密联系。因此，抽象的"世界精神是怎样发展的"现在必须被转换并界定为一个具体明确的问题，即"世界精神是什么"，因为：既然我们通过第一章的研究已经知道了"历史是如何发生"的，那么我们必须进一步精确得知"历史是什么"和"历史将会发展成什么"。只有如此，最后才有可能去探讨"历史为什么会这样而不那样发展"，亦即考察一般意义上的世界历史的绝对目的论。在黑格尔玄妙而具体的哲学阐述中，我们能发现许多这样的元素，它们完全符合概念地应用于世界历史。然而，黑格尔并没能进一步把历史的原材料——历史有机体范畴中的完整内容——导入这些元素的执行系统。我们研究的第二个任务就是准确地再现世界历史的主要内容。

类似于"支配宇宙所有领域并最终实现思维和存在同一"这样的观念，已经在斯宾诺莎的著作文本中——"理念的秩序以及联系与事物的秩序以及联系相互平行而同一"——明确表达过了，而且最新的自然科学成就使这样的观念处于非常瞩目的地位。确切地讲，"思维与存在的对立统一"是最新哲学①的真正的和伟大的发现。所有思维都反映在一切事物中，因为一个基本思想总是贯穿在所有事物的本质之中（思维就是存在的本质）。从直接的"普遍同一性"观点来看，我们必须把世界历史看成一个微观世界，在这一微观世界之中，存在、思想和行动在各个方面上既能保持相互的特定谐振，也能维持各自的表现形式。然而，我们进一步的研究表明，世界历史常常也由现实行动领域构成——如前所述，思想与存在的真正的、实质的、最终的同一性是行动（这一点将会在第三章中更为详尽地阐述）。因此，思想与存在的全部本质都必须以行动的形式出现在世界历史的舞台上。又因为世界精神形成于精神发展的顶点，也就是主观精神和客观精神的直接统一，那么，我们与其把世界历史看作微观世界，倒不如把它看作精神的宏观世界——它把所有较低层次的规定性都吸纳于自身并为它们奠定了存在论的根基。由此看来，世界历史不单单是精神发展的顶点和目标，而

---

① 这里特指黑格尔哲学。——译注

且通常是整个宇宙发展的顶点和目标。进一步的推论就是：所有一切可能从哲学中发展出来的抽象和现实的规定，都必须在世界精神的最新实例中展示自己，以此来超越自我，实现它们最崇高的表现形式。[1]

黑格尔在他的哲学中没有得到这一结论，却也十分接近了，他说："精神在我们能观察到它的舞台上，以最具体的真实性存在于世界历史之中；尽管如此，要把握具体的真实性，我们首先必须解释有关精神本性的几个抽象规定。"[2] 然而，我们使这一思想发展得更为全面：我们首先不应该只仅仅解释有关精神本性的那几个抽象规定，而应该看到精神本性可能在自身之中包含的一切具体。由于精神的"具体的真实性"与历史精神始终保持着抽象的同一关系，那么把精神蕴含的一切具体内容作为因素或者范畴，事实上必然有助于我们理解精神本性。

从我们的观点可以得出世界历史的完整范畴，因为对宇宙中存在的一切事物本身进行分析的结果最终都会融入这些范畴。思想与存在发展的所有阶段最终都只不过是世界精神的一个个因素，并且只有在世界精神这一最高领域，它们才能作为自身并实现各自应有的、真正的、具体的价值。在历史有机体中，逻辑、自然、精神发展出来的所有规定都必须被理解为世界历史的因素。根据世界历史发展的这三个主要因素，我们可以提炼和划分出三类范畴。

一　世界历史的逻辑范畴[3]

我们可称得上"世界历史的逻辑范畴"的，大部分基本上已被历史上思想较为深刻的哲学家所证明，特别是黑格尔——所以说，他对历史哲学做出了不可磨灭的贡献。运用事件的逻辑合理性，去对自然存在物"之所以如其所是地存在"的原因进行思辨的解答，这是黑格尔最擅长的方面。

---

① 历史不仅是一个自下而上的类比表象，而且是一个自上而下的真实概念（在这里，我们把表象和概念看作历史的最客观的意义）。作为宏观概念，历史只是传递而不是表象；作为微观表象，历史只是干涉而不再是概念，因为想象的事物会干涉更高级的事物，却不能领会它们。

② 〔德〕黑格尔：《历史哲学讲演录》，导言第 20 页。黑格尔的《历史哲学讲演录》的中译本改名为《历史哲学》（王造时译，三联书店，1956），这段话出自中译本第 32 页。——译注

③ 这个加粗标题是译者编译时加上的，以下同。——译注

如果在纷繁复杂的现实事件中还有没有被提及或被完成的地方，我们可以将其视为部分的不足和缺陷，它们都可待日后慢慢完善。有出版物将自然存在的经验和现象看作黑格尔的主要贡献，这完全忽视了他身上具有的建设先验事实的力量。在一些特殊情况下，这种说法或许是真实的，但从另一方面来说，它却是历史哲学的一项真正缺陷。对此，本书第三章末尾处会解释清楚：我们将如何满足相互对立的两方面的内在要求，亦即，在保证经验以最自然的状态发展的同时，也要将严谨的逻辑演绎法真实而系统地贯彻执行。本章主要解释范畴的形成情况，我们必须认识到：在历史哲学中绝不能将"承认特殊性"视为令人唾弃的观点；如果对整个逻辑范畴体系的理解和领会不是建立在现实历史的基础上，那构建一个不十分具体的、有机分类的和完全独立的有机整体也是困难的。

黑格尔经常会去证明和揭示客观事件背后的深层次逻辑意义，这些意义同样也会在客观事件的表面上呈现给他。尽管黑格尔沉溺于这种凭借经验进行思辨的方法，然而我们敢于宣称，有人把先验演绎付诸实践，如果不是运用于极其糟糕的事物，那么就没有必要把他们想象得那么恶劣；当然，对其完全忽略更是一种错误、一种充满偏见的罪恶。必须要在事件之中去寻找和捕捉观念，不能被动地接受仅限于事件已经展现出来的表面现象。为了达到这一目的，人们必须从历史发展中辩证地构建出整体性的范畴体系，唯有如此，我们才能解释历史存在与发展的一般规律，并从外延和内涵两个层面去说明范畴之间的内在联系。这也就是说，我们不仅仅要推动世界历史不断向前发展，亦即从一个较低层次、较简单规定性的范畴发展到一个较高级、较丰富规定性的范畴，而且还要揭示和发展世界历史在特定阶段或特殊领域之中所蕴含的稳定、永恒、内在的意义。

黑格尔直面自然，但只获得了部分事物的本质，这需要我们将其整合为一个完整的体系。我们要求在世界历史中系统地研究它的逻辑，然而黑格尔在他的研究中只承认了思维的辩证发展。在我们看来，黑格尔之所以在历史认知中表现得如此活跃，对事实的见解如此深刻，主要是因为他先验地预设了一个逻辑开端，即"实体即主体"。但不置可否的是，如果我们想要在黑格尔的著作中追寻到逻辑范畴之间的一般联系，事实上我们只会发现非常多的"遗漏"与"断裂"。消解这些遗漏和断裂，就是我们出版和发行这本《历史哲学导论》的特殊使命。我们绝对没有必要去重置历史，因为历史发展已经足够理性。同样，我们也不会独断地宣称，一切事物的发展从头到尾完全都可以根据观念来予以解释和说明。为了惩罚"不是谎言的通俗思想"，我们提出，思想演绎与行为发展之间的绝对不协调往往是由于它们自身的不足和错误，有时也是由于不充分的批判而被驳回的。——因此，错误可能有两种情况。举一些大家比较熟悉的例子，比如，研究病源学的历史，不久前它还是一件深奥难懂的事情，黑格尔却用哲学将其破解。"原因"这个范畴应该同其他范畴一样享有相同的权力，因为它能在相互作用的范畴之间的争论中起到十分重要的作用。在这里，还有一个不那么著名的例子可以引用，孟德斯鸠那部有关罗马帝国繁荣与灭亡的作品①就建立在这一基础上。黑格尔在历史学中的数学元素也是一个强有力的例证。就历史的抽象形式而言，尽管数学范畴在事物的现实逻辑中表现力最弱，但任何非同寻常的价值都绝不会缺少这一范畴。从这个意义上讲，数学范畴应该被嵌入到宇宙的所有关系中，构成它们最原初的基石，从而使它们不至于将自己耗尽，还能继续发现问题。

我们要求"在世界历史中探索逻辑范畴体系"受到了指责，认为我们的逻辑探索不过是僵化死板的形式主义。我们拒绝这一指责，因为这种指责所要求的并不过分——我们的探索当然不能像被指责那样只流于表面形式，机械死板。范畴不仅仅只是一个概念，更应该是世界精神发展的推动因素，是世界精神在一定阶段具体化的依据，而不是相反。一切死板、迂腐、无生气的抽象形式都寓于表现形式较高的现实具体之中，这一点是不可忽略的。

二 世界历史的自然范畴

尽管自然哲学发展蓬勃繁荣，但世界历史中的自然范畴到现在都还没有被开诚布公地提出。诺瓦利斯说"自然可能只是思想的索引"，这句格言非常深刻，因为再也没有什么词语能比"索引"更能贴切地"隐喻"自然界与思想之间的复杂关系了。虽然很多历史哲学家在他们各自的归纳中已经十分接近这一思想的精髓，比如晚期的赫尔德、早期的布歇，甚至还有

---

① 该书有中译本，参见〔法〕孟德斯鸠《罗马盛衰原因论》，婉玲译，商务印书馆，1962。——译注

一些自然哲学家，如舒伯特，都为这句格言提供了非常重要、非常丰富的思想资料。但是，迄今为止也没有人将自然界的规定性看作世界历史蕴含的象征性模型。

虽然自然界的表现形式总是与它的本质相分离，而且没有精神那样的表象形式，但自然界本身就是精神的一个扑朔迷离、错综复杂的表象。为了证明自然就是精神的客观想象，我们就要在现实世界中试着去贯彻执行这一观念。如前所言，贯彻执行科学阐明的原理只存在于历史哲学的作品中。接下来，我们要说明的是，为了至少提出一个与自然的客观表象相对应的主观表象，我们只能将相关阐释同我们熟悉的一些事物联系起来。

把波斯称为"光明之国"已经司空见惯，之所以有这样一个称谓，是因为波斯人对光明充满了虔诚崇拜。除此之外，"光"还真的是波斯的原始形态。然而人们并没有意识到，其他任何民族、任何帝国或任何时代，都曾经拥有过自己得以庇护的这样或那样的自然力量，但他们并没有真正去尊崇这一力量。世界历史在每一个时期都维持着人类自然发展起来的物质力量的相应地位，这恰恰说明了历史发展的内在意义都有外部象征……但是，为什么我们将"电"看作古希腊精神的真实自然模型呢？其中，雅典精神与"动态的电"相适应，斯巴达精神与"静态的电"相适应，两者最终在马其顿帝国的电磁系统中实现了统一。尽管古希腊在自身内部形成了一定程度上的差异，但在总体上却与"光明之国"的波斯形成了尖锐对立，并且始终如一地呈现出东方与西方最鲜明的矛盾。一直到后来，通过热能的扩张与吸收，不断将内部与外部的矛盾融合并逐渐过渡到自身，而这一力量又构成了古罗马自然哲学的象征。

对"自然的客观表象有对应的主观表象"这一原则的认可，有助于推动世界历史的自然范畴继续发展，现在的最低任务是解释清楚它们的形成过程。接下来，最好学习一下中世纪这个特定时期发生的化学反应过程。在最开始的时候，中世纪的特殊性与它的特定象征化学元素之间的关系同其他极端主义大致差不多；接着，化学元素演变出真实的酸性对立，从而构成了精神力量与尘世力量二元对立的物质基础；最终，对立面综合推动了它们朝着中性发展，这也就发展出了现代意义上国家。这一个过程，绝对不是有机的化学反应，而是原初因素经过重新排列组合而达到"中和"。在原初的化学反应过程之后，这些化学元素构成了"综合而中性"事物的基础。这样，由于恢复了中性的性质，这一化学机制又开始了新一轮的循环。我们对这一机制的了解不仅仅局限于：

a）表面的，精确的多类型国家同各自国家体系相平衡；

b）内部的，蕴含在国家统一中的国家权力平衡；

c）总体来说，国家和教会的最高关系是表面上的中性，互不干涉。

这种对立统一机制并不总是处于原初状态，而是已经完成的化学反应和已经完成的斗争的见证者。也就是说，只要是作为化学斗争的反应，就是一种"修复"，发出声音就一定比"原音"更高昂，产生的力量就必然使先前的生活世界屈服、归顺、同一。化学反应之后产生的"综合而中性"的对象是促使这一有机生活形成的根基，它的声音必然会穿过历史的判决，在人们接受它之后便开始修复工作。这一修复工作的目的是赋予世界历史过程更高级的繁荣，但是，它却总是被看作暂时的和消极的过渡阶段。

抵达现在的边缘，我们必须认识到，在世界历史的全部自然表象中，有机的自然世界最终归于未来亦即是"综合时期"。综合时期将重塑一个真正的、具体的有机体，与它相比，至今历史所实现的诸阶段仅仅是抽象事物的基础规定；物理和化学仅仅是构成有机自然世界的两个抽象前提。将来，我们将把现在出现的杂乱无章的运动理解为有机生活的基本过程——人们可以称它为"自然发生"，它们构成自然界的一个巨大秘密，在思想中可以从它们的类似物中得到解释。我们据此也可以得出完全相反的推断：发酵和生物基因的本质到现在为止都处于遮蔽状态，因为人类精神中还没有达到与之相匹配的阶段；就像化学在中世纪历史中才只是一个萌芽，而中世纪之前的物理却早已存在于人们的意识之中。

我们允许在人类普遍发展的道路上暂时创建一个在它们各自具体表现中已经确证的自然范畴的次序，因为这种象征主义的历史自然哲学到现在都还没有被提出来。不过，我们认为，这种哲学没有必要出现在世界历史的逻辑范畴中，因为它们的应用已经为人熟知。对于人类来说，最为关键的是在历史有机整体中去实现它们的系统化和推演。这些既存的又仅仅是临时存在的"暗示"，应该促进世界历史的新自然范畴在思想观点和具体表象之间形成法则。这些法则在历史哲学中的真实理性必须通过人类整体发展过程来贯彻执行，一旦执行起来就会展现出一部真实的历史自然哲学。在这种情况下，我们还要明白，在这些自然范畴自觉、普遍、整体发展之前，虽然它们在先前历史道路上被略微提到，但并没有因为它们处于历史的某个特殊阶段而减少功能上的差别。这种情况与其他情况是一样的，我们不仅要考察自然范畴的所有功能，甚至还必须不容置疑地把它们吸收到世界历史的原则体系中来。

如果人们相信，在古希腊—古罗马时期能称得上是卓越的自然事物，它们的化学反应不是有机的，那它一定是十分错误的推断。——所有事物蕴含着一切本质，所有事物反映了一切本质。——因此，我们绝不能在某一个方面占优势的情况下而忽略其他方面的一体化进程。①

综上所述可知，我们不仅应该研究在世界历史自然范畴中具有典型象征意义的范畴，而且还应该深入钻研直接影响人类客观生活的"物质范畴"——这些范畴同样构成世界历史的自然基础并产生了不以人的意志为转移的自然影响。一般来说，物质范畴虽然属于有机自然界，但也有一部分（不是全部）经常出现在历史哲学之中，尤其经常被孟德斯鸠和赫尔德关注到和谈论：它们一般包括地理环境、气候变化、矿物资源、动植物资源、种族差异、个体生活方式等。如果人类学领域在这里也可被当作精神来加以研究的话，那么它还涉及了人类学的范畴。我们现在的历史哲学也要转而研究这类范畴。

三　世界历史的精神范畴

我们现在才踏上与世界精神相适应的真实领域。

精神范畴不全然像"物质范畴"那样只是象征性符号，在某种程度上讲，它们与历史发展阶段联系更紧密，构成历史自身的、被动的物质基础。精神范畴也不全然都是"抽象概念"这种类型，却如同逻辑范畴那样构成客观事实的普遍观念基础——相比较而言，它们是构成特定历史的直接因素，而逻辑范畴只不过是历史的间接因素罢了。确切地讲，精神范畴就是世界精神的积极的、具体的和自我的表现方式。正如我们一般把物质范畴看作仅仅类似于世界精神，承认它们只有极少数部分真正参与共同决定历史发展的过程，精神范畴恰好与之相反，它通常构成了精神表现自我的真实的和特殊的方式，仅仅只有少数部分类似于简单的意识反映。精神范畴

_____

① 孟德斯鸠在《论法的精神》中已经很清晰地阐释过这些思想。

还可以通过历史发展过程同人的年龄增长这类比较来予以说明。我们一旦赋予人类这个习惯——用不系统的方式表达世界精神——人格化的特征，这种情况很快就会变成现实：世界精神只不过是众多个体各自有意识活动不经意间构成的综合体。只要把个体化了的人类精神称为世界精神，我们就能更加透彻地理解历史发展的一般过程。如果我们把个性化的人类精神看作历史的出发点，尽管一个上升性的综合体可能展现在人类面前，但它已经按照自身的逻辑意义把抽象的普遍性蕴含于其中。

此时，一个新的挑战出现了：精神规定的整个系列的发展就不再像它们的本体和现象那样在各自独有的意义中发展，而是要在它们对历史领域的价值之中去把握它们。在世界历史的更高级阶段，我们必须同时否定本体和现象，并证明它们只有在历史长河中才能率先获得它们的最高意义和真理，才能参与精神的基础建构，才能实现它们迄今为止所具有的重要性。尽管本体与现象自身各具有一定的具体性，但从其与世界精神的相互关系上看，它们却是绝对抽象的。正因为如此，如果本体与现象已经达到真实而具体的历史精神之规定，只能作为范畴服务于历史。因此，所有发展中的人类学因素和心理学因素，都可被应用于说明整个人类、特定民族或独立个体。在所有这些领域，上述因素都会变得同步如一，并因此不受时代限制。所以，在某一个具有真正历史意义的瞬间，它们就会尽可能适时适地构成这一非常时刻的具体动力。因此，这些精神因素总是根据它们的发展状态和具体表象来呈现历史的部分真实性和独特性。比如，按照这种思维方式去考察人类学测定的年龄和性格。年龄并不直接、强烈、简单地作用于历史中每一个个体的生命，而是如同赫尔德所证实的那样，生命周期存在于人类自身之中。我们还要补充说明的是，特定的个体证实着生命的特定水平和不同阶段，以至于整个生命周期不仅不会在历史的总进程中广泛地显现自身，而且在同步发展进程中的特定阶段也不会强烈地隐藏它所有已经被整合过了的因素。同理亦然，性格不仅可以区分出不同的个体，而且可以区分出不同的民族，甚至还会在历史的普遍进步之中去确认这些差异，因为人类生活本身也会随着性格变化而变化。各种精神的规定性仍然会随着自然发展的轨迹而烙下显著的印记，比如四季交替、日月更新，甚至睡眠与清醒的相互转换，也必须在历史之中被考虑。这些习惯都无意识地自然发生着，但正是出于这个原因，它们被剥夺了必然性，在此我们

要求把辩证推理程序归还给它们。民族和个人多长时间才能偶然发现世界
历史的预感、理想或理想行动？人类多长时间才能模糊地察觉到那些在特
定时期产生的特殊反应和特定性格是普遍流行的东西？我们期望抛开这些
观察的偶然性，承认所有使命在世界历史中都具有真实的哲学意义。

因此，这必须是一个非常典型的时代——在那里，整个人类不仅感觉
到非常发达，而且知识与愿望也非常丰富。一方面，人们可以在每一个阶
段找到完整思想的所有因素，另一方面，意识发展在精神现象学的三个领
域之中的表现各不相同。在人类还没有达到卓越程度的时候，个体或民族
可能已经经历了所有必须要经历的历史阶段，因为个体由于具体性已经可
以发展出一些真实的事物了，它们在人类的抽象领域是一种力量存在。

个人的意识发展不仅在客观性上非常重要，而且在主观性上也十分有
趣。为了修正现在几乎可以认定是错误的、直接的和偶然的法则——也就
是所谓的"历史心理学"，我们必须有意识地指出，由于人们对不平衡的恐
惧而陷入了另一种不平衡：在森林面前看不到树木。[①] 的确，我们不应该对
"历史心理学"如此冷漠，心理学的缺失恰恰是由于我们追求历史的普遍描
述而剥夺了我们的好恶。以前的作品常常会出现这种情况，现代作品不应
该如此，我们根本不需要为了有生命力的观念而扼杀生活本身的生命力。
黑格尔曾经说过，个体的特殊性与属于历史的对象是最遥远的。为了不容
许出现绝对肯定，我们至少可以承认这是最高级的言辞。历史在小说中参
与的所有演出，恰如黑格尔所言，只要能促进历史哲学同历史艺术相分离，
唯一值得期盼的是，通过活灵活现的描述来表现意识观念的深度。

黑格尔的这些言论只不过想要促进那些由于"反作用效应"而被消除
掉了的元素的重新修复。无论是在精神层面，还是在逻辑层面，我们现在
必须恢复那些先前被无情抹杀掉了的、接着被拒斥为毫无用处的干瘪东西，
重新赋予这些元素应有的权利，并在它们的应有位置上更加坚定地夯实它
们的存在论根基。不可否认，这些元素不应该被渗入法则的本质部分，也
不能在它只能居于从属地位的地方起决定性作用。黑格尔说过，首先要将
历史看作部分利益的剧烈斗争，因此我们在有关特殊性和偶然性的思辨斗

---

① 按照恩格斯在《反杜林论》中的说法："只见树木，不见森林"，其实我们也可以把这句话
　翻译为："只见森林，不见树木"。——译注

争中绝不能完全拒绝直接性的观点。相对于特殊性的存在，普遍性的思想观念可能会有一个绝对优势，但它不是蕴含了"思维与存在相同一"的真实存在。最后，我们还要附上赫尔巴特那句舒心悦耳但不乏深刻性的名言："只要哲学把人类看作独立存在物，它就始终是单调乏味的和不平衡的。"① 因此，一定存在一种关于人类、民族及个体的人类哲学。

精神之中的那些更深远和更高级的因素，最终将会构成历史最真实和最重要的元素。宗教、语言、艺术、科学、法律、国家等，这些都是世界历史的特定产物，因而它们同时也是精神的最高规定性。在世界历史中演绎这些元素的发展过程，人类已经做出了相当可观的贡献。换句话讲，不是在它们各自独有的意义之中而是在它们作为世界精神不可分割的因素之中才能准确理解、把握和评价它们。因此，为我们的立场辩护，并使所有推理均符合这种立场，仍将是历史哲学的一个任务，亦即是，所有这些元素，小部分已经被有机整合了，但大部分还有待被有机整合。

站在这个视角看，哲学体系中的所有因素都会以它们与人类历史的特定关系和特别应用方式呈现给我们。正如前文所述，因为历史在精神发展中占据着最高级和最具体的位置，它就构成了所有低级规定性必须汇集于此的宏观世界。所以，世界历史就是整个宇宙的"感觉中枢"，唯一凌驾于它之上的只有绝对精神：上帝。符合逻辑的推论是，正如世界万物都必须服从于历史一样，历史按照相应的次序只服从于上帝。就像世界历史是世界的法庭一样，上帝因此就是世界历史的法官；上帝精确地掌控着世界历史，恰如世界历史一丝不苟地支配着万物一样。历史存在的规则既是我们最初的结果，同时也是我们最终的结果。它将永远是希腊字母表中的第一个字母"α"和最后一个字母"ω"。② 正是出于这个原因，历史哲学的两位创始人——圣·奥古斯丁（St. Augustine）③ 和波斯维特（Bosvitt）④ ——确

① 〔德〕约翰·弗里德里希·赫尔巴特：《赫尔巴特哲学》，最后一章。该注释是直译过来的，详细可参见赫尔巴特的著作《一般实践哲学》，载于《赫尔巴特文集 1·哲学卷一》，李其龙、郭官义等译，浙江教育出版社，2002，第 128 页。——译注

② 开端即结尾——译注

③ 圣·奥古斯丁（354~430），基督教早期神学家，教会博士，以及新柏拉图主义哲学家。其思想影响了西方基督教会和西方哲学的发展，并间接影响了整个西方基督教会。——译注

④ 波斯维特（全名波斯维特·雅克·贝尼格尼，1627~1704），法国高级教士和历史学家，因其写的一篇追悼词和一篇历史论文而闻名。——译注

立了这个世界历史奉为"圭臬"的神圣法则。也正因为如此，这一领域的最新探索者也得出相同的结论，因为神圣法则既是原则也是结果。"开端即结尾"这个法则迄今为止还在发挥效用，我们如今打算赋予它三重启示方式：

1. 在过去，在历史长河的特定起源上，通过神圣预言来直接履行；
2. 在现在，在历史长河的滚滚流动中，通过神的理性来间接发现；
3. 在未来，在历史彻底完成目的论的流向中，根据未来的目标，通过获取决定性的神圣来实现最终幸福。

第一种启示方式将在历史哲学的经验部分得到事实上的证实，它构成信仰的特定要素。第二种启示方式在历史哲学的思辨部分将被不断地抽象演绎，那些仅被粗略图式化了的范畴在此构成发展的决定性因素，另外，这些范畴也会产生智慧性的具体元素。第三种启示方式，根据精神的目的论，应该在历史哲学的综合部分得到具体的、自由的和真实的发展，它构成狂热崇拜的特殊元素，因为人类在行动层面上对上帝的崇拜，毫无疑问会完全超过他们在感情或者思想层面上对上帝的崇拜。因此，承认理性是符合天意的，承认上帝对历史进行了强有力的干涉，这绝不是为了保留一个"空洞无物"的思想。更确切地说，遵循上述理念，它就会以一种令人确信的方式产生一道光柱，引导人类在圣父、圣子和圣灵的名义下追随上帝。

本章小结

我们在第一章提出了如下要求：陈述并诠释"世界历史的统治力量"，理性思维必须有机地发展并在自身之中进行符合逻辑的演绎，也就是说，根据确切的理性法则进行推理，把表面上看起来是纷繁复杂的历史视为一个思想整体，并将它系统化。在第二章，我们提出了另外一个要求，其基本思想是：由元素或因素构成的历史内容及规定历史内容的历史范畴，同样需要在不同整体之中被有机地组织起来。普遍性的思辨历史观是怎样演绎为"世界历史整体"的，我们就应该怎样去关注和强调特殊性观点，亦即"世界历史内容"的观点，就像我们关注和强调历史形式和历史研究方法那样。

如同在第一章提出"世界历史普遍发展过程"和"客观历史方法"的思想构成了有机体一样，我们在第二章也应该对"世界历史范畴"这个有机体思想提出同样的要求。如果历史哲学所贯彻执行的方法论和基本内容，与黑格尔的历史哲学观相一致和相适应的话，我们在上述两个要求面前就无所作为，但是，黑格尔学派迄今为止的言论足以证明，黑格尔的历史哲学思想同自身的理论体系根本不适应、不匹配。

我们当前的论述是为了建构一种完备和可比较的哲学体系。在接下来的第三章，我们将抛开一般性的体系本身，转而强调：哲学体系不再是由"观点的实现"组成，而是由"观点本身的积极突破"组成。我们不会再去指责黑格尔的观点前后矛盾，至少不会去指责他在方法论上的不完全推理和不完全贯彻，与此相反，我们将承认他的观点是前后一致、严格缜密的。必须要相信黑格尔，无论他的观点是前后矛盾，抑或是前后一致，我们都必须与黑格尔学派对立。

如前所述，如果黑格尔把他的历史哲学课程的讲义改编成一部著作，并且更加深入地去研究世界精神已经达到的高度，更加完满地去诠释自己提出的观点和要求的必然性，毫无疑问，那将是一部非常有机的作品：一方面，它具备了最严谨和最实用的辩证法，另一方面，它又具备了最初规定的最具体的发展要求。在第三章，我们还要讨论黑格尔学派在历史哲学上存在的缺陷——也许，黑格尔也没有能力去改善这些缺陷，因为我们后面的分析将会发现，这些缺陷与黑格尔本人坚持的普遍哲学观完全吻合。①

如果人们不指望得到与之相似或相近的有关专题和论著的辅助，我们在这两章提出的存在于未来历史哲学之中的几个非常有意义的要求，不仅会使任务无限复杂化，甚至还会使任务变得不可能。比如，我们仅仅只研究了范畴在历史之中的贯彻执行，对我们而言，如果我们越是相信这些范畴的本体和现象都还没有完成由整个哲学体系实施的绝对推论，困难就会越来越容易解决。哲学体系的行动，现在是"行动的思想家们"的真实任

---

① 值得注意的地方是，我们反对黑格尔，但不能把他的历史哲学课程的导论部分中出现的偶然事物也怪罪在他头上，因为这是黑格尔哲学观点最可信的必然性。出版者说这是由黑格尔本人导致的，其实完全是他私自修改印刷的。——这种情况可能不能再改变了。这一情况使我们相信，黑格尔在最后改编他的讲义时，他的普遍哲学观点是前后一致的和没有矛盾的，这使得后来者不能再去补充什么，只能在此基础上去突破他的观点。

务。在世界历史有能力达到相对高级的地基和得到相对深刻的检验之前，哲学体系必须发展到最顶端——在自身之外完成自我，这就是我们提出历史哲学任务的重要原因。

在世界历史这一系列范畴的阐释中，我们常常提到一些哲学家——他们要么过分强调某一个范畴，要么将某一个范畴视为是自己推理的最高范畴。在这里，我们要求把他们以及他们的观点统统纳入到有机整体关联之中来加以理解、把握和评价。在世界历史之中，提出特殊性原则应该与对历史意义的阐释同时进行，尽管前者已经赢取了众多领域，占据了很多位置，未来的情况也不亚于此。世界历史的一般的、辩证的有机体是怎样根据艺术和思想完美地提出"和谐结构"的观点的，由历史特殊元素架构的体系就应该怎样像哥特式建筑那样通过不同个体或从不同方面渐渐演变成完美的整体。范畴本身就构成了一个完整的有机整体，也构成了世界历史有机体的不可分割的组成部分。按照时间逻辑顺序来提出并勾勒范畴体系，那是一个纯粹思辨的过程，尽管这一思辨过程望不到尽头，但我们从中能够理解、把握和预测它的整个过程的发展。尽管历史哲学中的历史是可以有机整合的，但这些有机整合在黑格尔历史哲学之中有相类似的术语存在。

第二章提出了历史哲学的"哥特式结构"——这与第一章提出的"古典式结构"在存在形式上完全相反。未来的每一位建筑大师将会很容易选择到他想要加工的元素，对不同元素进行研究可构成不同的著作文本，不同著作文本不断地发展与完善，最终会形成一个整体。因此，我们可以得出这样一个结论：随着时间的逐渐推移和思想研究的不断进步，原初的规定性将自我运动、自我发展、自我进化。这是我们从中世纪建筑发展之中可以观察到的现象，它不是偶然的，而是与"特殊性构建概念"原则相适应的。因此，尽管范畴已经与现代哲学的观点完全适应，我们也完全用不着怀疑，既有的范畴在未来也会发展得越来越完善，其多样性存在形式并不会破坏它们的本质。

我们在第一章中提出的世界历史的"古典式结构"是不可更改的，因为它真正是同历史完全适应了的形式。第二章提出的"哥特式结构"则是可以进行多方面的改动的，这取决于哥特式建筑的一系列塔尖或拱顶是可以根据实际情况进行相应的修改，因为它们与整个建筑的思想联系不过是一种非本质的联系。

对于这项工作，我们要求每一个思想家根据其主导思想用不同材料去慢慢建造一座世界历史的神殿。

在回答并阐述了世界历史有机体"是怎样发展"以及"具体是什么在发展"等问题之后，我们接下来要探讨"世界历史为什么发展"这一问题。对于这一问题的解答过程，同样可以根据生物起源学来领会、理解和把握。

第三章　世界历史目的论

光有思想是不够的，

我们最终必须行动。①

——歌德

思维缜密却空洞无物的理论，并不会有助于我们从哲学层面去充分理解世界历史。当这个道理被证实之后，目的论的第一个基本观点就出现了。正因为它是目的论思想发展过程中的第一个观点，它就不得不是最粗粝和最素朴的观点。所以，世界历史目的论也必须要经历一个进化过程，也必须以"本该如此"的顺序去安排和组织这种思想观念发生的各个阶段。在此，我们必须想方设法再次去识别和确认这些阶段的机理和构成，亦即是去把握目的论的整个思辨发展过程。

目的论的直接性，是它最原初的外在形态和自然形态，就是美与艺术的相关观念。黑格尔在他的绝对精神学说中很好地把握到了这一点，尽管他没有足够清楚明白地对它进行逻辑演绎。直接性保持着美与艺术的真实状态，即使有些人——如韦塞（Weisse）②——试图将美与艺术分解为一个个不同的存在状态；另外一些人则与之完全相反，他们选择把"美"的观

---

① 歌德诗歌的原文本显示是："in the beginning was the deed"。切什考夫斯基在这里进行了改述。按照英文版直译是："精神的救赎，来自内心焦虑的释放；我是说，最终将归于行动！"——译注

② 韦塞（1801~1866），19世纪德国启蒙主义思想家、美学家，因倡导对丑进行研究而闻名。——译注

念看作"真"的观念与"善"的观念的思辨同一，进而看作理论与实践的统一。前者的错误在于：希望维护"思维逻辑在先"的观念，坚称"美"必须要以"真"作为它的逻辑前提。事实上，如黑格尔所正确揭示的那样，情况完全相反：即使"真"也具有最初的偶然规定性，但从艺术到哲学的转变过程中，它依然是更高级和更广泛的。毫无疑问，后者的错误源于误读了黑格尔在《论美学》中的一个观点。在那本著作中，黑格尔把"美"描述成"有限智慧"与"有限意志"的对立统一。这种"美"的观念虽然包含了"真"的观念和"善"的观念，但问题的症结在于：如果"美"的内涵仅限于此，绝不是"绝对真"和"绝对善"的同一。换句话讲，如果有所保留地把"未经过发展的直接同一"看作"美"的品质的话，那么黑格尔的理解就是正确的。可以独断地讲，"未经过发展的直接同一"绝不具有综合的特点，也不具有绝对的间接性，它只构成一种无差别的自然，一种自身尚未经历不同发展阶段的同一。

蕴含在这种观点中的真正本质在于："美"的观念应该构成世界历史目的论发展过程的第一个阶段。站在世界历史的视角上，可以把这种"美"的观念更确切地描述成人类的文化、人性和美学教育。事实上，最早创立历史目的论观点的思想家们毫不犹豫地提出了上述概念。在赫尔德之前，"文化"这一观念已经由艾斯林（Eisling）在向前推进，即使他是以一种并不确定的方式在发展它。艾斯林对历史目的论产生所做出的贡献与他赢得的荣誉是相称的。可以这样说，首先是艾斯林抽象、模糊甚至是凭直觉地把"文化"观念引入到世界历史之中；然后才有赫尔德通过经验事实把"文化"概念精确化和具体化，并有意识地进行世界历史叙事；直到最后，才是席勒对"文化"的内涵进行辩证诠释，并把它推向了一个更高级、更广阔的状态。

在理解赫尔德的文化观之前，我们必须了解艾斯林的文化观的意义。艺术是精神与自然最初的直接同一，构成了宇宙最明显和最主要的"矛盾统一"。因此，在世界历史之中，构建同艺术相适应的美学和人文精神是人类面临的首要任务，这是席勒学派和黑格尔学派在世界历史学中的核心观点。席勒自己就曾十分清晰地表达过这一观点："如果道德品质只能依靠牺性自然来维持自己的存在，这无时无刻不在凸显教育的缺失。"① 这个观点发出的绝对要求是：真正的综合是公平地对待矛盾双方，使它们之间的矛盾得到"和解"。即便这个"和解"是绝对优先的和最直接的，它也必须充分体现在自然界的各种细节之中。主张直接性知识的哲学家和诗人们，或许会得出各式各样的结论，但以"信仰是经验的结果"和"理性服从于自然"这些感知真理作为出发点，他们总是能使哲学世界观充满诗情画意和艺术气息。在艺术阶段，"矛盾的巧合"被看作历史发展的最高峰。由于矛盾带有偶然性和特殊性，所以它们只能是一种"巧合"，绝不是思辨的统一性。这个"统一"在经验中以自然的或思想的方式展现出来，因而教育只能是个体性的教育。赫尔德不考虑国家属性，只考虑个体的人性，因此人性的发展被视为是偶然的（当然，还可能有其他结论）。但是，只有人踏入社会之时才是如此，因为人总是在社会之中降生的。② 除此之外，人类要想消解矛盾的意图还可以从人类社会的自然组织中得出。对于人类的意图而言，自然组织是一件艺术品，展示了自身的目的论意义。思想是最高级的存在，自然组织在思想之中的每一个微小部分都是人类规定性的表达和指认。我们必须承认，向世界历史转化，这才是艺术最真实的立场。

席勒也像赫尔德要求个人那样去要求国家，同时他还把艺术观念提升到了普遍性高度，他指出："健全的人格必须在每一个人身上存在。"③ 当我们审视所有民族的艺术构成之时会发现，意欲维持一民族区别于其他民族艺术的自然差异，实际上代表了这样一种需求：相同的艺术规范标准就是致力于普遍精神的总体建构。阿洛伊斯·希尔特（Alois Hirt）④ 大体上证实了这一见解无论是在形式上还是在理论上都是完全正确的。然而，席勒并没有就此停滞不前，而是进一步去深入研究构成艺术的内容方面，并且有

---

① 参见〔德〕席勒《审美教育书简》，张玉能译，译林出版社，2009，信件4。——译注
② 〔德〕赫尔德：《人类历史哲学的思想》（第6章），1787。其基本哲学思想如下。①自然界是有规律的，而人类社会是自然界的一部分，因此也是有规律的。②人类历史是一个不断向上的前进和发展的过程，即"诗歌时代""散文时代""哲学时代"。③倡导尊重历史传统，用历史主义的眼光看待历史，关注东方文化的影响（古老的东方文明）。总的来说，赫尔德在历史哲学方面对黑格尔的历史哲学产生了巨大的影响。这部著作目前没有中译本。——译注
③ 〔德〕席勒：《审美教育书简》，张玉能译，译林出版社，2009，标题4。——译注
④ 阿洛伊斯·希尔特（1759~1837），18~19世纪德国的艺术历史学家和古希腊罗马建筑考古学家。——译注

先见之明地提出"普遍对立能够通过艺术实现和谐"的思想。在这一点上，他与谢林的观点达到惊人的一致。

在本书第一章，我们不仅介绍了意识哲学家的目的论世界观——这是一种内在目的论（只是作为前提而存在），而且还解释了目的论作为普遍法则存在于客观事实之中。在艺术阶段，世界精神就是古希腊精神。尽管古希腊历史和古希腊生活是经典的和卓越的艺术，但席勒同样把它们理解为一种已经成为过去式的历史事物。他指出："希腊人的人性表现无疑达到了这一阶段的顶峰，但它既不能长期保持，也不可能进一步提高。之所以不能保持下去，是因为不断积淀的知性不可避免会与感觉和直观相分离，从而去追求知识的明确性；之所以不能进一步提高，是因为只有明确性的知识，才能与一定程度的丰富和热烈共存。希腊人已经达到了这样的高度，如果他们想要向更高一级的阶段发展，那么他们就必须像我们一样放弃他们内在本质的完整性，从而在各条相互分离的道路上去追求真理。"① 席勒清楚地认识到，自然界存在的统一性必定会随历史发展产生分裂并陷入矛盾。不过，他并没有退缩。为了把曾经被毁灭的艺术形式构建成一种更高级的艺术，席勒反而把矛盾看作是现在的，从而为艺术的未来发展提出了一个崭新的、更高级的、更统一的要求和目标。

我们站在现在的思想高度去审视席勒的这一要求，存在下列一些情形。在古希腊时代，与世界精神相匹配的美与艺术气质，是一种自然状态的存在。由于人类的主体性本身没有取得充分发展，主观行动绝不能生成和保存它。正因为美与艺术是一种纯粹的客观性状态，所以它仅限于感性存在。这样的结果是：一旦人类开始去思考美和艺术，它们就不得不从内部瓦解。现在，思想本身可以通过自身意识来思考自己②，思想的自我意识本身必须同存在"和好如初"，因为它不是趋向于作为条件存在，而是趋向于作为"一套艺术构成程序"存在。思想的自我意识呼吁构建一种经过反思并因此具有直接性的艺术形式，所以，正如"事实"总是与"行动"紧密联系，过去的艺术生活也与未来息息相关。施莱格尔③非常贴切地把希腊文化称为

---

① 〔德〕席勒：《审美教育书简》，张玉能译，译林出版社，2009，第187页。——译注
② 思想自己对自己思考，意味着"自我思想意识"已经形成。——译注
③ 奥古斯特·威廉·施莱格尔（1767~1845），德国诗人、评论家和翻译家，对耶拿浪漫主义影响重大。——译注

"完美的自然教育"。古希腊传统衰落之后，这种事实确凿、富有美感的教育形式必须被一种更加积极主动的教育形式取代，于是"人为的教育"必须建立起来。这就是席勒希冀实现的"至善"之境，如果艺术也能够达到如此高的境界，那它将真正是至高无上的艺术。

通过这种历史主义方法，赫尔德和席勒就为真正意义上的世界历史美学奠定了理论基础。在世界历史的第一个阶段，人类生活是一种艺术形式，国家和个人是艺术作品，伟大的人物是政治艺术家。进入第二个阶段，我们将与真正意义上的世界历史哲学"不期而遇"。在这个阶段，人类生活则是培养意识觉悟，国家是一种理念，伟人们——我们这样称呼他们不带任何讽刺意味——是政治哲学家。因此，美学形式在此必须给哲学形式让道。

我们可以用席勒的一句格言作为过渡，他说："我们惟有通过'美'才能通达自由。"① 这句话十分真实，但同时也非常错误，以至于后来它竟演变成了证明席勒具有"不充分意识立场"的证据。事实上，我们可以把席勒这句名言理解为一种方法论上的转换。仅仅把"美"视为一种过渡会贬损艺术的价值，因为人类的审美教育不仅仅是一种方法论，而且也蕴含着目的论本身。目的论是世界精神的真实使命，但"美"本身却是一种具有不充分形式的直接目的，这就是这句名言的真实意义。艺术已经在自身之中实现了"绝对统一"，从而被赋予了进一步参与高度综合的使命。故艺术不仅具有方法论转换的性质，而且还富有真实目的论的使命。如前所述，有机综合本身是一个整体，包含不同的发展阶段。在这种情况下，对于世界历史而言，第一个阶段就是审美教育。尽管审美教育本身就是最高级形式，但它仍然要指向"最高的一般"——它内部包含着不同的艺术等级，既包含较低级的艺术形式，也包含较高级的艺术形式。

为了在从今往后的各个历史阶段，不再仅仅从形式上把"目的论的合理性"看作是自我之目的，而且也要在行动上把它确立为自我之目的。根据目的论发展的抽象进程以及它在历史中呈现出来的具体真实性，我们把世界历史的第三个阶段看作是最真实性的具体，并在绝对目的论之中为它奠定一个最坚实的基础（就像我们可以根据美学目的论提出"古希腊文化是世界精神的真实状态"那样）。根据上述思想，目的论的最高级形式将被

---

① 〔德〕席勒：《审美教育书简》，张玉能译，译林出版社，2009，信件2。——译注

理解为"逻辑在先"的概念，它先前显现出来的只具有"片面的客观性"。这样，抽象的目的论才会在历史哲学中先通过"历史事实"，再经过"事实意识"，最终通达真正的"自觉行动"——直到我们理解和把握了抽象目的论的剩余形式之前，这种行动都不可能发生。

当"美"仅仅处于至善的最低阶段之时，人类对"美"的理解必然就不可能是充分的，所以"美"必须辩证地转化成它的对立面。如果要使这种说法具有充足理由的话，那么它的对立面就必须适时而恰当地出现。换言之，只有生成并引入能够凸显"美之本质"的要素，这种转化才可能发生。正由于美与艺术的本质要素具有直觉性、自然性、外在人为性，至善才会在其中"自发地"而不是"自在地"存在（也就是说，"善"在成为"至善"之前，只是在自然发生意义上的完全自发，但不是自在意义上的）。映现自我本质的对立面应运而生，从那以后，至善就能在高度敏感的内部性之中以思想和意识的形式发展起来。这样一来，"美"就真正变成了一种"转换器"。黑格尔在《美学讲演录》中指出："艺术作品介于直接感性与理性思维之间。"① 这个论断非常准确地描述了艺术的地位及它的整个历史发展状况。黑格尔是第一个清楚明白地表述了艺术阶段的意识本质的人，这也就是他为什么会把"艺术之美"指认为"消解并融合（抽象的、自我依存的）精神与自然之间的矛盾对立的中介之一"② 的根本原因。

与席勒一样，黑格尔并没有立足于这一回顾性认识而停滞不前，反倒是继续向前去探讨有关"中介"的后续问题，从而使"劳动作为中介的真正中介"再次展现在我们面前。对黑格尔而言，"与感官的具体表现相对的更高级形式即思想在相对意义上诚然具有抽象性，但为了成为真正的理性思想，必须具备没有任何片面性的具体性。"③ 这正是我们探讨想要达到的目的，而这个目的构成真正意义的历史哲学的存在论基础。历史哲学是与先前的"历史美学"相对而言的。正如第一个目的论观点总是根据它独特的自然形态去理解历史，那么，今天的历史就应该根据其普遍性和客观性来理解。"美"观念已经让位于"真"理念，人类的艺术生活已经被哲学观

---

① 原注释直译为：参见黑格尔的《美学讲演录》，下同。这本著作的中译本改名为《美学》，详细参见〔德〕黑格尔《美学》，朱光潜译，商务印书馆，1982。——译注
② 详细参见〔德〕黑格尔《美学》，朱光潜译，商务印书馆，1982。——译注
③ 详细参见〔德〕黑格尔《美学》，朱光潜译，商务印书馆，1982。——译注

念而不是被人性和审美教育所吸纳，"世界的终极成因，一般说来，就是我们断定的那部分精神之中所蕴含的自由意识。"①

世界历史目的论的第二个阶段就是真正哲学阶段，这个观点已被黑格尔率先清楚明白地揭示出来了。我们必须承认，哲学阶段与最初的审美阶段截然相反，它产生和存在的价值就是为了以后能再次战胜自我，以便融入更高级的第三个阶段。由于哲学阶段精确定位了现在的科学，我们就能敏捷地理解和把握到这一观点的精髓。从这个意义上讲，本书前两章的研究也应该被看成致力于哲学的完善和完成（在完成之后，哲学除了自我消解以便为更高级的观点开辟道路之外，无物保留）。为了更加清晰地领会这整个哲学立场，我们必须考虑黑格尔在《哲学史讲演录》第 22 页提到的"世界历史"定义："世界历史无非是自由意识进步的历史，一直根据自然的必要性去加以认识的进步，就是我们研究历史的职责之所在。"② 对这一定义进行精确分析并把它与过去的阶段相比较，有助于我们理解和说明世界历史哲学的整个体系。从这个意义上看，黑格尔的这个定义可谓切中肯綮、精妙绝伦。

（1）在第一个阶段，我们在"美"的文化中认识到了自然的、感性的和外在的进步。第二个阶段与之完全相反，我们只认识到了意识的进步——借用其他引文予以解释这一认识就是："精神生活本身的动力，打破了意识本身的自然的、感知性的和陌生的外壳，成为意识之光，回归到生活本身。"这一解释已经足够清晰，再没有什么可以补充的了。

（2）在第一个阶段，我们发现了"进步具有偶然性"的看法。根据黑格尔的理解，文化发展可能会出现这样或那样的衰落，然而在席勒看来，具有典型特殊性的整体才是文化的本质。——与此相反，在第二个阶段，黑格尔要求我们理解和把握"进步的必然性"。黑格尔的这一认识的形成绝不是因为个体艺术作品的展览，而是普遍思想具有无可争辩的互相联系。

（3）最后是关于自由的看法。正如黑格尔所承认的那样，自由概念的

---

① 原注释直译为：参见黑格尔的《哲学史讲演录》，下同。中文版本可参见〔德〕黑格尔《哲学史讲演录》，贺麟、王太庆等译，上海人民出版社，2013。——译注
② 〔德〕黑格尔：《哲学史讲演录》，贺麟、王太庆等译，上海人民出版社，2013，第 32 页。——译注

含义总是被人误读，所以，我们首先有必要来澄清一下这些误解。其中，有这样一个误解：我们应该从一开始就通过逻辑来规定自由，从而避免矛盾对立。在思维逻辑规定下的"自由"，绝不是一个具有片面性的对立部分——也就是说，没有同它的对立面处于必然性的矛盾之中。自由应该是一个综合性的规定——它实现了偶然性和必然性的统一，包括在更高级阶段之中"化解"专断独裁和束缚胁迫，实现真正意义上的和解。在这样非常根深蒂固的错误意识之中，误解自由含义的原因大多都不一致，而这种不一致总是围绕着这些错误看法而千变万化。

此外，还有一种误解。那就是，它把"自由"概念理解成一个在自身之内就有差别的整体。根据这种理解，"自由"为了能够最终、真实而纯粹地回归到自身，就必须坚持自身，并在自身的发展过程之中交替地、有倾向性地构成它的不同方面。如果我们把"自由"进一步划分为：（a）偶然性的自由，（b）必然性的自由，（c）独立且不受约束的自由，这样细分后自由概念就不会使任何人感到疏离，也不会显得那么对立。从表面上看，这种划分似乎蕴含着很大的矛盾，但思辨地分析，这些矛盾事实上已经被消解掉了。我们可以进一步来解释。

（a）精神通过创造艺术品，在一定程度上获得了自由，但是"艺术的自由"却是偶然性的，因为：α）在主观上，艺术的自由取决于艺术家个人的天赋和禀性，β）在客观上，艺术的自由取决于感性物体的不同特性。

（b）精神创造思想意识，这同样也是自由的，但是"思想的自由"却是必然性的，因为："自由的必然性"既取决于事物的思辨辩证法，又取决于思想的普遍客观性。不过，这两方面的自由都是不独立的自由，而是对自由的一种附属与依赖。尽管从其中一个方面来看它们是自由的，但它们之间却是相互矛盾的。

（c）"独立的自由"可以把必然性和偶然性完美统一在自身之中（我们将在后面谈到它）。

黑格尔的自由观，尽管总是受基于绝对理想主义原则之上的数量占优的必要性所拖累，但它却是一种真正的和真实的自由，我们很快就会明白这一点。因此，黑格尔自由观与受直接偶然性拖累的席勒自由观是抽象对立的。恣意反对黑格尔学派自由观的论战的整个思想基础或许只能归结为这样一种错误认识：黑格尔的自由观不是一个结果，而是一个需要被质疑

的原则——毕竟，以思想为基础的自由是完全不存在的。黑格尔的自由观
一直受必然性困扰，因为它的具体性仍然保持着片面性的特征。人们对黑
格尔的自由观始终存在误解，这是一个众所周知的事实，我们在这一问题
上就没必要纠缠不放了。

在现阶段，思想是精神的最高形式，理性是历史的指挥官和客观真理。
人们终于意识到了：思想和理性是人类当前的最高目标和终极需要。与此
相关的是，历史中的一切事物最初都被看作偶然性存在，世界精神的发展
被理解为精神现象学发展的必然结果，自然而然地，理性从一开始就与批
判意识相联系。事实上，黑格尔眼中的"意识"既是开端（α），也是结尾
（ω）。他从最初的意识（α）出发，一般地推演出他的整个哲学体系，我们
最终也会看到，他又把世界历史的整个过程引向了意识（ω）。此外，这也
说明了精神现象学研究对于哲学史的巨大意义：伴随着这一行为或这一意
识的发生，以思想形式发展的精神本身就达到卓越的意识水平。换言之，
黑格尔的哲学立场从总体上安置了他自己在哲学史上的地位，意识在哲学
体系中也就这样安排了自我——这就是意识为什么会是黑格尔学派哲学的
"基本内核"。尽管人类意识发展自始至终都伴随在历史过程的左右，但只
有黑格尔才做到了让它们与历史保持高度的一致。正因为如此，这时的意
识才成为最卓越的意识。可以肯定的是，意识除了作为与已经实现的历史
完全一致的结果之外，这种一致性也可能发生分裂。这种分裂不再是一种
支离破碎的瓦解，而是一种从自身出发的继续发展，亦即是，继续一种始
终保持自身同一性的分裂。我们在此找到了既存状态之所以会发生分裂的
关键症结，我们就能明白此时此刻的自己为什么处在"由事实转化为行动"
的世界历史的转折点上。这也就是说，自从意识在真正哲学的体系之中占
据了决定性地位之后，只要意识继续存在，宇宙就不会终结。存在于思想
之前的东西都是无意识的，即"事实"；相应地，存在于思想之后的东西必
须会有意识地发展，即是"行动"。

凭借意识的绝对征服，精神从此将沿着它的前行道路继续以一种完全
不同于以往的确定性进一步展开。从那以后，精神将在自身的"客观的、
完全的蜕变"之中去随意超越自我。

现实世界是在"美"的形式下自我发展，我们与其不满意历史目的论
预设在人类早期阶段内的这个观点，倒不如把它看作古代社会文明世

界——主要是古希腊时期——的一个自我设定。根据我们刚才所阐述的原则，很显然，与"现在"相对应的那些历史时期或阶段恰恰也是现代精神的展开，我们必须为它们做同样的事情，即从未来（目的论）维度来理解、把握和预设一切现存之物之所以存在的意义。从整个哲学史上看，这个论域（或论题）实际上早在亚里士多德的《思想的反思》之中就已经拉开序幕了，但它仅仅是一个开端。基督教哲学关于思想的哲学观点，仅仅凸显了哲学的真正的和内在的要素。"思想和存在同一"这一哲学成就最近才被我们时代的"第二个亚里士多德"① 彻底实现了。古典文明时期，特别是古希腊文明时期是艺术和直觉之美的世界；而现代性的基督教时代则是思想、意识和哲学的世界。具体来说，亚里士多德用"思想的反思"开启的这个世界，最终又被黑格尔用"思想与存在同一性"思想给封闭了，因为从黑格尔的哲学立场上看，"思想和存在同一"才是哲学的最高定义。② 与前一个文明世界截然相反，现在这个世界本身就是抽象的，因此必须进行自我分裂并在第三个世界提出的要求之中发现自己向对立面转化的真正媒介。"发现转化媒介"的核心思想在于确认：意识也不是终极目的，它必须不断超越自我并突破自己的固有界限，甚至最好是从自身之中脱离出来并继续发展。这种转化媒介能够存在的内在要求是达到"思想和存在实质性统一"——它们不单纯是本体（自在）与现象（自为）的关系，而是必须从自身脱离出去（在自身之外）进而去创造一种"新基质"。

为了实现这种转化，我们必须撇开只考察历史哲学的具体性的视角，转而采取更加全面和更加广泛的考察方式。

亚里士多德断言"理论活动是最高贵的"，这给了艺术及艺术实践活动致命的一击。诚然这个断言是在与今天完全不同的语境下做出的，但它蕴含的绝对精神意义却对艺术产生了致命影响，随后哲学取代艺术登上王座。当艺术失去了它在人类精神之中的至高无上的权力之后，这一霸权就落在

---

① 即黑格尔——译注

② 即使不作字面上的解释，它仍然是真正的黑格尔哲学。此外，可以给出的定义是"在这个范围，哲学是理性的科学，因为后者像人类一样是有自我意识的"。这个定义遵循了前面的定义。

了具有内在性的思想和理论的头上，简言之，就落在了哲学的头上。①

　　我们这个时代，人类智力已经达到了登峰造极的程度，但哲学仍然牢牢把持着文化霸权。那些不能给出明确解释的人甚至认为，即使绝对方法被发现之后，哲学依然会一如既往地保留着这一本质任务。获得绝对方法，是哲学本质任务的重中之重。因此，黑格尔的伟大贡献以及在他身上看不到的伟大历史意义真正被严重低估了，借用韦塞使用过的塔列朗的格言警句来讲——哲学的终结就是绝对方法的开端，正如我们在亚里士多德那里看到的一样。准确地讲，如果哲学的终结不是历史的开端，至少绝对方法的开端就是哲学的终结。即使哲学的发展历程还远远没有达到它的终点，但运用黑格尔的方法就能够解决哲学的本质任务问题。在另外一颗"明星"冉冉升起之前，哲学绝不会从它至高无上的王座退却下来并俯首称臣。艺术也是如此，实现了自己的经典形式之后，一方面突破了自身本有的发展极限，另一方面却又以浪漫主义艺术形式把自己也分裂和消解掉了，它正是在那个时候才把普遍霸权让给了哲学。此时此刻的哲学面临同样的情形，在它完成了经典形式并超越了自我之后，不得不将有效的普遍统治权"禅让"给另外一种文化形式。从这个视角看，我们认为，那些许诺哲学变革和进步的人，和那些意识到获取文化霸权的重要意义并要求赋予霸权绝对合法性的人，他们的观点无疑是正确和睿智的。哲学变革非常重要，当然值得翘首以盼，但有一个至关重要的观点需要我们谨记：哲学越进步，它就越来越不会容忍，甚至是远离自己的经典形式。尽管如此，这也是精神的一次伟大进步，正如浪漫主义取得成就相对于古典艺术而言是"美"观念的实质性进步一样。

　　一旦我们清晰地理解和把握了"哲学必须超越自己的经典形式"这个观点，哲学就会瓦解。在这里，我们引用儒勒·米什莱讲过的一句话来形象概括哲学目前面临的这种情形："现在的哲学新体系普遍存在一个倾向性

---

① 我们在这里不能不谈及宗教。对宗教的真正理解，就像黑格尔在《百科全书》（第三版）第 554 页的理解和最近以来里希特在《教育：最后的事业》中很清楚地提出的那样，包括了精神的整个绝对领域，艺术、哲学等只是其中的特殊阶段。因此，宗教是无法同化或服从于它们的。作为整个领域的最高实体，世界精神在自身发展过程中不断支配这些阶段并不完全地体现着自身，而不是从它们中区分出与自身不同的东西，就像黑格尔及其学派通常呈现的那样。如果说在古代艺术是至高无上的，那么意味着宗教就是艺术，正如后来的哲学在反对艺术过程中以宗教的形式表达艺术本身。基督教使古代的艺术，如哲学的、冥思的、信以为真的和有意识的东西，都面对面地出现。

理解，哲学不再是存在与思维、主观与客观的内在融会贯通，而是先验地把思想或观念看作体系建构原则——亚里士多德所言最贴切，哲学把矛盾双方看作统一体之中的两个相互联系的元素。在这些体系中，每一个体系的特殊性都可以被理解成自我形成的唯心主义……黑格尔最终把唯心主义与唯实论紧密地结合起来了，从而把哲学发展到了一个可称之为'绝对唯心主义'的高度。"①

可以明确地讲，这一观点并不全面，因为"存在与思维的同一"不是如米什莱所理解的那样——矛盾对立双方（即存在与思维、主观与客观）仅仅在思想上紧密联系，其中思维占据着绝对优势。因此，他说的"同一性"同样是"唯心主义的同一性"，它还保持着唯心主义的身份。即便这一唯心主义是绝对的唯心主义，但在它的"自为"领域，只是作为唯心主义的那一部分才是绝对的。同理亦然，正由于它是唯心主义的，所以就不能逻辑自洽地维护自己的绝对身份，亦即不能成为绝对事物。在米什莱这里，片面性甚至不再是隐秘地存在，而是坦率地被承认并被称赞为优点。这使得"必要的自我矛盾"在绝对唯心主义哲学中的表达方式和它在艺术的、直接的和绝对的现实主义之中的表达方式刚好相反。正如上文把哲学定义为"存在与思维同一的思想"，我们现在也要与之相反，把最真实的艺术定义为"存在与思想同一的存在"。一方面，艺术高于绝对的最终存在，艺术不仅仅是一种存在，而且是一个与内部概念十分吻合的存在；另一方面，哲学高于绝对的最终思想，哲学不仅仅是一种思想，而且是拥有最具体客观性的思想。

从"对立面统一"维度来看，艺术与哲学都具有"矛盾的片面性"，因而它们都承担着追求更高级综合的使命。实际上，如果我们把上述对哲学所下的那个定义形式化，用数学公式来表示，我们就会发现一个新公式。这一新公式把其中一个因素考虑了两次，把另外一个因素只考虑了一次。据此可知，哲学就是思想的平方乘以存在，与之相反，艺术则是存在的平方乘以思想。——平方乘以一个简单的数字，就变成了立方即三次幂。尽管它们的线面关系是抽象的，但这也是一种真实而具体的现实模型。我们由此可以得出，艺术和哲学都是真实的三次方指数，是具体的、综合的，但不是抽象的"正

---

① 参见儒勒·米什莱的《从康德到黑格尔哲学体系的历史》（目前此论著没有中文译本——译注）。

题"与"反题"的任务。它们是立方,是三次幂,是最真实的,但互相之间却保持着矛盾对立关系,因为两者之中的那个对立因素就变成了平方。①

在前面,我们区分了自由概念在自身演变中衍生出的不同含义。即使在最高级综合的使命中,我们还是要强调它们内部存在的对立统一关系,并使之构成观察和理解世界历史的最高立足点,即目的论,据此有组织地把自由推演到更低级或更高级的阶段。此处也必须采取同样的方法。在"最高级的绝对综合"这一论题上,我们将确立同一种区别和同一个发展过程,因为"最高级的同一性"也包含着发展的不同阶段或不同元素。尽管"最高级的同一性"从一开始也如同同一性概念已经描述了的那样:它也会越来越高级、越来越完美、越来越具体。在"概念综合"实现之后,人们会陶醉于自我满足,不再从同一性观点本身出发去进一步区分不同层次的同一性,这样,就不会使概念进一步演化,就不会使综合的观点变得更加(有机)综合。因此,由于自我决定的不同阶段没有具体区分,就可能会产生一系列迷惑。

我们在"绝对综合"之中有必要区分它在同一性命题、对立性命题和综合性命题三个阶段上的差异因素。——艺术是在同一性命题阶段的最高级绝对综合——它只强调一个"对立面的绝对同一性"。哲学也是一种绝对综合,但与艺术截然相反,它存在于对立性命题阶段。在这一阶段中,艺术的直接感性"栖息"在哲学的抽象元素之中。

人们不应该误解我们,认为我们把哲学贬低成了"空洞的抽象"。我们反复说过,哲学与艺术都是绝对的和具体的同一性,人们需要在不同语境下去亲自辨别它们的具体性,承认对立面之中某一方的优势。在同一性被区分出来以及绝对优势被再次确认之后,人们要在这个同一性之中不使本来共同协作的元素丧失各自的独立性,也不能因为强调完整性而牺牲它们

---

① 不承认数学计算在思辨哲学领域中的有效性的人会十分迷惑,因为他们没有考虑过最初的、最基本的和抽象的概念。完全忽略它的人,根本不会理解这一点。数学是不充分的,不能发展出大量概念,但我们可以确定的是,数学丝毫不会受其他因素影响,仍然是理性思维的第一基石。那些立志进行理性思考而从不关心数学的人,其思考根本不可能是彻底的和理性的。这很容易解释,由于轻视了数学的基础性地位,必须要预设一个目标:人们不理解他们想知道的事物,因为人们常常认为事物本身超越了理解。总而言之,数学不能表达所有,但是它所表达的是最基础的,并构成了所有事物的最初的基础。但是,作为认识基础的数学不是最高级而是最低级的认识形式,虽然是最低级的,却也是最牢固的,所有事物都必须遵循它。

各自的完美神圣性。这也是思辨哲学最困难的工作。黑格尔说，存在于思想领域之中的哲学，事实上与普遍性有关，如果说它的内容是抽象的，这也只是相对于它的形式和元素而言的。观念在哲学之中本身就是具体的，是不同规定性的统一。

这也是我们之所以要区分"最高级的综合"的目的。正如我们抽象地把哲学的片面性同思想或唯心主义这方面的优势联系起来一样，艺术反过来却是因为存在这方面优势所以产生了片面性。——从艺术的构成元素来看，它们是感性的、直接的和自然的，因此与特殊性密切联系；——尽管哲学概念是抽象的，但它是不同具体规定性的统一，因而在本质上是具体的。

为了解决艺术与哲学之间的矛盾对立，消除存在与思想同一性之中前者对后者的数量优势，从"形式同一性"中发展出"实质同一性"，最后把自身综合转化成为"最高级的综合"，并提升到第三个阶段——真正的和解阶段，这是我们必须要面临并应对的一个崭新挑战。

艺术表征的是一种"内在性"的事物、一种"价值客观化"的事物，与之相反，哲学则是处理"客观性的价值"问题。因此，艺术和哲学都具有思想与存在、内部与外部、主观与客观的同一性。在艺术中，这种同一性还不足够充分、不足够精确，它是最早的因而也是一种感性的自然同一性，另外，哲学中同一性虽然已经是第二次完成，但也有所匮乏，因为它仅仅在形式上反映了第一种观点立场的对立面，在"超感性"方面仍旧是片面的。直到现在，艺术与哲学之间存在的尖锐矛盾还不能被过分地强调，一方面是因为矛盾对立的第二个要素——哲学——还没有完全"熟透"，亦即是说，还没有完全实现它的经典形式，还不能把它同已经发展成熟的艺术放在同一水平高度；另一方面是因为一个矛盾对立越具体、越高级，它在现象之中的表现就越不剧烈、越不耀眼。这就是艺术与哲学之间的主导性矛盾为什么到现在看起来还不如它们在低水平时期那么突出和鲜明——因为在最贫乏、最直接的名称符号之中，矛盾双方彼此之间的距离相隔最遥远。人类历史发展水平越高，这些要素就变得越来越重要、越来越复杂，同时它们也就越少地脱离彼此，以便在绝对水平上获得它们的最高意义并弥合它们之间极其细微的差异和分歧。按照这种理解进一步推演的结果是，矛盾双方会在抽象的、直接的、自然的统一体之中同时并存（同样，从这一理解思路出发，我们可以这样解释：上帝面前不存在任何矛盾对立。然而出于思辨的原因，矛盾将被激化到无以复加的程度，也正是通过思辨的作用，矛盾双方都没有发展出相互排斥、有显著差别的异己力量，从而有助于消融在更高级的统一体之中。相应地，也可以思辨地说，由于上帝是最高意义的统一体，是一切矛盾的基础，所以上帝充满了矛盾）。因此，即使艺术与哲学之间的主导性矛盾没有较低层次的其他矛盾表现得那样明显，但它仍然非常重要，因为它吸收了更加高级的精神趣味，因为矛盾仅仅只是艺术和哲学所能够显现的诸方式之中的最低层次的显现方式。几乎是出于同样的原因，内在的情感冲突和心理矛盾表现得是如此强烈、如此坚硬，因为它们位于矛盾的最底端，几乎不存在外部所能看到的各种"喧哗"。艺术与哲学之间的矛盾对立具有非比寻常的重要意义，以至于它们任何一方单独都能展现出古代社会同现代世界之间相互分离的巨大"鸿沟"。实践的终极命运是解决这些矛盾、填平上述"鸿沟"，社会生活本身将有助于使颓废不堪的艺术和有些退化的哲学重新焕发活力。

为了弥合古代社会与现代社会之间的"鸿沟"，我们必须继续追问：哲学坚决否定掉了艺术之中的什么？各种片面性的转折点到底该在何处？哲学进一步前进的任务将是：对否定自身的因素进行再次否定，以便整合先前存在的各种片面性。艺术的直接感性已经逐步演变为思想的抽象性，在哲学层面，思想会因为艺术的早期冒犯而以牺牲存在作为代价为自己"复仇"。要解决这些矛盾和克服这些片面性，对最初的观点和立场进行一次彻底"翻转"是非常必要的。不过，这个"翻转"不再受矛盾拖累，也不再受不平衡牵制，而是两种要素的和谐同一且各自得到进一步发展。也就是说，对立双方不仅在形式上保持中立，而且在本质上也将演变成一种更为积极的新形态。因此，"绝对思想"必须回归到与自身永不疏离的"绝对存在"那里。这种重生性的绝对存在，不再是原初性的或消极现存的存在，而是被创建起来的、有意识地生成的存在，亦即"绝对的行动"。在绝对行动这里，"思想与存在的同一性"不再是一个理论问题（而是一个现实问题）。人类第一次把"同一性"这个术语当作一种"新的肯定"——真正的现实同一性——的基础去表述它。正如霸权已经从直接艺术实践走向理论一样，现在，理论也会在自我生成的、综合性的"后理论实践"面前退却下来，而前所未有的实践活动的使命就是成为艺术与哲学的基础、真理。

从今以后，绝对的实践、社会活动和政治生活（不要同"有限的活动"或"有限的实践"混淆），将成为决定性的因素。然而，至今还被贴上"崇高"标签的艺术和哲学，将降格为仅具有"作为政治生活的抽象前提"的意义。为了重新焕发活力和真正绽放，存在与思想必须消解在行动之中，艺术与哲学必须消融在现实社会生活之中。这样，艺术与哲学才会第一次与自身的最终命运相契合。

黑格尔对康德哲学提出过批判，认为康德哲学只要达到"客观理性"的认知水平，就会再一次倒退到先验主观主义的片面性之中。同样，人们也必须在更高层次、更广泛的价值视域之中对黑格尔哲学提出进一步批判。然而，这次批判不再需要像康德那样围绕主观与客观、超验与先验、本体与现象等矛盾问题"转圈子"，因为这些矛盾在现阶段已经被解决了。这里需要解决的问题主要是思维与存在之间的具体矛盾对立问题。思维与存在的矛盾对立虽然在思维之中被解决，但在现实性上依然十分抽象：一方面，这一矛盾没有发生"自我外化"，也就是说，矛盾对立双方的同一性并没有在"自身之外"产生出一种崭新的、异质的新事物，另一方面，与黑格尔对康德哲学的批判非常相似，当前对黑格尔的进一步批判又退回到了绝对唯心主义，重视思维却忽视了存在的重要性。[1]

这甚至成了反对者控告黑格尔思想是如此陈腐平庸的真理的依据。有些反对者指出，黑格尔把"事实"的所有内容都变成了逻辑范畴。这种想法从根本上讲就是错误的，因为黑格尔还远远没能把一切事实都"浓缩"为逻辑。恰恰相反，黑格尔是把逻辑演变成了最具体的真实。——黑格尔哲学到底缺少什么呢？或者说，他在哪些方面做得还不够全面呢？在我们看来，对意识不可跨越其极限的坚持[2]，这既导致了他的哲学观片面地倒退回绝对唯心主义，同时也造就了自身虽然充满感情但又模糊不清的缺陷。这就是另外一些反对者控告他的原因。

就像我们通常所理解的那样，康德达到了思辨的顶点，却又一而再、再而三地重复着他的局限性。黑格尔也不例外。在他那里，虽然理性能够以最客观、最绝对的形式显现自我，但它依然只是理性——理性对哲学来

---

① 要区别"源自本身"（aus sich）与"自身之外"（außer sich）。

② 即黑格尔认为，意识就是顶端，没有什么可凌驾于它之上——译注

说是至高无上的，但对绝对精神来说却并不尽然。现在，是时候把"绝对意志"推进、提升或放置到思辨顶峰——目前理性已经能够知晓的最高境界。对于新时代到来的各种征兆，费希特在晚年的时候已经非常敏感地察觉到了。事实上，所有那些非常重要的未来征兆，类似于思辨诞生之前的那些征兆，康德在世时就已显露端倪，只不过它们始终是以"隐喻"的方式存在于时代角落。真正、彻底地发现和揭示它们，则要归功于黑格尔。

我们在第一章已经说过，没有昙花一现的预兆，哲学就会永远湮灭在日常生活之中，新的历史发展方向就不会呈现，至关重要的发现就不能完成。这也适用于理解、把握和评价即将到来的新思潮的发展方向。现在，新思潮必须在旧哲学遗留的废墟之上采取适当立场和恰当方式，超越自我，上升到一个完全异己的却有助于构成自己进一步发展的充足理由律的领域，亦即上升到"意志的绝对实践"领域。我们将会发现，意志的绝对实践领域是一个最近被越来越多的哲学家频繁提及的领域，它对于哲学变革和发展的意义可与浪漫主义运动对于艺术的意义相媲美。真理、观念、理性——这些通常被认为是哲学的固有要素，现在正逐渐超越和溢出哲学在实现绝对自我的经典形式之前划定的界限。对哲学而言，这意味着从高处坠落下来，但对于精神来讲，这意味着扶摇直上。

黑格尔只是将绝对精神发展到了"自在"和"自为"阶段。然而，无论"自在"还是"自为"，都只能从"自我外化"（out-of-itself）中找到它们"如其所是地存在"的全部真理。不要把"自我外化"与"自身之外"（outside-itself）混为一谈。与前一个崇高而具体的范畴（即"自我外化"）相比，"自身之外"这个术语是非常直接和抽象的。用"自我外化"这个术语去理解和把握精神的起源，并不会产生任何疏离感，因而也绝不会把"自我外化"理解为离开自身或停留在自身之外。"自我外化"优先存在的原因在于：作为本体与现象同一之结果，实质上也构成现存事物这个统一体的稳定前提。这些前提本身是与"自我外化"相关联的抽象之物，不过后者绝不会排斥或抽象。可以肯定，在思想合乎自身逻辑的常态化发展过程中，"自我外化"就是第三个领域即"意志的实践领域"的映照之物。因此，作为映照和显现第三个领域之特性的思辨理性，不单单是本质和现象同一的思想，而且也是"自我外化"的思想。正是通过"自我外化"的这种方式，思想才变得真正活跃起来和富有生气。当精神就是自我之时，精神还仅只是精神，正如差异性是自然界的特殊性一样，自我外化的个性则是精神的特殊性。因此，精神的基本形式有以下三种：

（1）自我存在；

（2）自我思考；

（3）自我行动。

a. 作为"自在的本体"，精神是"自我存在"，亦即是思维之中的现存个性，它率先从自然界分离出来，并把自己作为中心；这是精神发展的第一个阶段即自然阶段，具有感觉的确定性。

b. 作为"自为的现象"，精神是"自我思考"，亦即是意识观念，它通常是精神的反映水平。

c. 作为"自我外化"，精神是"自我行动"，即自由自在的活动，它是精神的最具体的演化。

另外，自然存在物只能实现精神在自在、自为和自我外化三个阶段的差异性。因为自然是充满相异性的存在，所以它是一种手段，它的思想是一种凌驾于其他有意识事物之上的意识，它的行动最终由外部意识来决定和支配。因此，这就是自然界总是服从于自然规律的原因，同时也是自然界从来没有出现奇迹的原因。只有精神才能创造奇迹，因为它具有自觉能动性。行动的自觉能动性正是所谓"绝对之物"的最高级要素。

因此，精神不仅是一种思想活动，而且也是一般意义上的实际行动。既然思想的纯粹要素是"逻辑"，存在拥有的要素是"物质"，那么适用于精神的要素就是"行动"，而且精神本身就是"最卓越"的行动。如前所述，精神首先揭示了它在存在方面的规定性——自我感觉的确定性，然后才提出了思维方面的规定性——自我意识，最后才是"自由自在的活动"，那才是它的第三个规定，也是它最契合、最本己的天命。如此看来，黑格尔的观点是完全正确的，他说，最初的精神是直接的，当它通过意识形式变为现象之后，自身的内涵就扩展了一倍。需要补充的是，随着精神进一步发展，精神的自我规定性必然会扩大到三倍，因为它必须对意识进行再生产以及把思想转化为现实存在物，并脱离自身。相对于实践与理论的关系，这种"再生产"和"转化"绝不仅仅只是构成意识之中的一个纯粹的瞬间和片段。与之相反，精神通过它们精心编织了一个比意识更高级的特定阶段。为了初步满足更高级阶段的必然性规定，意识必须转化和融入这一阶段，精神也必须提升到这一水平。要实现意识到精神的飞跃，采用诸如理论制作之类的方式方法是根本不可能实现的。我非常清楚地知道，这样做不仅会削弱理论本身的意义，而且我也有可能被指责为重新陷入到历史已经克服和超越了的对立关系之中——理论与实践的尖锐对立。然而，目前理论扩展出来的实践意义是一种异化现象，它始终必须坚持"理论本身处于最显赫的地位"的观点——理论总被误认为具有压倒一切的支配地位和应用能力——之时，亦即是，理论只能坚持到"最高级的综合"以纯粹思想的形式在发展之时。至于那些最终可能会发生的矛盾对立，应该注意避免把"同一性"与"中立性"相混淆。斯宾诺莎有句非常重要的名言："意志与理智同一"①。毫无疑问，这句名言的应有之义只有在前一种观点（即同一性观点）之中才能被正确地理解、把握和评价，在后一种观点（即中立性观点）之中则不能被深刻领会。在两种语境的差异必须被假定为发展阶段不同导致的差异，因此与实践活动有关的理论只能是"具有思辨性和反思性的思想"。虽然黑格尔本人已经非常深刻地洞察到了"实践"的本质（比如，他在"权利哲学"的导言性篇章中的相关论述），但他也为现代社会的人们带来了太多的歧义和"误解"——实际上把它称为误解是非常不准确的，因为实践仅仅还是一个"没有被理解的认识"。在黑格尔那里，实践仍然被理论所吞噬和吸纳，还没有从理论之中区分出自身规定性。在一定意义上可以说，此时此刻的实践仍然只是理论的一个"分支"。然而，一个独立的、具体的、实在的和最高级的精神阶段，才是实践最真实的和特有的规定。前文已经区分了"前理论实践"与"后理论实践"，亦即"无意识的实践"或"有意识的实践"，它们孰高孰低的问题已经提前解决了。这种区别让我们看到，在同一性问题的相对高度上，双方的观点都是成立的，问题取决于应该怎样定义我们所说的"实践"：要么实践是直接的，理论在它那儿仍然是一个在"自身之外"的未来要素；要么实践是绝对间接的，它已经渗透并洞悉了理论，因此能够在"自身之内"理解、把握和评价理论。黑格尔之后流行着一个错误的观点：意志只是思想的一种特殊形

---

① 原文是"Voluntas et intellectus umum et idem sunt"，国内有多种译法，本书采用上海商务印书馆出版的《伦理学》中的译法（详细参见〔荷兰〕斯宾诺莎《伦理学》，贺麟译，商务印书馆，1983）。——译注

式。其实更确切地说，思想才是意志的全部因素，因为思想只有最终变为"存在的思想"，那才是意志和行为。按照黑格尔的说法，所有精神活动的唯一目标是意识到"主体和客体的同一性"。[①] 从抽象意识的角度讲，这种说法是真实的和正确的；但如果按照现象学的观点来理解，它完全颠倒了精神与行动的相互关系——事实上只有承认所有精神意识的唯一目的是从"自我外化"中去实现统一行动，可能更为正确。现象学有一句非常正确的论断："没有在思想中（存在过）的东西，从来不曾在感官中存在"，现在它将被进一步提升到更高的精神层面来解读："没有在意志和行为中（存在过）的东西，从来不曾先于思想而存在。"[②]

因此，知识（理论）与意志（行动）的现实同一性将是建立在没有损害彼此之间的差异性的基础之上的。在意识不断重复的所有行动之中，活动是精神的主要属性（实践是意志的主要属性）。因此，精神在历史发展的每一个阶段都必须呈现自身——意识的活动还不是"纯粹的活动"，仍然充满了被动性。所以，精神活动仍然是一个消极被动的活动，希望不要把它看作一种比必然性自由有更多意义的矛盾运动。"积极主动"的活动（正如前文所述，它不是冗言，而是表达了不受外界影响的最卓越的活动）在未来才会率先发展起来：

a. 其主观性，通过意志的充分完善去实现；

b. 其客观性，通过政治生活的充分发展去实现；

c. 其绝对性，通过存在和思维的最高级的实质性同一而实现绝对行动。

因此，意志必须经历它自己的现象学过程，如同理性已经经历过的那样。于是乎，政治生活必须庄严宣布：该由实践理论来行使普遍文化领导权，就像艺术和哲学先后依次宣称的那样。最后，由于"绝对行动"在本质上是一个过程，实践理论必须证明它拥有出类拔萃的目的论特性，不断与自身本体进行斗争，坚持不懈地超越障碍，不断取得胜利。因此，无论是处于"斗争状态"的综合，还是处于"静止状态"的综合，它们都将趋

---

① 〔德〕黑格尔：《哲学史讲演录》，贺麟、王太庆等译，上海人民出版社，2013。——译注

② 我们在这里故意使用"现象学"这个概念，是因为：正如黑格尔从其中一个角度来看是如此，其实反过来讲也是真实的。然而，现象学认为洛克的提法是正确的。我们的陈述也可以被译为：我们不打算去想的话，没有什么能在思想中产生。然而，在精神的正常发展中，思想必须先于意识实现。

向于"创造性的综合"。艺术综合是不充分的综合，它浑身充满的冲突最终将通过死亡得到事实证明。至于哲学，理论上已经证明了这种综合由于呈现固有的片面性和抽象化特点而同样具有"先天缺陷"，即使它认可相对的具体性。为了使这种关系更为清晰，我们可以将"第二次综合"即哲学综合比作磁铁。众所周知，磁铁的两极是同一的，尽管如此，北极仍然被人们完全片面地看作唯一的指示极，是比南极更为重要的极点。在黑格尔学派眼中的"同一性"，思想就是那个"指示极"。黑格尔的方法也是源于指南针给出的"启示"。尽管人们已经明白指南针的南北两极的作用是完全相同的，却宣称北极享有更高的认可度。然而，在更为先进的电磁过程中，北极却被剥夺了在指南针上一直拥有的主导权，人们与时俱进地承认了南极享有与北极同等的权利。所以，在哲学的未来发展中，思想将丧失它对存在的主导地位，通常会在行动过程之中被整合。

从经典哲学（有些甚至是绝对唯心主义形式）的传统论域过渡到一个完全陌生却富有发展前景的新论域，同古典艺术过渡到浪漫主义艺术非常类似。通过这种不可逆转的过渡，艺术失去了它往昔的最高价值和统治权威，我们也可以预料，哲学也会落个如此下场。正如艺术的继续发展是不可预料的一样，哲学的退位也只是精神发展过程的一个步骤。我们完全可以借用黑格尔对艺术的相关论述来说明这一个步骤迟早会发生，只是有些方面略为不同而已——这些不同方面决定了我们要求的对象不同。但是，无论对象如何不同，综合必然要发展到下一个更高级的综合阶段，那是肯定的。当人们把我们接下来要得出结论同黑格尔《美学讲演录》的内容做一番比较之时，他们必须承认，为了证明黑格尔思想本身的真理性，我们必须脱离黑格尔。

绝对唯心主义已经达到至高点，这也是哲学力所能及范围的"天花板"。如果说哲学也有缺陷的话，那这个缺陷就只能是哲学本身以及它所关注领域的有限性。这种有限性体现在这些方面：哲学根据它的概念逻辑，以抽象的形而上学的形式把普遍的、无限具体的一般行为即精神活动设定为研究对象，并且在绝对唯心主义框架之中（即思维和存在已经实现的同一性结构）去"调和"自身之内的片面性。实际上，精神在这个层面的同一性之中还远远没有达到它真正的和最高的限制，也就是说，还远远没有实现思维与存在的最高同一性，因为精神不仅仅具有绝对内在性。只要精神还想继续依赖它的内在性，而不追求实现与内在性相适应的"存有"，它就没有能力自由地构建自身的自在存在、自为存在或自我外化存在。从这一原则出发，未来的哲学形式就会再次去抵制和消解唯心主义哲学的思辨统一，因为到那时，哲学的内容已经超越了唯心主义。

目前存在的只是较高级同一性，这个阶段是"自在"与"自为"相统一的行为。如同哲学把"绝对唯心主义的形式"变成了"在思想之中实现的形态"一样，把"自在"和"自为"提升为自我限定的行为，将会产生巨大的区别。这一区别是没有止境的，比如说，哲学把"抽象的人"区分为在精神的最高领域掌握了人的规定性的具体发展的人，换言之，它把相对抽象的、外在的"我"变成了决定最具体"我"的人。通过这种方式，如果现在把以前阶段出现过的"自在存在"和"自为存在"进行再次综合，亦即把仅仅具有直接性的一个方面同只具有意识性的另一方面综合起来，提升到一个最高级综合阶段，那么，这个第三次自我实现的同一就不再存在任何现实的、特殊的和固有的元素内容：

（a）精神的直接的、感性的存有，犹如尘世间的人性化形态，再也不是作为自然的外在性而存在；

（b）自我意识的内在性，就是抽象的形而上学；

（c）在绝对行为过程中，外在性和内在性实现真正的融会贯通，通过绝对行为的作用，在内在性之中唤醒外在性，再次表现自己但并没有出卖自己。

人与神的统一，不再是一个感性个体与自然界之间的统一（这个观点早就已经被超越了），也不再是一个只在精神自我实现过程中通过精神知识就能实现的统一（这个在今天已经是众所周知的观点被人奉为圭臬），而是一个在绝对行为自我实现过程中通过精神意志实现的统一。因此，由绝对行动实现的内容，不再为了迎合同一性身份而与感性存在相联系，也不再纯粹为了超越"直接存有"（它没有经过"反思"，所以是消极被动的存有）而与精神同一，而是一种由于"自我外化"作用产生出的全新内容。行动的内容尽管也要在感性存在中展现出来，但它已经不再像第一个阶段时的表现那样直接，而是通过融合精神因素加强了自身特有的存在形式。它是"真实物质的复归"，也是客观与主观、物质与精神、现实与理想双方达成的绝对、平等和实质性的"和解"。

通过这种方式，未来的哲学将超越哲学本身，但仍然会在自己特有的领域之中保持着哲学形式。因此，我们可以得出，在历史发展的第三个文明时代中，自由而具体的智慧——它作为精神的内在性与外在性相互综合发展的结晶——构成了哲学研究的对象。根据这一研究对象可知，哲学不仅研究有智慧的思想，而且还要研究与它特有概念相联系的"事实"的思想——其中，包括"主观的客观性"和"思辨的意志"。思辨的意志作为精神意志追求实现"自我外化"的自由，最终将在绝对精神的真实性之中寻觅到一条思维与存在的"和解之路"。这提醒我们，创造新的世界将构成未来的主要内容，并把未来世界的外在性作为哲学对自身内在性进行合理阐述的客观依据。因此，未来人们将庆祝内在性和外在性达成的"绝对和平"——对于外在性与内在性彼此来说，那都是一场伟大的胜利。通过内在性思维与外在性存在的绝对和解，人们将得到价值中立的感性现象。

我们已经用黑格尔的原话来描述那个"扬弃"，其间发生了改变的只是他原来得出的结论。进一步讲，我们要把黑格尔的结论提升到另外一个水平高度，因为黑格尔视为是结果并且是最终结果的东西，对我们而言只是"中介"，而且只是抵达最终结果的那部分中介。我们在矛盾辩证法中理解这些精神，并由此萌发、生成和提出了向更高级综合阶段进一步发展的要求。因此，我们宣布，哲学来到了一个崭新的时代，尽管这个时代忽略了哲学最本己的元素和立场，但也依然是精神的一个巨大进步。

我们宣告，哲学发展到了精神演化过程中的一个全新时代，即使哲学已经抛弃了对它来说是最为契合的要素和观点。这就像艺术，一旦超越了自我，尽管上升到了一个更高的水平，仍不得不在"哲学思想"这个太阳升起之前让出宝座，仍不得不做好准备用它非常看重的绝对外在性去换取对思想内在性的顺从。因此，哲学在将来也必须同意，最为重要的是成为"应用性"的学问。正如艺术的史诗必须迈入思想的散文一样，哲学也必须从理论高度下落到实践领域之中。一般而言，哲学的未来命运就是"具有实践性质的哲学"，或者更确切地说，是"实践哲学"——它对日常生活和社会关系最具体的影响就是在具体实在的活动中发展真理。人们不应该把哲学这一未来定位看成是得不偿失的，事实上，它所具有的历史意义与浪漫主义运动之中艺术屈从于思想内在性是完全一样的。然而，不能由此否认这是哲学不可避免的一次位移和局部让位，它退位的原因已经通过思想在遥不可及的"最高同一性"那里得到充分说明和反映。思想和反思是怎样超越精致艺术的，现在行动和社会活动就将怎样真正超越哲学。因此，意识在此时此刻正加速渗透到一切事物之中，在根本没能实现自我的情况之下就试图立即促成行动。这种现象学说明了理性为什么恰好在这个非常时期勃然兴起的原因。理性仿佛是一道闪电，使未来和过去在霎时间都变得清晰起来。意识已经成熟，它已经睁开了如同在守护神的脑袋上长的双眼。

有人或许会反驳说，哲学非但没有衰竭，而且恰恰相反，它看起来好像正在朝气蓬勃地建立自己的霸权。这种看法是不正确的。这犹如有人想把正午的太阳看成拂晓的太阳那样错误。当希腊人对菲狄亚斯①的作品欣喜若狂之时，艺术的末日已经悄然来临，黑格尔就是"哲学上的菲狄亚斯"。他凭借未经严格确证的普遍性就宣称，思辨领域已经没有什么东西值得研究了。我们必须承认，事物的本质已经昭然若揭。方法论的发现是"智慧之石"翘首以盼的真正发现。现在，哲学面临一个能否创造奇迹的问题，亦即智慧之石的能量怎样才能被激发和释放出来？可以肯定的是，除了已经完成的自我揭示之外，哲学仍然还会发现更多的东西，正因为如此，它在此刻依然还会超龄地活着。我们的这种观点没有对哲学时代抱有任何偏见，因为从亚里士多德到黑格尔一直都在歌颂和庆贺哲学的繁荣昌盛。因此，如果思想现在业已达到了巅峰时刻，已经完成了它的基本任务，那么自我进步本身必然要求它退后一步，亦即跳出纯粹的思想领域，不断趋向于外在的、异质的要素。我们可以毫不羞愧地说，从现在起，哲学将开始是实用的了。像艺术一样，哲学仍然将在内部保持一个终点，但是，当它不再作为精神的核心之时，它就开始进入一个相对顺从的状态。它接下来的命运是向外推广自己，把自己的隐秘特性转变成为开放特质。总而言之，如果允许我们采取带有悖论性的措辞的话，那么哲学必须变得通俗易懂，因为所有人都有资格和权力去拜读它，每一个乐于思考的人都有机会选择它。现在，哲学对人类社会关系的正常影响即将拉开帷幕，以至于绝对客观真理不仅可在纯粹的被动性中发展，而且也可在自我创造的现实性中发

---

① 菲狄亚斯，古希腊公认的伟大雕刻家。——译注

展。在此基础上，每个个人都能抓住建构社会制度和构造先验社会的渴望——这在我们的时代已经达到了非常狂热的程度，要不然就是一种迟钝的预感——人类意识迄今都还没有充分成熟到符合时代要求。应该把人们的行为看作一种反常现象吗？从内容上看，它的确算得上反常；从形式上看，它则并不完全是反常的。现在的意识，在形式上感觉到了自己有资格去引领真正的行动，不再仅仅是去把"现实"确认为是"现存"，而是要把现实判定为"已知的"和"可欲的"。由于意识只感觉到了这一点——仅仅在感觉和知觉的水平上勘明了自己的身份，但仍然无法通达它的真正内容，所以，意识在内容上依然是反常的。由于意识才刚刚戳破了自己的"内在性"，它将沿着自己开辟的这条道路走进丰富多彩、迥然相异的客观精神领域。在这条新道路上出现的各种新奇发现，正是哲学对自己未来准确定位的必然结果。反过来讲，如果对人类当代实践活动的"新常态"——主要来说，实践发展的普遍趋势正逃逸出"哲学之爱"的传统狭隘视域——估计不足，那将是一个非常巨大的错误。

到现在为止所谈到的哲学内容，可以概括为以下三个主要阶段。

（1）"美"的阶段。内在（概念）与外在（客观性）相适应，但是，它只是特定的和直接的阶段、特殊的和外在的事物，等等。

（2）"真"的阶段。相反，客观性与概念相适应，它们之间和解的载体不再是外在的偶然性，而是普遍性本身；不再是特定的阶段或特殊的事物，而是所有的真实、本质和观念。

（3）最高价值的"善"的阶段。它绝不是作为仅仅与真实性相反的最高同一性，而是带有客观性概念的最高同一性。在这一阶段，客观性：

a. 不再只具有表面的特殊性；

b. 不再只具有内在的普遍性；

c. 而是内在和外在都表现为具体细节，每个个体完全是它本身的创作。

这种客观性已经不再是具有直接性的感性事物。单纯从"善"与其他事物之间的矛盾对立关系来看，它是不可能完成的事物；从"善"与复归自身的调解关系来看，这也不再只是单纯的复归，而是最具体的事物和绝对的复归，是"自我外化"的自我创造。由于"善"的具体性，甚至可以在复归自身之前就领会到事物，同时也完全是"自在"和"自为"。美德—行为—意志，这是新思潮的方向与核心。

思维与存在在艺术之中实现了"第一次同一"，但那是以完全感性的方式完成的，具有直接性和片面性的特征。接着，思维与存在又在哲学之中实现了"第二次同一"，但是这一次同一与前一次同一截然相反，是以形而上学的方式完成的，同样具有反思性和片面性的特点。它们将在社会生活的创造之中实现"第三次同一"。这一次同一将通过绝对和解的方式，以牺牲"应然"为代价得以实现全面同一。事实上，"应然"在"第三次同一"阶段借助行为而过渡到了存在。——在其他方面，虽然"三段论"也可以按照其他方式发展，但实践行为在历史发展的总线路之中始终表现为"中项"①。

本章小结

为了再次回归到特殊性研究之中，我们可以把我们制定的崭新的世界历史目的论的观点定义为：

> 世界历史是人类精神在情感和意识的演变之中，通过美、真、善来证实自身的一个发展过程，也是人类必须在它的必要性、偶然性和自由之中去认识它的本质的一个发展过程。

深入分析这一定义，有助于揭示、理解或领会我们的整个观点。因为这是一个具有"合题"性质的定义，它不满足于只提出一个由先前某一理念发展而来的却又与之不同的思辨原则，而是宣告终结先前的一切抽象观点，并把它们作为自身因素而整合于自身。因此，在这一定义中，我们着重关注的不能仅仅局限于新出现的元素，而是要使这些新元素在过去阶段中也能自我映现，正如我们在新历史阶段确立了对过去所有历史阶段的反思一样。这个定义形成了九个要素，我们可以把它们之间的相互结合关系概括为以下几点。

---

① 中项是逻辑学的术语。它是在三段论前提中两次出现的概念，以 M 表示。中项作为小项和大项的中介，把两者联系起来，从而推出结论。——译注

（1）古希腊—古罗马世界是直接的情感世界

在情感这种精神形式之下，世界历史首次作为有机整体，并在自身之中发展了美、真和善。

a. "美"深深根植在情感形式之中，因为此时的艺术处于综合的、感性的和直接的阶段，但古希腊—古罗马时期仅仅是"存在"占统治地位的时期。

b. "真"却是用"应然"的方式向人类展示自身。因此，哲学要么如同东方哲学和古希腊哲学那样表现得支离破碎，要么就像是从柏拉图到亚里士多德那样塑造的艺术作品。哲学在思想领域打开了新纪元，在真实的历史事件中开启了民族大迁移，或者像古罗马哲学那样，是偶然和被动的模仿。

c. 实践领域中的"善"更多的还是一些未经证实的推断。第三个阶段包括了第一个直接性的回归。因此，美德在古希腊—古罗马世界就已经自然而然地产生了。古希腊—古罗马时期的国家一般是自然国家。古希腊时期的国家天生带有某种美德的特质，因为古希腊的伦理美德是先天的——根据天性而存在的，根本不是与思想主观性相联系的美德。因此，黑格尔的那个论断——"自由意识在古希腊就已经被唤醒了"——是错误的。对此，我们认为，古希腊时期唤醒的只不过是"自由的情感"，而"自由的意识"直到基督教时期才从沉睡中醒来。

事实上，希腊人的自由是一种特殊自由——无意识的直接自由。根据自由的抽象普遍性来说，不是所有人都能把自由理解为"最高目的论之美德的自我实现"，只有那些出生在古希腊的人出于自然的偶然性才会意识到这一点。在古罗马也是如此，唯一的不同是：古罗马的自由具有直接向外拓展的精神，而古希腊的自由只满足于自身。特殊性和偶然性是情感的典型形式，普遍性和必然性是真实意识的典型形式。情感中也可能蕴含着意识，但这种意识只是一种内在性意识，根本不同于在知识之中才能发现价值和发挥作用的那种意识。

（2）世界精神意识直到基督教时期才觉醒

a. 对于"美"本身而言，它与世界历史的关系是超越了意识的。艺术在它的全盛时期也是瞬息即逝的事物，因此，它的内在性（概念）超越了其外在性（客观性），造型艺术过渡到思维的浪漫主义。与古典主义完全适应的关系被摧毁以后，意识就同情感形成了尖锐对立，最终"直接艺术实践"过渡到了"艺术理论"。基于主观性来说,是世界精神创造了美学,而不是创造了艺术作品。

b. 与之相反,对"真"而言,意识存在于它与世界历史的普遍关系中,因为现代世界是思想的时期。世界精神躲在基督教之中研究自身,而宗教也接受了思想和认识形式,这样,信仰被当作"极乐"而提出——基督教向我们展示了最高意义的真理。因此,最先进行思维的思想即哲学跨入目的论领域是非常适当的,因为哲学是所有真实内容的总和。哲学后来脱离目的论也只是为了实现更高级的和解——哲学到现在还在向我们表白这一目的。在基督教之中,哲学的这一目的——直接是以宗教表象的形式显露出来的,进而通过思辨上升到了思想的顶峰——也被认作它唯一的全部内容。意识努力争取达到它自身的最高极限,思想也被视作世界综合的主导原则。

c. 对于"善"而言,意识存在于它的结果的前提关系之中。也就是说,美德的存在状态不是与具体性而是与抽象性相适应的。因此,自由概念就是"抽象的具体"。由此可见,根据自由的纯粹普遍性,它与古希腊—古罗马的特殊元素是相反的,只有"抽象的人"在他的理性抽象之中或在其意识的觉醒之中,才会被看作是自由的。自由在这一个阶段只是理想的,在前一阶段却是真实的,这说明自由在这两个阶段都是不充分的。这一观点的抽象性通过它主导的主观性而达到顶点,在宗教领域唤起了新教,在政治领域唤起了自由主义。但是,在宗教领域和政治领域产生的这两种自由形式,只是达到了抽象主观性的顶端,故两者各具有片面性,并由此产生出虚幻的甚至是反抗、守旧和独裁的人。

意识的自觉能动性是形成新时代的巨大动力原则。在"善"的领域,它的作用构成了真实存在,但并不是真实地停留在它的相对"虚无"之中。"我"必须是具体的,这只有通过具体的行为过程才能实现和确证。然而,在思想之中的"我"即便是处于思辨的最具体阶段,也同宇宙保持着完全抽象的关系。因此,抽象的人是普遍意义上的"我"。只要他还不是行为的所有者,就是抽象的存在;只有当人类成为行为所有者,才会改变这种抽象关系,才是真实的人类。这是一个最具体和最直接的阶段,我们根本不可能在一种抽象的合法关系之中去得到它,而只能在最高级的感性实践关系之中去实现它。

人们说得很对，我们这个时代的革命运动来自哲学。但是，我们需要补充的是，在哲学达到鼎盛之后，可能还会出现一种新的演变：那些直接来自哲学的事物，将从一种"抽象之物"转化并形成一种"积极的具体"。因此，不要企图再次采用那些老一套例行公事的处理方法，因为世界历史做出的判决是：对于那些被摒弃了的观点来说，不要奢望重新复活它相对虚幻和抽象的方面，只能肯定其积极方面。这些富有积极性的因素在时间洗礼下创造了纯粹的理论，只要我们能思辨地把握这一点，就能得出接下来的第三个观点。

（3）再次确证所有早期元素的真实性将成为未来的主导方向

在这一阶段中，世界精神表现为以下几点。

a. "美"——如席勒所期望的那样——是从艺术观点之中提炼出来的真实的世界历史目的论。人类艺术的绝对发展，将在一定程度上"退回"到古希腊—古罗马文明世界，但也不会脱离现代世界——艺术也许会成为现代生活方式的一种消遣，但永远不会丧失"回归本身"的内在性，只有那些引起了人类思想飘荡但也带来深深乐趣的矛盾才会失效。因此，"回归自然生活"不是一种倒退或降级，而是自然生活向人类生活的回归与提升。但是，这一切都应该伴随着意识的发展而发生，因为这种崭新的自然生活会转化为一种更加丰富多彩的艺术生活。与之相反，我们现在所过的生活只是"生活的艺术"（künstliches Leben），而不是我们迄今为止都在不懈追求的"真正艺术生活"（Kunstleben）。必须承认，我们现在所过的生活才是真正的反常。因而，对自然之美的追求，不能简单地通过那句口号——"回归自然"——来决定，而更多应该通过我们下面阐述的观点——"我们把自然提升为我们自身"——来决定。

所以说，自然必须发展成熟到适合作为精神之载体的程度。与"精神与自然的和解"相适应的那个阶段，同先前阐释过的"人与神的和解"相适应的阶段是完全相似的，应该达到它的绝对阶段。

正如我们接下来将要阐述的那样，"应然"在这里完全不是思辨的缺陷，因为我们提出的所有规定性只能是未来的"应然"，它在世界精神发展序列中被指派了一个十分确切的位置。一般来说，"应然"只能被行为完全战胜。

b. 对于"真"而言，它与世界精神的关系不是"回归"关系，因为世界精神目前还处在"真"的阶段。"真"基本上只是表征了"从思想到行为过渡"的真理。黑格尔有句非常著名但也为人所诟病的话："凡是合乎理性的东西都是现实的，凡是现实的东西都是合乎理性的"。这句话的具体要求是：理性和现实都只是精神发展的结果。也就是说，在世界精神发展的特定阶段，理性和现实是可以共存的，而且两者在未来还可以相互辩证地转化。因此，在世界精神之中，必将产生一个充满矛盾的时代。为了在更高级阶段实现同一，现实和理性不断使对方更加适应自己，于是，精神发展的同一过程就分裂成了互相对立的两部分。

如果说今天的理性已经在设法解决它内部的矛盾，那么同样的胜利也必须在现实中庆祝。[①] 就像精神的发展过程中只有一种哲学——它的最终使命是回归自我并有机地把握自己，现实的发展过程中也仅有一种健全的、正在展开的社会生活——它只有随着思想的成熟才能踏上回归真实自我的征途。因此，日常生活中的真正"客观辩证法"非常接近它最高意义上的"中介"立场——时代矛盾只会以非常醒目的形式凸显出来，因为它们正在不断成熟并走向衰落、瓦解和消亡。我之所以提醒思辨思想家们注意傅立叶的学说，并不是因为我没有觉察到这个学说包含的本质缺陷（傅立叶设想的未来社会制度仍旧具有"乌托邦"性质），而是为了证明：它在现实发展有机真理方面已经迈出了具有非凡意义的一步。可以肯定的是，尽管这种有机结构目前还处于机械主义水平，但它已经是一个有机体了。那些还没有觉察到充满活力的现实起点而依然停留在死寂的黄昏的人，是根本意识不到这一点的。作为柏拉图原则和卢梭原则的直接调和，傅立叶的这个乌托邦当然对未来具有非常重大的意义。我说的只是"直接调和"，因为：如果这个社会制度已经是世界历史的两大基本原则——互相对立的两大文明时代的原型——之间的最高和解，再假如这个社会制度一直允许"有机内核"持续不断地有机发展，那么它就不再是一个乌托邦。因此，在一定意义上可以说，傅立叶不仅是最伟大的空想主义者，而且也是最后一位空想主义者。一般来说，乌托邦最主要的缺陷是从来没有想过要随着现实发展而逐步展开，而是力图一劳永逸地踏入现实世界。只要它还是"乌托邦"，它就永远不知道锲而不舍地实现，于是，在乌托邦与现实之间就会产生出一道不可逾越的"鸿沟"。同理亦然，如果这个原则的展开过程不是

---

① 亦即说，现实也必须解决掉它内部的矛盾——译注

"乌托邦式"的，那么如前所述，理性就不得不立即与现实相协调一致。

当然，由于意识现在想要赶在行动前面，所以，对于那些力图构建新型社会关系的各种尝试，人们大可不必过于焦虑。乌托邦缺乏的恰恰不是它们对于现实过于理性，反倒是根本就不够理性。乌托邦越是不断地趋向现实，反倒意味着它越来越远地背离了现实。为了发展一个真理，人们不能太过于理性化．因为真正的"善"总是存在于真理的另外一面即现实性方面。傅立叶的学说之所以是一种空想，因为它在先入为主的现实面前轻而易举就投降了。无论怎么讲，傅立叶的学说还是对现代生活关系做出了最富思辨性的说明和阐释，尽管它不完全都是以思辨的形式，但也不完全没有思辨意识。在现代生活关系仅仅凭借自身本能刚刚浮出"偶然性海洋"的水面之时，任何一个能够识别并承认这种推理形式的有效性的人都会明白这一点。因此，未来并不像傅立叶所设想的那样属于他的理论体系，与之相反，他的理论体系本身是属于未来的。也就是说，傅立叶的学说只是真正现实在发展过程之中的一个"象征性因素"，而且是在一个非常有限的领域里的一个因素。

由于新事物不会一下子全部出现在现实世界中，"乌托邦"也就不会立即实现。所以，如果理性脱离了实际生活，两者必须互相吸引并通过"不充分和解"相互靠近，直至最终达到完全有机融合。如果任何一方单方面撤销都是不可想象的。

就像先前的生活之美是艺术发展与自然界的再次综合一样，生活真理以及现实社会矛盾的真正解决，是我们对未来的第二个要求。

c. 在"善"的观点中，世界精神对"善行"的确认就像对它"最本己"的元素进行确认一样，因为我们会看到，在与"美"的关系之中，世界精神首先必须要回归到"美"本身；与之相反，在与"真"的关系之中，世界精神却被"真"占有，所以必须把"真"转化为客观的真实。"积极的善"就是真实目的论从自身出发去发展世界精神。对世界历史而言，"善"在所有方面都不是抽象的，而是最具体和最确定的现实，因为世界精神到现在为止的发展变成了一个可以确定的"存有"。对"善"而言，这一"存有"还将继续保持发展状态，亦即是作为一个与时俱进地发展的"存有"。对于每一个"存有"而言，主要是以世界历史本己的形式去发展的世界精神，而世界精神的普遍发展是整个世界历史发展过程的最积极成果。真实的创造，首先是作为无意识的事实而存在，然后才发展成有意识的人类行为，同时它也是社会制度。

独特的艺术体系通常是因为"美"的观念而存在，社会制度体系也是为了与"世界历史"观念相契合。世界精神的不同取向，往往会造成诸多矛盾对立，然而在世界历史的第三个阶段，各种价值取向将会实现有机统一，并且人类生活中的每一个抽象要素都会在客观性之中找到适合于自己的、能够自主性行动的领域。此处的"自主性"是表征"有机综合"的术语，不应该再把它理解为矛盾对立，因此自主性就是自觉能动性，它已经在自身之中包含了"他律性"的因素——发挥主观能动性时已经遵循了客观规律。同理亦然，未来社会制度体系本身也是积极的和有机的，是第一个真实而具体的自由。反过来讲，这个制度体系至少不是那些抽象的、虚幻的、片面的主观生成的东西——我们迄今为止依旧还在以"自由"的名义去推崇后者。在没有积极依附的地方，就没有确定性的存在——事实上还可以这样说，没有被观念限定的现实，也就没有思考的自由，因为所有现实都是有限的。

由于自由一般是综合性的，所以"意志自由"绝不会是自由的普遍原则，甚至也绝不会是自由的原则之一。因此，在莱布尼茨敢于大胆宣布"在恣意妄为的纯粹上帝面前阐释意志自由是不可能的"之后，我们为什么还要寄希望去理解和把握"善"呢？难道人类纯粹就是为了追求快乐？由于具体自由才是最高意义上的"善"，那么极度抽象的自由就是最高意义上的"恶"——人类社会真正的原罪。对人类来说，这些原罪因为在每一个个体新生之前就早已存在（换句话讲，每一个人都是带着原罪降生的，原罪事实上已然存在），唯有通过塑造自我的有机状态才能救赎它。

自由的客观性通过历史整体发展过程而逐渐展现出来。但是，由于我们迄今为止仅仅经历了精神发展过程的前两个主要阶段，所以我们有效拥有的只有两种类型的制度体系：法律和道德。第一类社会制度在古罗马时期，甚至在基督教之前，就已经发展出了它的完全成熟的形式。因此，古罗马法制体系在它的抽象性中一开始就拥有并始终保持了法律的最完美形式——跨越了这个"临界点"，法律就不能进一步发挥主导性作用。就此之后，被基督教唤醒了的并始终贯穿于整个基督教—日耳曼文明时期的内在道德，绝对地发展起来了。普遍性的但事实上只有在私人关系领域才能感觉到自我存在的道德原则，在纯粹的内在性之中一直保持着抽象性，相比它在世界精神中已经被揭示出来的东西，从今往后绝不可能再有更高形式的发展了。但是，在前两个抽象领域中业已萌芽并显现的"善"（伦理生活），却一直没有在世界历史发展进程中找到一块属于自己的地方。现在，本属于第三领域的"善"注定即将要开始它的第一次真正意义上的发展，并且以适当的形式诞生于世，就像法律和道德已经存在过那样。不可否认，家庭、市民社会和国家及它们之间的关系，全都在世界精神已经经历的每一个阶段悄无声息地"出场"过。不过，它们的出场过程总是背负着这样或那样的片面性以及各自前提的不充足性，以至于它们在未来社会生活中拥有的无与伦比的重要性和绝对丰富多彩的有机成果还有待进一步发掘。我们已经能够察觉到，"善"是所有时代的真实需求，尤其是在人类最重要的精神兴趣和物质利益正日益被打上"本能焦虑"标记的当今时代。这种烦躁感只不过是真实而基础的生命过程希望通过纷扰甚至是部分堕落来宣示自己的一种方式而已。

然后，人类走出了这种抽象性并成为一个个卓越的社会个体。原来那个"纯粹的我"将抛弃强加在他身上的普遍性，并把自己定义为"富有各种社会关系"的具体个人。同时，国家也会摒弃自我的抽象分离，变成人类社会的一分子和具体民族共同体之中的一员。民族从自然状态跨入真正的社会氛围，至今仍然非常崭新的民族法将愈加多姿多彩地发展成为民族道德和民族美德。

最终，人类的普遍性几乎不会再寓于意识和思想之中，人们会具体而生动地理解、领悟和评价"自我"，把自己发展成一个"有机的人类共同体"，这种共同体当然可以被称作最高意义上的"教会"。总而言之，世界精神有机地统一了美、真、善的化合作用，并在"自我外化"的地方生发出一个整体而且完全协调自如的真正制度。

普遍精神的整体性将产生积极的应用：

a. "美"的应用：在感觉中，就是爱；

b. "真"的应用：在知识中，就是智慧；

c. "善"的应用：在意志中，就是生命的力量和绝对全能。

因此，人类的生命注定要参与到美、真、善这三个最高原则之中去，而它们也正好构成世界精神的最高变形。

本章小结

我们还必须要研究我们对世界历史所下的定义之中所蕴含的决定因素的第三个层次，亦即是，如实描述世界历史发展过程的各种属性，以及探讨这些属性对世界历史和世界历史编纂的影响。

a. 我们从世界精神的活动可以得出这样一个观点：历史发展过程之中出现的各种偶然性是最直接的东西，除此之外，我们再也不可能在"以美和情感为特征"的第一个阶段找到其他任何事物（第一个观点）。这些偶然性构成了优雅艺术，后者却构成了必然性的存在。

b. 必然性是世界历史发展过程的本质（第二个观点）。这个观点必须在精神演变过程中完全达到它的对立面，因为在三段论之中，必然性是真理、意识和思想的基本属性。这样一来，肇始于奥古斯丁的世界历史哲学观就下降到世界历史的第二个基本领域，并从黑格尔开始一直发展到它的顶峰。在这一领域中，本质在发生事件之中也是必然性的存在，而且特点十分引人注目。

c. 现象对于本质而言也是本质的。现象本身并不是不包括这样或那样的本质，因为现象必须与本质完全适应、完全契合。但是，与现象相适应的领域非常宽泛，必然性为了成为真实事物，就有很多适宜的可能性。我们在确认本质过程的必然性之时，绝不能忽视偶然性。相反，我们还要回到偶然性，因为这些偶然因素现在还渗透着创造性的自由，是世界历史发展过程中的最真实概念。

在历史哲学体系之中，其理论前提的存在状态与事实是截然相反的，因为我们总是从思想出发，而不是从绝对的"逻辑在先"出发。因此，在第一部分，我们必须通过思辨去演绎并提出世界历史发展的必要法则，然后才在第二部分凭借实践经验而不是通过大量的偶然事件去归纳和证明它们。

在本书第一部分，我们提出了"世界历史"这一概念，并详细阐述了它的起源与发展；在第二部分，我们阐发了世界历史的实现路径，并对这个路径进行了深入分析——这正是历史难以解决的领域。因为我们认识到，历史事件的发展总是充满了偶然性，如果我们不想为了必然性的利益而去预先判断精神的自由，发展就必须在偶然性之中与本质保持适应。作为思想推导的必要法则，第一部分得出的原则必须严格遵循辩证法，并且全面地呈现在现象之中，亦即出现在事件之中。与之相反，构成第二部分内容的那些原则可以完全不受限制地自然呈现。在这种情况下，这些原则总是支撑主导思想的。

在这种矛盾分析方法中，最终会产生历史哲学的第三部分即综合部分。在对世界历史发展过程的自由思辨之中，综合部分主要通过领会世界精神的发展方向去追寻人类历史上产生的必然性观念，并在具体社会制度之中去把它持续发展为相应的存在。

信贷与流通

(Of Credit and Circulation，1839)

第一章　信贷的逐步发展与本质

信贷在现代社会撒播了如此多的福祉的同时，也带了如此多的苦难，以至于到了需要我们对它的存在方式、内在本质、主要来源和滥用原因作出准确解释的时候了。换句话讲，需要我们阐明信贷已经产生了什么和它将会产生出什么？这么多年来，尽管致力于探索这片充满美好希望的领域的书籍、小册子和研究成果已经如此众多；尽管在当今时代潮流的支配下，新闻报道历来都在持续不断地关注它，各国议会一直都在坚定不移地去"迎合"它，但人们不得不承认，信贷始终是政治经济学之中最模糊不清的部分之一。

…………

信贷尚处于褴褛状态的最显著证据在于：我们对它的本质和目的缺乏透彻了解和深刻认识。不能自我意识，或总是错误估计自身的价值和意义，这是十分稚嫩或非常不完善的机构（制度）所具有的唯一共同特征。既然信贷拥有的优点大大超过了它的缺点，那么难辞其咎的就不是信贷被滥用了，而是它的发展不充分。

我们首先必须在学理上纠正一个错误认识：资本具有不可触及的重要性。在最后一个案例中，探讨信贷的真正本质将导致这样一种理解：信贷只不过是对未来的一种预期。相对而言，在某种有严格范围限定的意义上，这是一种可以接受的解释。但是，我们很快就会意识到，如果把这一解释看作至高无上的绝对真理的话，那就会非常错误。如果坚持采用这一解释原则，经济学家们将会发现，他们不仅不会承认信贷有任何生产能力，而且还会指控信贷就是一个"理财"（chrematistic）的骗局——它看似在创造新资本，实则是在转移资本；目前的资本原始积累，是以损害子孙后代利益的方式去"贴现"未来资源。的确，即使这种解释不是一种谬误，它也会对这些人——那些宣扬信贷优点的人，或者是那些能宽恕明目张胆掠夺行为的人——构成可怕的指控。更为可恶的是，即使信贷运行非常安全，它也会把所有的负担强加给那些还未出生（当然也就无法抗议这种罪恶）的后辈人身上。然而，非常幸运的是，信贷并不像我们想象的那样十恶不赦，因为"对未来的预期"只不过是信贷问题的一个部分，而且是非常次要的方面。我们很快就会看到，这种解释在什么情况下是一个可以接受的定义，又在什么情况下是一个虚假和危险的命题。

信贷是固定资本和雇佣资本向流动资本或非雇佣资本转化的媒介。换句话说，通过信贷这种手段，可以使不总是如此的资本变得可利用和可流动，允许它们在任何需要的地方被充分利用。这个基本定义足以作为构建我们学说的一个出发点。在我们对流通的性质和需求做出分析之后，这个定义将得到进一步发展和完善，而且我们稍后很快就会认识到：流通只不过是作为信贷凭证的一种肯定性的存在。相应地，如果信贷是且仅应该是现有资本进入流通领域的方式，那么反过来看，流通是且仅应该是一个国家的信贷普遍发展的形式。

…………

无论是"生产性的流通"抑或是"再生产性的消费"——只要你愿意这样称呼，都会最大限度地促进财富增长。流通最卓越的动因是流动资本，恰如我们通常把固定资本说成是直接生产的主要动因一样。在其他条件完全相同的情况下，亦即是，在一个特定的企业之中，在固定资本和流动资本按照绝对比例分配的条件下，毫无疑问，流通资本的回报率高于固定资本的回报率。固定资本只会产生利息（interest），而流动资本则会产生利润（profit）。此外，在流动资本充分"充实"固定资本之前，固定资本就能够产生效益并以惊人的比例增加。这就对了。所有固定资本都需要通过流通资本来适当地充实，只有在这种情况下，资本才会达到真正的富足程度。在理论上众所周知，这是一个非常基本、非常简单的真理，然而在实践领域，它却完全是一片"空白"。在现实生活中，一个国家的固定资本通常具有更为重要的地位，例如土地所有权，它却被完全剥夺了流通资本的属性。

因此，尽可能多地增加大宗资本的流通，不仅对建构美好幸福社会具有非同凡响的意义，而且对于形成这样的观念——流动资本是真正的资本，不是虚构的、标识性的或纯粹的票面价值——也是极为重要的。

可以这样说，真正的雇佣资本——没有迫使它失去固定的和生产性的稳定特征，亦即没有迫使它的主人让渡出价值资本，只不过具有一种分离工具的功能。即使根据亚当·斯密和马尔萨斯的观点来看，流通资本与固定资本之间的区别也恰好是由于这种义务分配。换句话讲，如果固定资本能同时兼顾"资本运转"（working capital）的功能①，并使它同时兼顾的这两种功能进一步加强，那么这个工具将成为增加财富积累的最好发动机，并为所有产业蓬勃发展引入一股非常巨大的力量。非常凑巧的是，无论从日常意义还是从普遍意义上讲，这个工具就是信贷。

…………

在此，我们已经达到这种地步——能够确切地阐述当前信贷组织所具有的两个极端罪恶，并且也达到能够改革它们各自缺陷的地步。这些罪恶——每一方正处于对方的对立面——如下所示：

1. 流动资产缺乏实际保障；
2. 实际资产缺乏可流通性。

这也就是说，鉴于资产进入流通领域是资本储备的丧失，与之相反，资本储备则是对资源调动（mobilization）的剥夺。如果这种双重劣势事实上并不存在，其结果将导致对立物出现；除了实际资产缺乏和虚拟资产过剩，只有流动资产缺乏或过剩。这就是充裕流通为什么总有一个名副其实的倦怠相伴随。我们追逐未来而放弃现在，我们期待并不存在的东西而忽略了已有的物品。

…………

因此，这不仅仅是一个分离雇佣资本的问题，个人同样有必要组织资本的发行，通过这种方式来确保在没有偿还能力的情况下他也有完整而持久的资本循环能力。一般来说，资产进入流通领域，它就不单单是一个象征符号，而是流通的担保物——从这个意义上讲，所谓的"对未来的预期"事实上并不存在。迄今为止，只有铸币才同时享有这种"双重角色"，我们

---

① 这里的"资本运转"的功能包括固定资本和流动资本各自发挥的两种功能。——译注

在第二章将要证明这一点。无论怎么说，信贷发展已经成为现实，我们提出要对流通效果进行考察的建议足以表明，铸币不仅没有实现对双重特征的排斥性垄断，而且也没有因为太容易受到攻击而丧失自身的大部分优势。现在，实际存款的权益、抵押贷款保证、各种事实上的现行证券，如果被一家普通信贷机构用一般的流通方式发行——以取代银行票据，撇开其他缺陷不说，它们只不过是一种象征符号。从这个特定的视角来看，难道这些执照或担保的发行没有同时满足这两项条件的阐述吗？

…………

很显然，一个可调动雇佣资金流动性的法定机构，事实上就是一个储蓄银行，在日常生活中，我们通常使用这个术语去称呼它。与此同时，凭借发行"可流通的有价证券"——它们将以雇佣资金为基础扮演"法定货币"的角色——的权利，这些机构将共同享有流通银行的本质。只有通过这些机构去干预实际流通的现有资金，未来的利益才绝不可能成为"可打折之物"。信贷仅仅是分离而不是去影响无担保贷款，因为它仅仅是强化了流通保障而绝不会承诺什么。简言之，信贷是不可偿还的证券，因为它们源于已经有效的回报；同时，信贷也是没有有效期限的证券，因为可以这样说，在它们出现之前就已经失效了。因此，远离未来预期，信贷将会积累资产。这就是那些担保可以代表低流动性资产的利益的根本原因，因为后者目前才发现自己投入到一个活跃且富有特权的运动中，或者反过来讲，迄今为止正在茫然游荡的流动资产才发现自己与生俱有一种充足的、如其所是的物质基础。显而易见，在这样的组合中，储蓄银行也将会发现，自己的安全性与流通银行的优势完美地结合在一起了。

…………

在这种情况下，实物信贷组织的最普遍表现形式将会是什么样的呢？我们可概括如下[①]：一切实际有效的物资性资金——要么是代表不动产的抵押证明，要么是代表可动产的保险单，又或者是以实物偿还组成的保证金——都将共同流向一个中央性的综合机构（即中央银行）去参与信贷的

———————————

① 我们所要呈现的信贷组织的典型形式，同一个才新建的、名叫担保证券总值（Omniun）的信贷企业的组织形式有些相似。在迄今为止出现过的、那些涉及信贷领域的组织之中，它的组织理念毫无疑问是最先进的。

分离。这也就是说，所有这些资金都将在流通领域中得到双重表述——正如刚才所证明的那样，通过发行信贷权益这种方式，中央银行作为这些资金的可流通价值的全权代表，毫无疑问将会参与到这些资金的市场价值内部中去进行估价。因此，这些资金首先将被货币化，然后才在流通之中以中央统一授权的形式进行循环传播。像货币一样，它们也是不可赎回的，却能产生利息并具有相应的法律效力。至于这些股权凭证，除了进一步参与传播之外，也不可以其他方式赎回，一方面是因为它们分享了铸币的本质，所以它们要不断地行使自己的职能；另一方面是因为货币按理说来绝不会去兑换其他任何东西，除了在各类型的交易中仅仅作为支付手段被接受。这些股权凭证，作为自我价值的真实标准，除了不可赎回外，仅仅是以长期利率形式作为法定货币。

…………

第二章　流通工具的本质与发展

为达到这个结果，人们必须创造出一种新的货币工具，它可以同时替代现金和公共债券的功能。这样一来，这种货币工具到目前为止都会独享由它的存在前提预设好了的专有特征；因此它就可以自发地替代其他形式的货币工具。为了满足这些条件，让我们假设有一种新钞票——它是国家根据抵押贷款和担保物决定的价值而发行的法定货币，如此一来，各种行政付费柜台存在的正当性在于执行纳税义务，以及在交易中保证它们按照"合法利率"（注意不要把它与"强制利率"混为一谈，这非常重要）进行流通。最后，让我们再为"新钞票"加入作为一般流通中介的这个特征——所有权被负担利息的公共债券所特有，每半年可以按照固定利率支付一次，不过为了便于传播之目的，需要每天进行计算和标注。相应的结果是，这种"收益记录"（revenue-note）就把迄今为止似乎都不可调节的两种功能统一起来了；无论是在保持投资抑或是在防止投机方面，它总是表现出完全有用和完全有利。

这种纸币的直接的和具体的特性是，即使是最小量的资本，也不会允许它们每时每刻都处于不活跃和非生产性的状态。在接受新钞票与让它进一步传播之间的整个周期里，利息——远不像流动现金那样只是从临时持有人的手中失去——将不停顿地增长。因此，一个人每次挣得的就是他以这样的钞票所支付的，因为在返回流通之前，对于它的暂时持有者的利润来说，它总是已经经历了一次价值增加。

…………

在反思"这种钞票的运行本质"的过程中，我们会立即发觉，这些钞票自发运动的最终结果是：把收入转换成资本……因此，把"这种能产生收入的钞票"（such revenue-bearing notes）引入流通领域，将成为增加资本原始积累的一个强有力的杠杆。如果我们再通过一种正常的和自发的方式去组织它们，这将成为每一次社会财富增长即储蓄金增长的重要中枢神经之一。除此之外，我们还需要杜绝非生产性的囤积或者撤销非生产性的辅助机构，而不仅仅是利用新流通工具进行单独干预。

事实上，任何储蓄金亦即我们用现金形式贮备的部分收入，并不是资本，尽管它们可能会被我们用"资本"这个名目计入到某种花费之中。这些储蓄金并不具有"生产性雇佣"这个特征，因为所有资本的唯一标准就是产生收入。因此，如果要把一个人的储蓄和收入成果转化为资本，他必须给予它们具有易于生产某种东西的必要性，否则，它们始终是"不能生育的硬币"的堆积。它们要么受雇于某些经营机构，要么放置在储蓄银行里。与之相反，如果一个人的收入源于基金而不是源于不生育的现金，那他的收入就直接源于收益票据。很明显，这个收入已经自发地转化为资本，没有任何延迟或位移，以至于单纯拥有这些收益票据就相当于把款付给了储蓄银行。

…………

第三章　信贷和流通的组织形式

直到今天，信贷和流通的组织问题还在两种互相矛盾对立的观点之间来回摇摆：一方面是中央银行的垄断，另一方面是私人银行的自由竞争。我们从一开始就可以确认，这两种观点有共同缺陷：都遮蔽了真理的一个因素。很明显，这个问题与有关商业自由——尽管它的发展速度仍然非常缓慢，但正在日益趋向成熟——的大论战相契合。无论是在实践中还是在理论中，都需要在"严格限制系统"与"绝对自由系统"的双方之间持续进行一个相对平衡的操作。无论怎样讲，这些充满矛盾的学说都具有互相对反的错误，其不正确性恰好在于：它们互相排斥对方。那么，我们应从什么时候开始去理解接下来的问题呢？它从来不是这种或那种直接的绝对肯定，也不是纯粹的简单否定，亦即是说，矛盾双方不是对等的排斥和恶意的相对，是完全能够接受并构成一个常态的问题。当这个问题蕴含的两种矛盾元素发现自己已经在发展之时，那真理就驻扎在它们的相互结合之中，或者说，真理只能驻扎在更严格意义的"综合型组织"（synthetic organization）之中。请大家注意，作为特有前提发展出来的必然结果，这种能够呈现自身的组织不是一个价值中立的"和解"（accommodation）概念——如果它不能同时完全满足相互对立的两种观点的条件，就冒有被双方共同拒绝的风险。它也不是一个模棱两可和软弱无力的"折中"（compromise）——它有且仅有的是"有效协调"（compromise），而不是对立利益的调和。与之相反，这种组织必定处于一个引人注目和具有较高级别组织性的发展中期，亦即是它不仅居于矛盾双方之间而且是消除了对立双方各自的上述极端片面性的发展结果，必将把对立双方的相反优势和对立特征结合起来，使它们成为具有更高级本质的组织——尽管它此时已经拥有了自己的独特本质——的一体化要素。因而，商务系统的问题并不是不能有效解决，除非我们放弃了现有的推理程序而采纳了"有机组织机构"这个概念。有机组织机构这个概念将给自由竞争的优势添加一种积极的、正面的和保护性的影响，而不是保持目前存在的消极的、负面的和制约性的影响。换句话说，我们只有一方面摒弃"封闭体系"的独断论，另一方面又放弃"放任主义"和"自由航行"的消极理性主义，转而采取一个积极而有机的系统——其基本准则是"帮扶与发展"（aid and develop），这个问题才能得到解决。

…………

总而言之，放任主义和自由航行的时代与封闭体系时代一样，已经成为过去式。从今往后，科学的基本原则是帮扶、发展和组织。同时，它们也是组织的基本原则，因为它们意味着：公共领域与私人领域之间、机构与个体之间、集中利益与分散竞争之间，将达成正常而积极的共识。

…………

劳（Law）曾经对雷金特（Regent）说："主权应该给予信贷，而不是接受它"。毋庸置疑，这是在政治经济学没有形成之前产生的最富有成果的思想之一。事实上，这个观点几乎是不可能被理解的：在成功地组织了一个独特的、中央的、有保障的货币体系之后，国家会自发地放弃同信贷和流通相类似的一般组织的基本属性。（通常的理解是）政府发行纸币的权力是一种不允许被任何合理挑战的权力；然而政府几乎从来没有宣称过它拥有同发行信托基金完全相类似的权力。恰恰相反，国家在任何时候都会发现，自己不得不求助于信贷，却又不能敞开自己的胸怀去发展信贷——这就是信贷之所以存在的源泉和关键。这样一来，国家总是在自身之外去谋求、磋商和兑现看起来像单纯商业股票那样的国债，所以国家不知不觉地屈从于"另外一种法律"①，无论怎么讲，支配法律的主体本应该是国家。

有一些社会生活功能，从本质上讲应该完全属于政府的属性（但事实并非如此）。这对于那些深受"非正常发展"之痛的国家来说显得更为必要，因为这些社会生活功能总是关注普遍意义上的美好、幸福及其终极目标。因此，一种社会生活功能牵涉的公共利益越多，它被集中化的必要性就越强。如果这种集中化是"有机的"（organic），我们就能够远离那些因为放任自流的私人行为造成的任何形式的瘫痪或无效。否则，我们在实现集中化过程中就很难理解、把握和评价"有机化"。反之亦然，社会生活有机化有助于进一步肯定、证实和强化社会功能集中化。政府是社会的"心脏"，那么社会必然呼唤政府创造并提供一种有机力量——它从来都不是带有破坏性的排斥力，而是带有趋同的牵引力和有益的辐射力。从这个意义上讲，政府的干预行为肯定是自然和有益的——它从来不涉及压抑、禁止或排斥这些问题，而是把众多有分歧的利益群体提升到一个更高境界并使它们围绕一个共同的目标团结起来。另外，政府应尽可能地终止或避免干预，因为特殊利益从来不会觉得自己与公共利益发生了直接碰撞。在不存在剥削的情况下，政府的干预行为反而会束缚、损害或阻碍社会生活的发展。所以，无论对私人还是对企业而言，政府的有机行为有助于实现利益最大化。有机体原理不仅适用于普遍自然法则，而且在经济学原理中也完全适用。在政治经济学领域中有一条绝对参照标准必须严格遵循，即考察

---

① 特别提醒读者，切什考夫斯基的"另外一种法律"的说法，是不是让我们想到了"市场经济中的'看不见的手'"。——译注

政府行为是不是有机的。很显然，再正常不过的有机实践恰恰与我们这个时代的行为方式是完全对立的。当政府的现行做法取代了被证实并非消极无为的行为之时，政府的行动就拒绝了本来具有普遍性的实践活动。这只会使政府的有机组织化程度的提高受到限制和阻碍，从而呈现一种特殊性。为了与有机工作原则相适应，信贷的最高宗旨就不是追求剥削，而是成为一种非常显著的政府功能。

…………

金融资产就是社会有机体的再生性血液、营养成分和分配要素，是后者生存和发展的充分必要条件。现在，让我们来设想一下，世界上有没有这样一种有机循环系统：它既丧失了心脏，同时也没有中心器官把静脉血（亦即"总资产"）转化为动脉血（亦即"可循环和可再生的资产"）。虽然这样的案例在纯粹自然秩序中是存在的，但我们会发现，它完全只存在于低水平组织系统即植物系统之中。由于缺乏合适而健全的有机组织形式，信贷与流通迄今为止还始终停留在纯粹植物形式水平，所以资本流通的活力严重不足，甚至连花花草草都不如。在有机化大规模实现的条件下，让我们把信贷和流通提到一个更高的组织水平，让我们创建一个"心脏"来为它们提供类似的"血液"。

论波兹南大公国知识分子与工人的合作

（On the Co-ordination of Intellectual Aims and Worker
in the Grand Duchy of Posen，1843）

为了在波兹南大公国敞开一个科学与人文生活的"炉膛"，为了提升致力于精神普遍进步的人们的工作能力、工作能量和工作效率，在波兹南建立一个进步之友协会是可取的……大公国是一个小地区，但能够向四面八方"撒播"这种志向。事实上，我们在各式各样的"内耗"中不断浪费掉了艰苦劳动取得的成果，因而我们寻求通过普遍联合去达成我们想要的结果——让这里存在的所有元素互相补充而不是互相排斥。

…………

实现这个协会宗旨的直接手段如下。

（1）开展口头和书面的开放性专题辩论，讨论普遍利益涉及的所有问题。

（2）根据丰富的文献材料，每季度或每月定期印发一份协会杂志，它包括文本阅读，或者协会会议出席情况以及引起的相关争论。

（3）创办或设置那些受人欢迎的自然科学和精神科学课程，或者是那些易理解并对掌握普遍知识非常必要的课程。为了这个目的，我们应该按照许多英语协会的模式来设置这些专门课程。

（4）建立一套竞赛和奖励机制，鼓励成员为社会或个人认为特别重要并值得专门研究的问题提供解决方案。

（5）关注所有的科技型企业，通过私人途径去帮助它们解决凭借自身见识或名望无法解决的各项困难。

当我们说要建立一个严格的、完全把政治排除在外的科学评论之时，人们通常都会这样认为：科学评论所具有的正派名望、无党派偏见和坚定意志是它得以存在的首要条件和不可或缺的保证。我们根本不赞同这种观点……我们协会将使专门论著和专题辩论的内容尽可能地"政治化"——但不是在原来的阶级意义上使用这个术语。换句话讲，从协会孕育出来的所有科学探究和所有脑力工作，应该坚决摒弃（过去那种）毫无价值的抽象思辨、枯燥乏味的智力游戏或不会产生任何积极成果的科学研究，而首先应当始终如一地把社会幸福和谐和人类精神进步作为最终的归宿。

…………

因为评论内容会涉及国家、社会、每个个体的道德问题和物质利益问题，而这些问题恰恰又是党派分歧的主要原因。这样自然会导致接下来的问题：我们的评论到底站在哪一个党派的立场？似乎我们的回答又将包含了一个反问题：哪一些党派不属于我们？

…………

如果一个政党规模小、眼界狭隘、目标有限，而且还丧失了至关重要的上进心，那它已经沦落成了"小集团"（coteries），不再是政党。事实上，摆在我们面前的任务是如此重大而艰巨，以至于没有时间允许我们进行琐碎争吵。无论怎么讲，从特殊事物中总结、归纳和提炼出普遍性问题，并用独特的辩证眼光去理解、把握和评价每一个普遍性问题的特殊性方面，这不仅是我们一直以来的愿望，而且（甚至）是我们义不容辞的责任。召开政治会议，需要各方会聚一堂，共同参与、协商、制定和解释法律法规。科学会议也应当如此——正如我们召集的这种协会，任何派别都不应该无视会议制定的规章制度。每当讨论结果违背了某一派别的愿望，要么有"消极的手"举起来挫败或维护这一措施，要么有"积极的手"举起来从另一个立场提出一个新措施，只为了阐明和实现自己的观点。

让大家注意，我们的党派合作不是也不应该是一个联盟。所有联盟都是天生软弱的、短暂的甚至有害的，因为联合因素通常会相互转让利益，并因此背离自己原有的宗旨和立场。利益转让将会导致原有立场不断削弱，联盟迟早也会因此而彻底破裂。我们应当关注的，不是相互妥协让步（mutual concession），而是争取共同进步（common progress）……与此相类似，调解党派之争的愿望无论如何都不会被人指责，因为我们提出该愿望本身就是值得赞美的，而且它总是或多或少属于怀有敬虔愿望的"家庭"。

我不仅要准确描述所谓"党派和解后双方相互的正常关系"，而且还通过与接下来举的一个例子的相互比较来刻画我们正在倡导的"党派合作"。

这好比我初次听说有一种叫蒸汽机的东西。因为听说水和火的共同活动能使机器移动，有人就往火里倒水去实现两者的直接统一，其结果是：水浇灭了火，蒸汽也白白地蒸发掉了——谁知道他有没有烧到自己呢？这个人就好比你们口中的"党派的调解员"。真正能够实现水火相容的人则与之相反：首先，他要建造一个气缸和蒸汽引擎；然后，再把水倒进蒸汽机里并烧上火——这样一来，原先相互否定（亦即要么熄灭或窒息，要么消耗或毁灭）的两种元素，现在却被完美无瑕地结合起来，并为我们展示了一种伟大的正能量。"虚假的统一"只要求废除党派，殊不知党派之间的有机合作反而会提升它们。

…………

关于评论的内容，除了辩论之外，批判也将构成评论活动的一个重要组成部分。在我看来，在伦敦和爱丁堡创立的《英国评论季刊》毫无疑问是值得我们效仿的——因为它与"文学分支"这个概念完全对应，让它在波兹南得到重生是非常必要的……但是，辩论和批判仅仅是科学活动中的一个被动和（通常都是）否定的元素。当下，我们主要关心的应当还是科学活动的主动和肯定的元素——我们把它理解为"国家精神在目前局势下的最重要的要求"。批判，通常是一个社会不成熟或者过分成熟的标志。一个尚未进入社会生活实践全面振兴氛围的国家，它会出自本能地把批判活动当作知识分子的"磨刀石"。反之亦然，一个或多或少已经退出社会生活实践全面振兴氛围的国家，会再次把"反思性批判"当作国家精神的"代言人"。但是，一个处在有机状态下的社会只会关心自己的创造力，无暇顾及这种批判。这就是人们为什么会把这个问题——是批判文学抑或是有机文学占思想的主导地位？——看作评估一个国家精神生活水平的最可靠的指标之一。

如果不是我们自己犯了巨大的错误，有机时代早已向我们显露端倪。这个发展趋势——今天，许多年前就欣欣向荣的诗歌正让位于严谨而绝对的科学——就是有机时代到来的预兆……因此，专门从事有机精神活动的科学协会也许会成为我们这个时代最受欢迎的"炉膛"，它倡导的科学评论是我们抵达历史终极目标的最可靠的手段之一……因为，协会的行动力是以加速度和几何级数增长，而个人的艰苦努力通常只不过是以一种单调乏味的算术频率在前进。

…………

毫无疑问，在现代文明国家组成的"大家庭"之中，我们仍然是一个年轻的部落。请不要为我们的年少轻狂而脸红，因为它充满了力量；请不要一把推开一个能赐予我们"自我意识"的手段和工具；也请不要轻易推卸我们正在拼命呐喊的神圣天命。

…………

综上所述，我想要表达的是，我们的努力不仅有助于促进本国人民和本土因素的自我教育，而且有助于它们完全符合人类的普遍愿望和时代的基本需求——对满足这一条件的各种企业、组织和机构的不懈努力，请不要再有任何怀疑。事实上，我们的时代已经达到了能够意识到"有机组织理念"这种程度。在自然而纯粹的事实发展过程中，过去那些发达国家迄今为止都未曾注意的那些个性独特、看上去羸弱无力或无关紧要的新东西，经过各种形式（方法或手段）的和谐合作之后，现在正在重新建构自我，并且更加自觉、更加活跃和更加积极地朝着它们"如其所是"的方向和目标前进……协会确立的宗旨就是这种充满朝气活力的"有机统一"理念最重要的表现形式之一，而有机统一所蕴含的这种活力则是人类未来行为的典型特征。这种理念应当在科学领域传播发展并不断渗透到其他领域，它应当去照耀、指导和引领人类未来行动的方向。

论改善农民工的条件*

(On the Improvement of the Condition of

Rural Worker, 1845)

我们赞同制定我们这个方案的作者的一个观点：自从废除人身奴役与强制劳动服役以来，我国农民的处境，无论是在物质上还是在精神上，总的来说都有显著改善。因此，我们也就非常愉快地达成如下协议：通过对大型农业地产项目进行适当的统筹协调，去提高农场工人（farm-hands）的经济条件。与此同时，我们仍然不得不说，我国农村人口中还有一个最落后的阶级——在宽泛的意义上讲，就是由临时工（day labourer）和手工业者（hand-work）构成的阶级，他们并没有产权所有者那样的能力，因而也就无法明显改善自身的生存状况。这个阶级已经陷入了混乱与瘟疫——正如我们的方案反复控诉甚至一心想要去证实的那样，这让我们感到它是社会倒退（的象征）。

…………

我们计划的第二点涉及农村年轻人的关爱教育问题，特别是在开放地区建立白天托儿所的问题。毫无疑问，在目前为止的所有提案之中，这是我听到的最重要和最有益的建议。托儿所这种机构已经得到所有国家的承认，特别是英国和法国，因为人们已经从中体会到了它们是多么的重要——当然，人们也无可非议地把它们看作是一种真正的大众革新工具……总而言之，我个人认为，这种机构甚至比学校更重要、更有必要。在学校，孩子们的主要任务是学一些阅读、写作和算术方面的知识，然而

---

* 这是切什考夫斯基在 1845 年 5 月 17 日为勃兰登堡和劳西茨的游行所做的一次演讲，这次演讲比他在省农业协会第二次全体会议上的发言更早。因为这是演讲稿，我们在翻译中尽可能体现演讲稿的风格，比如，出现在括号中的话语就是演讲过程的插言。——译注

在日间托儿所，孩子们则是学习"如何生活"，并从孩提时代就形成良好的生活习惯。因为生活习惯在某种程度上会告知人们，什么才是井然有序、热爱社交、和谐融洽的社会生活方式，所以一个人在早期获得的生活习惯对他后半辈子是非常有益的。

…………

毫无疑问，设置日间托儿所是面向未来的唯一手段，因为它影响着正在成长的一代，对当前并不会产生多少影响。尽管人们不得不承认，父母不再为照看孩子而远离工作，这可以显著地改善他们家庭的经济状况。无论怎样讲，这种手段总是体现在教育意义上而不是体现在经济价值上。然而，经济具有众所周知的重要性（我们协会内部在大多数时候都承认这个事实）——人类伦理道德和精神幸福也需要直接的物质基础，毕竟高尚生活首先要有发展的温床。

…………

为了让工人得到更好的报酬，各种措施被推荐，也确实值得推荐。例如，据我所知，在波兹南大公国的某个庄园里，所有员工都比附近庄园的员工多得两个泰勒；在每年年底，员工并不能收回这些额外支付款，它们依然存放在政府经营的庄园中；若干年之后，庄园只会以利息的形式亦即以一种资本增值的形式返还给工人。这种做法发挥了强烈而有效的激励作用，也防止了工人反复而频繁的流动。借这个机会，我忍不住还要说一说另外一种津贴形式，我在过去几年已经实验过了：我让村民聚到一块儿，首先，让他们推选出最优秀和最有组织性的男女工人；其次，再让这些工人根据自己挑选的职位以及功劳大小来提出相应的奖赏措施。选择结果非常客观公正。这些被推选出来的工人立即得到了庄园给予的报酬，而其他人也能把它看作是一个特殊的、不公正的赞扬标准。不过，自从我强迫工人们确认了自己的价值之后，这种贡献奖的道德影响大幅提高了。

至于第四个手段，亦即鼓励节俭和把多余工资存放在储蓄银行里（这种银行，哪里需要就应在哪里建立它）。首先，请允许我回应一下（大家的质疑）：一个人在建议把储蓄作为手段之前，他必须提供储蓄的手段。在此，我们好像正处在一个循环之中。储蓄能改善我们乡下人的经济状况，在我看来，它非常正确！只不过，坦率而笼统地讲，在乡下人经济状况改善之前，要储蓄是不可能的。但不可否认，任何地方都有例外：有政策优惠地区的人们，或者其他地区的特定群体，都将发现自己或多或少有机会积蓄一些便士。即便如此，我也要试问一下贫困地区的那些勤劳农民：难道微不足道的嫁妆就不能被看作是一个例外吗？而且我还要追问一下大家：对于临时工来说，他们想要购置一小块土地是否完全可能呢？答案当然是"没有可能"，因为在我们要求他们厉行节约之前，我们必须给予他们赚钱和节约的手段。

（在本方案的末尾处，我们还会再次回应上述讨论）。

鼓励雇主在寒冷的冬天晚上为雇工提供屋内工作的机会，如果这很容易安排，当然善莫大焉。不幸的是，事实并非如此。当我们深入调查之后发现，这个看起来非常简单的问题是同另一个更为复杂的问题联系在一起的。给很多地区带去财富的纺纱与织布，现在因为机器生产而剥夺了人民群众致富的所有努力。用这种语气去指责机器生产将使我们离希望越来越远。当然了，我只是陈述了一个事实，因为不管怎么讲，大量的纺纱工和织布工存在，可能损害那些收入可观的消费者群体的既得利益。因此，我们面临的现实需要是，精心筹划一个新的方案，让工人们在空闲时间也能找到一份新工作。

如果把分散的个人集中起来从事集体性工作，那是非常容易安排的，因为私人工作正越来越丧失其重要性。随着时间推移，众多的工业分支机构从城市转移到开放地区将变得越来越容易——这是目前才出现的一个自发现象。凭借日益完善的通信和流通手段，将使以前觉得是不可思议的东西成为可能，比如：在不久之前人们并没有听说过铁路，更别提什么高速公路了。尝试着让农业生产或多或少地参与到工业生产中，毫无疑问是我们时代的任务之一。但是，我们首先必须确立共同利益，并用一种符合其本质的方式去安置它们。

…………

至于其他手段，诸如：给那些长期坚守岗位且忠诚如一的服务人员支付特殊报酬；通过签发职业资格证书让农民工树立更大的责任心；要求农民工参与教堂服务；让雇主树立一个良好的榜样——要么让农民工自己挑拣（前面已经讨论过了），要么让他们畅所欲言以至于能够自主地宣布自己制定的协议。

…………

我们从一开始就避而不谈农业主的地位和经济状况……他们完全可以自主，因为他们有这样的能力，也因为他们或多或少有办法去这样做。临时工和农民工的情况却完全不同。他们除了一双手之外一无所有——即使这双手也是大自然恩赐给他们的。除了修建学校，社会并没有为他们做过其他任何事。但是，社会能为他们做些什么呢？政府也会出于"善良意志"而给予他们财产吗？他们该从哪儿获得财产呢？概言之，农业人口就应该被管制或者被边缘化吗？也就是说，我们个人能够从如此支离破碎的土地和土壤之中有所收益吗？不可能的。即使它不是不可能的，也会严重伤害到国民经济。那么，要改善这个落后阶级的经济状况，我们应该做些什么才能找到那些最现实和最富有成效的途径呢？

我们可以用另外的方式去帮助他们！给这个阶级一个可带来持久收入的前途和希望是完全可能的——这将刺激他们的勤奋和活力，使其拥有如同授予他们财产一样的动力。事实上，它还可能为日渐增长的收入开辟道路。一言以蔽之，让他们参与农业生产管理，并从普遍增长的农业资本的收益之中获得相应的好处。这仅仅需要一套易于执行的统筹安排——大体说来，这个安排不会加重任何人的负担，对雇员和雇主都是有利无害的。

人们通常都会认可这个说法：最明显的改进，或者最重要和最成功的发现，只不过是对人们很早就知道但很少去注意（因为它们的价值不是显而易见的）的事实进行普及推广和大规模应用。例如，增加短程牵引力是为了提高工厂流水线的水平，人们早就对火车机头进行了长年累月的试验；设立流通银行也只不过是中世纪私人商业实践的权宜之计的普遍化。诸如此类的案例都印证了这个道理。因此，如果我们提出的实践方案以前没有被合法化，现在已经经过了严格理论证明和实践检验，如果大家还要贸然拒绝它，那将是一个非常鲁莽的错误，因为世界上根本不存在前所未闻的全新事物。

在我们这个地区，与过去紧密相连且微不足道的事实是众多庄园的管理人员的社会地位和经济状况。众所周知，管理人员和经理人除了拿到他们的固定工资之外，还要在庄园的纯收入中按照一定比例进行分红——这是他们日夜操劳的获利。既然实践经验已经表明和证实了这种做法的优越性，那我们就应该把它广泛运用和普遍推广。现在，阻碍在农民工中也最大限度地普及和推广这种措施的原因是什么呢？一个庄园井然有序的生产，不仅需要有效率和有激情的管理者，同样需要有效率和勤劳工作的工人。我忍不住要问，用奖赏管理人员的办法同样去奖赏所有工人即庄园运行的所有参与者，为什么就那么困难呢？一个被证实对某个人有利的办法，一定对所有人都是有利的；能够非常容易地确定管理人员的纯收入提成的办法，同样能够非常容易地应用到更微不足道的劳动者身上。这只需要建立一个标准模型去测量工人工资与管理人员的工资之间的比例关系。因此，一个年工资只有 20 个泰勒的工作人员的盈余提成是非常容易判定的，相对而言，一样同等重要的管理者的提成却要多出数百甚至数千泰勒来。

我们提出的这种措施将产生什么样的直接后果呢？那将出现道德感召和经济影响这两种功能的叠加效应。受到激励的农民和工人将超越这种外在的、强制性的雇佣关系，进而从对雇主的利益漠不关心（如果确实不需要规避这种风险——虽然我们不应该自欺欺人，那它也是一个经常性的麻烦）转向与其亲密或积极的合作。毫无疑问，到目前依旧存在的人为孤立，事实上让所有乡村居民间存在或多或少的利益矛盾。现在，他们忽然发现自己好像围绕着一个焦点团结起来了——每个人都真心希望庄园繁荣昌盛，因为这事关每个人的利益。农民工的勤奋将会因此被激发，并持久地鼓舞着他们和管理者——实际上也就是和庄园本身——建立一种真正意义上的道德联系。随着文化事业的发展，以及农民工经济状况的改善，他们的眼界和前景将不断地开阔。简而言之，人们不仅不再会感到有一种没有联系或没有希望的分离状态，反而会发现应该以道德和物质的方式把自己同财产利益完全绑定起来。

…………

当我就我的公共安排项目与几个朋友进行沟通交流时，他们把我的注意力吸引到了由安哈尔特—哥达公国的财政议员艾伯特起草的一个经济计划上。艾伯特提出，把一定比例的土地担保给农民工经营生产，并根据收成情况给予他们实实在在的酬劳。这个计划奠基在完全正确的参与型经济原则之上，它的外观给人一种"亚当·穆勒（Adam Muller）的序言"的感觉。不过，我必须在此勾勒出这个原则在演变过程中可能出现的完全错误的发展路径。瞥一下艾伯特的建议就足以使我确信，他们把工人置于非常不利的境地。用土地生产总收入的 1/6 或 1/8 来维持农民工（包括法定的劳工和手工业者）的基本生活怎么可能呢？众所周知，土地总收入的一半，即使在有利皮重原理的情况下也要多于 1/3，必须计入生产成本的。再者，还必须得承认，给予农民工实物报酬还必须要考虑给他们造成诸多不利的情况。我从一开始就质疑这个计划，亲自到现场调研之后，更加确信它不具有普遍适用性。我专门提及此事是为了警告人们，不要过于草率地从诸如此类没经过实践检验的方案中得出定论，也不要把艾伯特先生不应该得到的赞誉嵌入到脑海之中去并深受其影响。

…………

现在，回过头来就我提出的方案做几点简要总结。

首先，有人可能会提出怀疑：普通农民工是不是能够真正理解这种净收入分红的参与模式；比例核算会不会超出其理解能力。我相信这不会成为问题。即使它是一个事实，经过一年的具体实践，问题无论如何也将自动消解。一旦劳动者在年末发现自己拥有了一些剩余的泰勒，那么他们先前的犹豫就会消失。

…………

再者，你们可能也会产生截然相反的疑虑：农民工对参与模式理解得非常透彻，那么一旦他们意识到他们在庄园中的利益，他们将要求拥有共同参与庄园事务讨论和决策的权利……然而，这种反对理由没有考虑到一个重要事实：庄园拿出来分红的收益只不过是整个生产的溢额部分，而且绝对不是固定不变的；工人的收入要想得到无条件保障，完全取决于庄园的纯收入。

可以肯定的是，如果手工业者和农民工的整个生计都依靠庄园的收益，如果他们也愿意承受庄园生产的所有波动，亦即是他们也想更多地参与到庄园管理的利弊之中，那么，他们在某种程度上应该声称拥有共同管理的权利。在当今环境下，人们几乎不需要追问成立这种企业的结果是什么。只要工人目前的收入在任何情况下都可以维持最低生活保障，他们就会坚决支持并推动这个方案——它将为激发工人奋发向上的活力提供独特的服务功能，他们就会坚持细心保护庄园的一切利益。每个工人的收入增长越快，他就会越努力地去减少庄园的"维护成本"（无论是疏忽或浪费，还是各种固定的或变量的财产清单的无效利用，诸如此类的消耗都可以使不必要的维护成本快速上升），他参与的净收入自然就会不断增长。在任何情况下，工人获得的都不会少于他现在付出的，因而，比起有效执行命令，以其他各种方式干预企业管理的正当理由都会消失殆尽。

出于这样以及其他方面的考虑，我更加确信这个方案将会起到更好的道德促进作用，而不仅限于冷冰冰的法律关系。事实上，我犹豫了很长一段时间：我是应该在农民工和临时工的劳动合同中补充一些法律条款呢，还是把它当作口头承诺？经过反复斟酌之后，我暂时决定选择后者——在我们的庄园，员工对我的信任就是有力的证明。虽然我知道劳动合同协议必然会形成直接而深刻的印象，但我还是坚信：鉴于新奇安排和不可能决定都属于提前到来的未来情况，我必须让生活法则而不是让一纸空文来支配生产。而我唯一不变的信念是，允许生活法则自由塑造自身关系以便更有利于它的正常发展。可以肯定，部分补助金在某种程度上可维持酬金的特征，但是，只要它没有从生活之中合理而自然地发展自身，那它这个特征又有什么用呢？我们对现实生活的关系不可以有任何先入为主的偏见，而应该始终如一地让它们塑造自身，因为理论与实践之间的互利互惠关系不会总让生活世界受无罪压制。理论如果想要正常进步，按理来说首先要与现实的实践活动事实建立关联，概括、提炼并把它们提升到可以依其名义而自足的原理之上。然后，实践活动无论如何都会在思想的引领下不断地追赶理论。接下来，实践又会发展出一些新的原则——直到理论尽其所能地吸收完这些经验，有机地塑造出自身并回归到"生活世界"——到这个时候，实践变得既成熟又强大。

一个波兰人的预言

(Prophetic Words of a Pole，1848)

    颠覆地基已经动摇的古代社会，并在它的废墟上竖立起历史发展第二阶段的界碑，有赖于一个崭新的民族部落诞生。这个民族部落与先前世界的主宰者格格不入——它与生俱来就有与后者截然不同的倾向和爱好，却拥有符合精神发展需求的因素。今天，我们再次强烈要求新时代的人民，与我们团结一致，摧毁旧的世界格局，解开它包含着的互相纠缠的因素，用救世主代替战争，去为人类带来伟大和平——简而言之，就是开世界第三时代之先河。这些新时代的人民，必须有别于那些在迄今为止的历史中占支配地位的人，与他们既不完全相容也不完全对立，更不是没有任何实质性联系，因为在今天，这已经不再是一个绝对否定的问题，而是一个真正中介起普遍作用的问题。同过去一样，为了找到一个合适的人民部落，我们现在已经准备就绪，因为人类在每个时代总是缺乏它所需要的伟大人物或者伟大人民……

    …………

    这个部落呼唤这种新角色，不总是因为它天性放荡不羁，而是为了拥有自由。在没有找到自己该扮演的角色之前，它时刻准备着、勇敢而不是虚张声势地投入战斗。正是这样的部落，尽管它总是遭到邻居永无休止的攻击，但它从来不攻击邻居。这有助于它与"伟大人民"的称号相匹配——充满热情、富有自我牺牲精神，不仅不顾甚至反对维护自己的个人利益。这个部落的使命是把对基督的爱从私人素养转化为公共品质，并使这种美德从个人流传到人民。

    …………

    在它发轫之际，这个部落就不知道什么是文明的，也不知道什么是政治奴役。它的所有成员，主要表现为农夫、自耕农和名流，从孩提时代开始就要不断接受各种训练，如议会协商、日常饮食、群众集会和体育锻炼等，以此形成爱社交和讲民主的生活方式。这个部落富有远见地"播种"下了这些品质优良的"种子"，无论言谈与举止都长期立足于时代前沿，而其他部落的言和行则仅仅根据自由民的情况来进行调整。这个部落的所有成员，尊敬长辈，对其温顺谦恭；他们不能容忍主人凌驾于他们之上；他们几乎不会根据命运或出身来确定社会权威，而更多的是根据被证实的美德来选举权威。甚至这个部落更愿意把权威托付给那些私有财产少、来历不明或试图鼓舞受压迫人民的人。就像古罗马人与执政官辛辛纳图斯[①]一样，当斯拉夫人呼唤他们的布里米斯拉夫（Premyslav）和皮雅斯特王（piasts）到办公室来宣布未来尊严之时，他们发现，这些大王要么在田间耕种，要么在陋室写作。"要和平，不要战争"这个信条始终引导着斯拉夫人参与选举，因此他们绝不会选举狂热的好战分子，也不会像日耳曼军队那样带上盾牌去参加选举。他们力求找出最睿智、最能干和最坦诚的人作为他们的首领，贤能地统治他们，公正地评判他们。

…………

迫于时代的需要，斯拉夫人引入了世袭制，然而他们并没有完全丧失"偏爱自由选择"这种能力。斯拉夫人即使在被命运无形抛弃之时，他们也无时无刻不在历史舞台上展现自己，从谦虚的原始斯拉夫家庭酋长一直到强悍的波兰共和国国王。在命运不断嬗变的过程中，斯拉夫人尝试过各式各样的政体，从最堕落败坏的无政府主义一直到最腐朽没落的专制主义。后来，他们才突然意识到，自己并不需要刻意去追求单一性政体形式；在公共精神的调节和鼓舞下，仅需要把这些彼此矛盾对立的政体形式进行有机联合，就能确保普遍性的繁荣与幸福。他们确信自己付出的代价对未来具有更持久的优势，就像真正的自由总是依赖规章制度一样，真正的普惠制度也依赖自由。

斯拉夫人的民主协商经常无法达成一致共识，然而却非常容易达成协议，因为他们的脑子总是晕乎乎的，却充满了善良意志；他们喜欢争论，

---

① 辛辛纳图斯（全名 Lucius Quinctius Cincinnatu，公元前 519~前 430 年），古罗马政治家，曾任古罗马执政官，其事迹带有神秘色彩，是传说中的圣人——品德和意志的化身。——译注

但绝不会争吵；如同他们总是热情洋溢地接受善意劝诫一样，他们在热爱国家方面一直充满无限信心。他们表面上的不赞成却不是实质性的拒绝，因而总会让外国人感到莫名其妙并给出较为正面的批评。不过，这种批评并不是不怀好意的中伤，因为这不是他们性格的特殊缺陷，而是对公共生活普遍不适的征兆。雅典民众是如此，英美暴徒也是如此。挣扎与冲突是生命的体现，一成不变和顽固不化是死亡的象征。

…………

因为他们讨厌城堡、要塞、城市及所有中世纪建筑，这很容易推断斯拉夫人为什么不允许家臣和奴仆结婚生子。的确如此，外国土地上结出的果实是不能适应斯拉夫的田地的。尽管一代又一代的日耳曼人在斯拉夫土地上不断地进进出出，但往往总是损害了他们本国的特色——经过后来斯拉夫君王们的努力，我们已经能够很好地处置日耳曼因素和拉丁因素。然而，虽然这个民族拒绝了那些伟大的中世纪机构，但它并没有使自己与这些精神出现疏离感。尽管缺乏一种封建骑士制度，斯拉夫民族也是高贵的、勇武的和侠义的；尽管缺乏一种中间阶层，斯拉夫民族也是民主的、聪慧的和具有公民意识的。

对这个民族来说，取代不可接受的封建主义及奴仆又适合于自身发展的是什么呢？想要创建的既符合本国国情又能替换异己要素的社会结构又是什么呢？

它没有创建什么，只不过是奠定了一定的基础，因为要求它参与历史活动的时代还未到来，而且与这些人民相对应的社会阶层（estate）也没有发展壮大。随着历史呼唤，接管主权的人民走向前台，历史所要求的全新社会阶层也会转向行动的竞技场。这些具有较高地位的中产阶级已经在履行人类的神圣使命，并在历史中发挥了极其重要的作用。今天，属于最后一个阶层活动的时代已经来临；这个到现在为止也一无所有的阶层，从现在开始它将是一切。在所有民族中，斯拉夫民族恰恰就是这个阶层的典型代表。

这就是人们会有这种发现——在斯拉夫民族中，除了拥有一种天然讲民主的高尚品格和一群天性擅长社交的人民之外，既没有封建贵族，也没有中间阶层——的根本原因。这种历史现象能够被很好地解释：斯拉夫人为什么在先前社会模式下不能塑造自我。更确切地讲，斯拉夫人长期居住在农村，过着公共性的生活，自古以来就把全部时间和精力花费在原始公社、定居点、村庄和住处上。简而言之，因为整个生活方式都是以统一、部落和团结为基础的，所以他们是"绝对新鲜的社会关系"的预言者，而其他部落完全不知道这一点。迄今为止，这些崭新社会关系的重要性都没有被人类意识到，因为提示它们"历史现身"的时钟仍没有被敲响。当这些崭新社会关系处在适合于自己发展的那个时代，斯拉夫人不仅会赶上而且将超越过去时代创造的所有荣耀与辉煌。通过这种方式，人民群众才能最终实现共同合作、共同参与、民主自治——对于未来社会的这些特征，当今时代只能拥有一个"暗示"。

…………

从斯拉夫人的天性——鼓励普遍团结和憎恶一切分隔，我们就可以自然而然地得出这个结论：世俗王权与中世纪规定的精神权威之间的分裂，必然对立于斯拉夫人的统一精神。斯拉夫人的社会生活是国家与教会的统一；他们口中的"神父"（ksadz）一词，既有国王的意思，也有牧师的含义；因此神父既是世俗首领，也是精神领袖。就像古罗马家庭的"一家之主"那样——他既要管理政治事务，也要处理宗教事务，斯拉夫人自己也是这样履行家庭职责的——他们在古代就已经是"神的仆人"，可直接向上帝献祭，不需要通过任何种姓等级来充当"中间人"。斯拉夫人不知道有两种真理（prawda），仅晓得一种真理，这个真理就是严谨的法律（prawo）。这就是他们为什么总会把本属于国家事务性的活动按照神圣的、宗教性的仪式来安排。在当今世界境况之下，死守规则的地方无疑是呆滞乏味的；而只有在精神自由的条件下，生活才会生机勃勃。

…………

上帝颁布的真正律例是公正！对公平要求得越多，上帝给予他的就越多。那些命中注定要成就大事业的人，必须通过自己辛苦付出才会获得他们应有的美德。出生在自由的天堂，呼吁实现自由社会之发展，斯拉夫人品尝过"善恶意识之树"结下的果实，开始知道世界上最邪恶的东西就是与精神的本质和使命背道而驰的东西——不自由的地狱。因为被上帝无限丰富地赐予，所以，斯拉夫人允许他人不公正地对待自己，以至于达到了这样一种程度——其国家的名字成为奴隶（slavery）的名字。因此，事情终于发生了：今天，这个种族在地球的整个表面上占据了无限广阔的区域，你再也找不到这样一个小角落——在那里，数百万人中的一员可以宣称自己是自由的。

…………

这个到目前为止还在遭受诅咒的种族，终于接收到了救赎的好消息。请大家知晓并确信，这个经历了不公正对待和遭受了殉道一般浩劫的国家，为了赎回这个世界的政治罪孽，早已下行到了奴隶制地狱，并席卷了那里的一切。在精神的赞颂中冉冉升起，这个国家将要向世人展示：第二个时代已经完成，轮到它登台亮相和演出的钟声已经敲响。你已经穿越了不自由的"炼狱"，遭受了无以复加的苦难，你值得成为上帝的眼睛，向自己的世界宣布自由时代已经来临，并带领全人类登上天堂。

…………

记住：奴隶曾经拯救过这个世界，今天该轮到斯拉夫人民来拯救世界了。请大家记住这个告知真理之人说过的话："为正义而受迫害的人是有福的，因为他们属于天国"以及"哀恸的人有福了，因为他们必得安慰"。[①]也请大家记住这位先知说过的话："谦卑之人必拥有土地，并以幸福繁荣为乐。"[②]

伟大的和平、巨大的安慰，这就是你的目标，这就是你为之努力奋斗和承受苦难的主要措辞。记住这些，不要遵循他人的意见，即使你被他人诱惑。在这决定性的时刻，不要允许自己进入别人的"圈套"。来自地狱的力量正在等待别人说谎话，但不要否认或放弃你的使命，因为你现在已是上帝的子民。

---

① 《马太福音》5.10，5。
② 《圣经旧约》中的《诗篇》36.Ⅱ。

我们的天父

(Our Father，1848)

序言：精神的存在方式

思想的所有秘密都可以通过语言来洞悉、领会或理解。无论你思考什么，你只能通过你的语言来表述和把握它。一旦存在下列情况——你确信自己没有完全理解它，或许你确信自己在感觉到它之前构思过它，或者在预先推测之前想象过它，以及你还肯定过它没有发展成熟到成为思想——你不禁会发现，你什么也不能表达，什么都把握不住。因为，语言不仅是一切思想形成的"预兆"，而且是思想形成的标志。在缺乏反复揣摩和深入思考的地方，语言表达的总是不充分的；在思想还仅仅只是梦想的地方，你只能"以头抢地耳"，因为你发不出一个具有实质性意义的音节来。

从本质上讲，思想与语言之间存在一种不可或缺的相互制约的关系，两者不可偏废其一。更确切地讲，虽然语言所指的思想只能用语言来表达，但思想给予了声音或符号一个本质含义——没有思想内容，声音或符号毫无价值。如此循环往复，思想实现自己即从它的潜在状态复活过来的表现形式，恰恰构成了带某种精确指定的现实进入敞开状态的动力，从而为我们所理解和把握。把思想与语言的相互关系归结为其中的一个方面——无论是"还未说出的思想"还是"未加思考的语言"，都是非常冒失的。同理亦然，无论把它们说成是"没有语言的思想"还是"没有思想的语言"，都是极其荒谬的。

…………

为了阐明并证实永恒思想——"万物是藉着语言而造的；凡被造的，

没有一样不是藉着它造的"① ——的这种说话方式，所有时代的智慧都从未动摇过。的确如此，在纯粹知识领域，从"我们开始清醒地理性思考"② 的时代一直到今天，每当我们进行清醒推理之时，随时随地都会意识到，万事万物无不处于思想和语言对立统一的规律或模式之中，也无不立足在知识的基础之上。从这个意义上讲，历史哲学最终找到了自己最值得骄傲的地方——认识到思维与存在之间互相依存、互相对应的统一关系；认识到理想与现实的同一性在语言之中产生了特定的秩序③，并且在行动之中完成了智慧之巅的建构。在具有有限性的整个真理领域内，再也没有会比这个认识更普遍、更丰富的结果了，也再没有比这个观点更广阔、更无限的适用性了——恰如前所示，"万物依上帝之言而造"和"万物依语言变得充实丰满"。

一 历史自有天意

（一）什么是"我们的天父"？

1

神圣的主啊！世界究竟正在发生什么？

真理正全面恢复活力，但谬论还是无处不在，这令人心情愉悦的同时又多么让人反感！地球仿佛穿上了节日的盛装，为受苦受难的民族呈上了葬礼的挽歌。整个人类沉沦在放纵与不幸的海洋中：放纵让人乏味，不幸让人绝望！

已被上帝召唤的人围在尘世的筵席上觥筹交错、恣意放荡，这令那些没有被召唤的人咬牙切齿。不过，地球是所有人共同的墓地，因为圣人们已经说过，尘世的餐桌再也没有多余的位置留给他们了。公共事务自私自

---

① 《约翰福音》Ⅰ.3。原话是：万物是藉它而造；凡被造的，没有一样不是藉着它造的"，作者在引用时进行了改动。——译注
② 参见亚里士多德对阿那克萨哥拉（Anaxagoras）的评价：阿那克萨哥拉的"努斯"（nous，具有理性、心灵、精神的含义——译注）在本质上已经是一个越来越完善的精神原则的"预概念"，如同柏拉图的理念、新柏拉图的逻各斯（Logos），等等。
③ 经院哲学家的"实体即主体"（Verum et Ens），对于笛卡儿和斯宾诺莎来说，是精神属性与广延属性、物质规定性的关系问题；对于谢林和黑格尔来说，它们却是思维与存在的同一性问题；等等。

利，私人事务让人觉得很不光彩。虚荣用神圣来伪装自己，而美德却变成了虚无。世俗权力已经毫无道德可言，而基督教会也日益老朽不堪。每个人都在使用——更准确地说是滥用——上帝的语言，但没有一个人生活在其中，或者说上帝的语言从来没有在任何人身上存在过。人与人之间的兄弟情谊早已明确并被反复称颂，但该隐①的罪行仍在人群中蔓延。在这里，进步被看作是一种罪过；在那里，罪过反倒成了进步。在这里，生命是强大而邪恶的；在那里，死亡是邪恶和强大的。生命出现似是而非的状态，因为它已经感染上了死亡；不过，死亡也同样是似是而非的，因为它正在孕育着生命。

瞧！展现在我们面前的是：未曾预料到的工业奇迹、不可想象的科学宝藏、巨大而狂热的苦力留下的财富不断增长的痕迹、锡巴里斯人民②不敢梦想的奢华、想象力不敢描绘的传说中的提坦巨人③的那种力量。然而，也是在这里，人人都在遭受饥饿和干渴之苦，并以一种不可言状的渴望在呻吟着。这一切为什么会发生？它将导致什么样的后果？科学知识究竟做了什么？工人们辛苦劳作挣得了什么？富人们的黄金购买了什么？国家歌颂的英勇行为在战争中赢得了什么？如此多辈人的眼泪最终会洗刷掉什么呢？

神圣的主啊！这个世界究竟正在发生什么？

原以为仅会在历史中发生一次的危机在重复发生。既然人类还是人类，那么人类家园发生的第二次危机就不是第一次危机的简单重复。旧世界正在逐步消亡，一个崭新的世界正在诞生——第三文明时代已初露端倪！

这可能吗？我们自信而勇敢的内心世界富有如此众多的"活力源"——它们都是用取之不尽、用之不竭的世界资源武装起来的。因此，在人类思想发展过程中就不知不觉地树立了压倒性的确信——这个世界如此强而有力，以至于它可以恣意挥霍自己的力量；这个世界如此博学多才，

① 该隐（Cain）是《圣经》中的杀亲者，为人类祖先亚当（Adam）及其妻子夏娃（Eve）所生的两个儿子之一。因为其憎恶弟弟亚伯（Abel）而把他杀害，后受上帝惩罚。——译注
② 锡巴里斯是意大利南部一个古希腊城邦，在与克罗托那的战争中被毁。在古希腊城邦中，锡巴里斯人民（Sybarite）非常富有，而且生活奢侈，他们总把玫瑰花瓣撒在床上睡觉，生活可以说安逸至极。Sybarite 的原意指"锡巴里斯人民"，现在引申为"奢靡逸乐的人"或"过奢侈生活的人"。——译注
③ 提坦是希腊神话中曾统治世界的古老的神族，这个家族是天穹之神乌拉诺斯和大地女神盖亚的子女，他们个个力大无比。——译注

以至于它不再相信或怀疑什么；这个世界如此精明、如此坦诚，以至于无论何时都要诚信去支付。难道你确信世界会对自己无动于衷吗？这个世界每时每刻都将向新世界退却，准备让后者舒舒服服地舒展开来，这可能吗？

回想古罗马帝国的最后一天，以及它以往的强大和英勇、不可战胜的军团、有条有理的法典、掠夺来的所有黄金、每年从全世界粮仓运回的谷物来满足它的市民，它就是那个时代的主人。回想古罗马帝国的道路、沟渠、苦工和比赛，最后请牢记：无论是在古罗马帝国诞生之前抑或是在它灭亡之后，任何人（神）都无法与它的命运女神①相提并论。并且，也请你悄悄对自己说：如果这一切都是太阳神设定的，那还有什么是太阳神不可设定的呢？……也请大家牢记，是巴尔萨扎（Balthazarian）②的狂欢和劝诫打断了他们。最后，回忆一下救世主讲得清清楚楚的告诫：诺亚时代和"游客时代"——在那个时候，太多的人"热衷于吃、喝、结婚……买和卖、种植和建造！"他们盲目自信自己能等到"诺亚进入方舟或游客离开罪恶之地的那一天"。③ 请牢记与警惕！

那么，我们的世界也会遭受如同古罗马帝国或俄摩拉城④那样的命运吗？是否还有波浪滔天的洪水——由鲜血和黑暗构成的洪水——会再次蹂躏我们的地球呢？啊，不！不会再有可摧毁地球的洪水了。不过，如果你自己执意要放纵它们漫滥，你就可能会遭遇失败，就可能会被淹没。然后，它们会像漫天狂舞的暴风雨那样，不问青红皂白地席卷一切人——无论是邪恶的人还是善良的人。但是，这股洪水既不会湮灭民族，也不会灭绝人类。能不能阻止它们，完全取决于你自身。想必你现在已经看到，人性的彩虹正悄然形成，它是终极而永恒的誓约兑现的标志，是人类得到安详慰藉的"征兆"。领悟到这一点，你将能揣摩上帝的方法和手段。

今天，为和平哭泣的人们，不再像过去那样是些任人宰割的弱者，而是浑身上下充满了力量的那些人！他们不再纯粹是和平鸽，而是衔着橄榄

---

① 福尔图娜（Fortuna）是罗马神话中最古老的女神之一，其名字取意拉丁文单词中的"幸运"一词。作为命运女神，她司掌着人间的幸福和机遇。——译注
② 巴尔萨扎是中世纪传说中的一位智者。——译注
③ 参见《马太福音》24 和《路加》17。
④ 俄摩拉城象征罪恶之城，据《圣经·创世记》所述，该城因居民罪恶深重被神毁灭。——译注

枝的秃鹰；也不再是凶神恶煞的秃鹰，而是为了战斗正在武装自己的鸽子。这意味着什么呢？简单来说，那些似乎正在追逐私人利益的人，才是为民族利益呕心沥血的人；那些似乎仅为了自爱而把自己投身于绞刑架的民族，才是为整个人类而不懈奋斗的民族！当我们明白了这个道理之后，自然就会为他们感到悲伤，因为前者是由于无限贪婪摧毁了自身，而后者则是凭着无限牺牲奉献了自身。无论是前者的贪婪，还是后者的牺牲，虽然都不能证明：毁灭到底是无价值的还是注定要夭折的，但我一直对后者的"甜蜜的苦难"和对前者的"苦涩的喜悦"充满了无限同情。我们也非常同情那些迄今仅知道"精神无快乐"的人，因为他们开始有了一丝"甘愿永远受苦受难"的征兆。

啊！拯救我们吧，恳请主拯救我们！拯救人民，拯救民族，拯救人类！

今天，人民、民族和人类的救赎完全取决于它们自己，而且只能取决于它们自己。祈祷上帝恩赐的时代已经成为过去，行善得报的时代已经拉开了帷幕。仁慈已经完成了她的进程，补偿时代已然出现。免费礼物时代已经成为过去，终极审判日悄然来临。请相信，拥有足够多才能的人才会被委以重任（拥有足够多财富的人将会受到主的严惩），让我们数一数富人们赚了多少。埋没自己才能的人可耻，充分施展才能的人光荣！

当人类还处在不成熟的时候，它自然是在监护人的精心照料或严苛体罚之下成长。今天，随着人类日渐成熟，它已经意识到了自己的力量并渴望自由地运用这些力量。让人类过上属于自己的生活吧！让人类为自己创造应许之地。

啊，尽管我们拥有了财富和力量，但我们依旧贫穷和虚弱！啊，尽管我们拥有了经验和训练，但我们仍然无助和怯懦！尽管我们的民族是上帝灵感的信使，但迄今为止没能得到充足发展。是不是该由人类自己来承担起改造自身先天不足的使命呢？哪些地方需要智慧？又是哪些地方需要刚毅精神呢？这里只有混乱的精神、贫乏的心灵、不健全的性格。在没有星星、没有指南针、没有舵手的情况下，我们这些贫穷孤儿能够用自己的桨和帆船完成从旧世界到新世界这个可怕的横渡吗？

基督是你的舵手，他告诫人间的兄弟之爱是你的指南针，他教给你的圣经是你的启明星。在这些祈祷语中，他向你列举了你横渡所需要的一切——在其中，他向你展示了你迄今为止仍在努力追求的、目前已经在着手准备的、将来终会实现的每一件东西。通过时代的不断实践，你每天都将如愿以偿地获得这些救生本领。因为基督也是被迫从天父身边离开的，所以他承诺不会抛弃你这个孤儿，并且自始至终都在用他那双神圣而仁慈的眼睛注视着你。从一开始，他就设法在你的记忆之中植入了有关未来信息的记录，到你成熟之时就可接收到这笔遗产。基督的遗赠——他的《圣经》——就是他的永恒誓约。对于整个人类种族来说，这个遗留下来的、向你展示了通向安全避难所的正确道路的不朽丰碑，是一系列神圣天启的一个终极而根本的表达，是先前所有天启的最终完成与彻底实现，因而它是"天启中的天启"（Revelation of Revelations）！

2

有无数座有关神圣思想的不朽丰碑，在它们自身本质之中既包含着永恒真理的保证，又承载着对它们阐述的神圣概念不可动摇的证明。通过这些丰碑，我们就不可能被人类直觉迷惑，同时也不可能被自诩是真正智者的错误思想带入歧途。这些思想丰碑同样是博爱、智慧和自由的隐喻性表达，它们在特定的历史境况中总会及时地揭示、诠释、敞开后者。丰碑的意义是永恒的，然而它们的意图却是暂存的。因为它们是在精神发展的某一特定阶段中表述永恒真理，所以这些思想丰碑也就被"镌刻"上了某一历史时代、某些社会状态突变、某一具体人类社会的标志性符号。因此，这些思想丰碑包含了一个或若干个时代中的诸多元素的具体特征——这些元素要么可以界定并阐明它们所在的时代，要么可以反映当时正在统治人类的一切力量和观念。

举一个例子来说，伟大人物总是他所在的那个时代或国家的所有元素的人格化表达，那么在他们自己的命运、行动以及这些行动的结果之中，他们给出了一个不可置疑的"上帝全能"的保证，以至于每个伟大人物都可能是一个经过上帝周密考察并得到他适当默许的"天意使者"。同理，这些全面反映了人类精神特定领域发展状况的精神丰碑，就会成为自然界的一般陈述或天理的普遍代表、新时代发展方向的指示标，并且它们还会不断印证、彰显或强化"上帝赋予人类历史非凡的重要性"的识别功能。如果有人能客观公正地说，伟大人物都有各自时代的"恒星"——只要还没有达到其目的或完成其使命，它们既不会动摇也不会坠落，那么就会有人像这样子去理解、评价、比喻人类社会中存在的这些思想丰碑——它们本身也像是引导某一特定种族或整个人类不断前行的"恒星"。它们既是国王的指南针，也是牧羊人的指引者，仅仅当它们被引领到"应许之地"之后，它们才会坠落或燃烧殆尽。

这些思想丰碑以及像它们这样的语言，足以弥补人类记忆的缺失——这种缺失有时会在个人和民族的事务中误导我们。所以，这些思想丰碑是人类的思想和状态的过程表达，是人类社会重要进步的典范。让我们感激不尽的是，尽管历史发生过许多令人困惑的偶然事件（其解决方案是批判的任务），但天意设计却相当地巧妙，可以通过竖立纪念碑的方式把历史发展中出现的所有事件沿着既定路径排成一行。这样，批判活动既不会毁灭，也不会被破坏，而且有助于我们在杂乱无章的细节中把握整体。

有这样一座丰碑，它比其他丰碑巍峨得多；有这样一颗恒星，通过自身独特的闪烁来发出最耀眼的光芒，并最先照亮人类的前进之路。这就是我们人类世代歌颂的和代代传承的基督教祈祷文：我们的天父。

3

在过去的 18 个世纪里，有千百万人都背诵过这个祈祷文。即使在今天这个时代，每天也有数百万人在背诵它。我们差不多可以"百万"为单位来计量它的评注、释义、布道、冥想、注释以及讨论。它们在诗歌和散文之中一直都是焦点话题（最近正在成为一个热门话题），尽管如此我们必须承认：直到现在，我们依然没有完全领会和理解它在神学、历史学和哲学上的价值和意义。它与过去相关，但还没有紧紧把握住现在和未来；它最首要的因而也是最重要的预言，至今为止还没有被我们完全感知。简而言之，祈祷文的永恒意义和世俗目的还没有被发现。

由救世主本人亲自传授的这个具有普遍性和日常性的祈祷文，我们迄今为止仍没有完全理解和把握它的真正含义。在某种程度上可以这样说，人们只是在盲目地背诵它。乍看起来，这个断言似乎有些粗鲁无礼，甚至是不敬神的，然而事实上的确如此。甚至可以说是不得不如此，因为与祈祷文蕴含的所有含义相适应的时代还尚未实现。

我们很快就会说服自己并承认，人类还没有完全掌握我们必须祈祷的经文的含义。圣·保罗①为我们提供了一个既不是不虔诚也不是放肆的证明，因为他领会到了救世主所教导的祷告的精髓。他说："圣灵帮助我们的软弱，因为我们不知道如何按我们的意思进行祷告。但是，圣灵也会用无法说出的叹息代我们乞求，而那些洞察到心灵的人知道圣灵的心意。"

迄今为止隐藏在祷告文中的这种圣灵智慧——之前仅仅只有那些能够洞察心灵的人才能领会，现在将向正在祈祷的整个人群呈现自身。

不过，今天已经到了应当揭开祈祷文的神秘面纱——精神性的思想就隐藏在它后面——的时刻，这也是我们超越"精神的伟大行动"的历史时刻。为了彻底实现真正行动，我们需要知晓这种思想。

正如在我们时代的开端，救世主的第一批门徒恳求他说："主啊，教会我们祷告吧！"我们在这个时代的末尾再次恳求："圣灵，打开我们的心灵，让我们可以理解圣经并实现它吧！"

我们为什么迄今为止都要在这种神秘语言中去寻求人类最高问题的解决方案呢？仅仅因为这种语言是一个祈祷、一个请愿、一个由救世主遗赠给全人类的普遍请愿书——它被所有基督教世界接受和重复，而从来不考虑它的教义。因此，它注定是整个基督教世界奋斗目标的表达以及对未来历史的启示。

与基督教徒指向的时间（可能的选择是过去、现在或未来）相一致，祈祷实际上有三种类型。

（1）回谢。在这种情况下，指向的当然是过去，因为人们只能感谢已经显现的"善"，而且只有得到恩惠的人才能报以感谢。

（2）宣言。五花八门的承认、祈求、诉苦、赞美、悲伤、反思，以及所有感情、思想、爱和信仰的倾诉，都属于这个范畴。简言之，即人类在上帝面前吐露的每一件心事。

（3）祈求。在这种情况下，不用说就是面向未来，因为我们从不祈求我们已经拥有的东西，而是祈求我们所渴望的东西。我们迄今为止都缺乏的东西，恰恰就是我们向未来所期望的东西。祈祷者的这类祷告充满了祈

---

① 圣·保罗，亦称圣保禄（拉丁语：St. Paulus，希腊语：Παῦλος，英语：Paul、保罗，约3~67年），原名扫禄·大数（希腊语：Σαῦλος Ταρσεύς，Saulos Tarseus）。早期基督教领袖之一，被天主教（大公教会）封为使徒，也是基督教正教会（东正教）安提阿牧首区首任牧首。

求，因此面向的未来，就是耶稣基督的"我们的天父"。

此外，基督教世界的祈求是普遍的，而且必须具有普遍的意义和名称。基督本人向他的门徒们推荐的，绝不是个别基督徒的特殊需求的具体表达，而是整个基督教世界的奋斗目标的综合表达；它不会为每一个人的单独祈求行为而分别实现，必须是为人类的社会历史行为而整体实现。祈祷者的每个祈求的单独实现，只是作为一个特殊事件而存在；只有人类祈祷的普遍实现，它才是一个影响整体的事件。

因此，让我们把下列观点牢记心头：上帝祈祷文是一系列社会呼吁，因为后者是所有社会的基本需要和强烈愿望的集中表达。通过救世主亲自展示，我们被赋予了人类存在的本质目的。同时，救世主还赋予了我们实现这些目的的具体保障措施，如其所言："要求就会得到"。因此，祈祷文可以被看作不折不扣的神圣天启录，因为它既没有向我们明确揭示"哪个一定是，或者哪个将会是"（which is but that which will be），也没有透露"哪一些是基督教徒个人的愿望，而哪一些是整个人类的愿望"。由此可知，上帝祈祷文是一种非比寻常的预言，高高翱翔于其他预言之上，因而也尤为重要。这恰恰是因为祈祷文向世界透露信息的方式，不是采用个人预言的形式，而是采取了一种普遍性要求的形式，亦即社会呼吁。

4

在这里，一个疑问将会产生：天启录为什么不以看起来似乎更简单和更明确的形式把信息传达给我们呢，比如直接预言这种形式？如果向我们展示"将来会发生"是救世主最关心的问题，那么毫无疑问，他完全可以用一些清楚明白的预言去替代那些隐藏在指示性祈祷文的祈求活动中的秘密，以此直接向我们传达有关未来信息的意识。如果是这样，我们大可不必要等到"能够揭示这些隐藏的真理"的那些时代完全实现，就可以根据已经明确知道的"我们期待什么"去采取相应的行动。

当我们期待某些预言的实现时，我们会把自己置于消极被动之中，甚至经常去怀疑预言的来源，因为我们不觉得自己有实现预言的直接保障。然而，在祈祷之时，我们实际上并没有任何怀疑，否则我们就不会祈祷了，或者根本不必全心全意去祈祷，仅动一动嘴唇就够了。在没有祈祷之时，我们半信半疑。但是，一旦我们全心全意地祈祷，我们立即就在积极地为未来进行策划，因为我们正在用渴望鼓舞意志，而意志是行动和现实之母。

再者，预言通常只是预示某些情况、某些事件；而祈祷活动则是承认需要的本质，没有任何特殊功能。随祈祷而来的是灵魂的努力，把同样的事情做得更好。因此，祈祷既不是预见一个机会，也不是预见某个东西，更不是指向任何可能在这种或那种情况下发生的特殊事件，而是对进步本身的预知以及对实现它的渴望。它关注的不是一些具体事件，而是整个人类奋斗的根本问题：一个成功的结果以及为此而把意志的所有紧张感强加于行动之上。

因此，预言中有关未来的启示只与某种祈求形式有关，因为偶然性是必然性的进步，而偶然现象必然来自永恒的存在法则。于是乎，偶然性的预言就实现了。总而言之，偶然关系是简单生命的生活行为产生的关系。

正因为如此，预言恰好适合世界的第一个时代，亦即已经逝去的"前基督教时代"——我们后面把它称为"直接存在时代"。然而，到了第二个时代即"基督教时代"，预言终止了（因为它们已不再适合这个时代），必须要为更高级和更完整的启示形式腾出位置。

在祈祷文中，通过祷告形式传递给我们的有关未来的启示，是真正美妙的和精湛的——其他任何形式都是虚弱的和不适合的。正如特尔图良（Tertullianus）① 所言，祷告完全是基督徒生活的特殊神经活动，是"信仰之墙"，是一种连续不断的精神紧张。祈祷的人是有渴望的人、有追求的人。

自然而然地，基督希望我们朝着他透露的目标翘首期盼和努力奋斗；希望我们每天甚至每时每刻都要把这个目标放在眼前，直到那个伟大日子的到来，亦即直到我们通过自己的行动和美德实现了它为止。只是渴望和祈祷是不够的，我们必须要亲自去完成和实现这个目标，因为祈祷的自我实现只能是现实的劳动〔时间和劳动（orare et laborare）〕。

上帝祈祷文即遗赠给基督教世界的所有普遍祈求，是未来的真实启示，而且也是最高尚和最完美的一种启示——它不是被动的而是积极的，不是偶然的而是实在的。同时，它也是一种揭示了人类自己的奋斗目标和人类进步的启示，因此它比所有预言、预感和科学都要伟大，因为它是生命的

---

① 特尔图良（或译特图里安、特土良，150~230 年），迦太基人，是基督教著名的神学家和哲学家，被誉为拉丁西宗教父和神学鼻祖之一。——译注

规律，是为人类精神实现目标而做的准备，是给人启发的力量，是把目的与手段合为一体的祈求。

特尔图良把祈祷文称为"福音的缩影"，他的猜想是多么的深邃呀！真正的永恒福音，必将在世代过程中缓慢展开，最终在世界最后一个时代的入口处完全显露自身。它与救世主的门徒们遗赠给我们的启示并没有任何不同，只不过它是自己的见证者和实现者，是启示的启示。因为上帝祈祷文涉及一切最终实现的东西，这为基督福音奠定了理论基础。

5

现在，让我们来找到救世主祈祷文的"钥匙"，去发现直到现在它还是而且不得不是一种神秘语言的原因。我们已经看到，作为一系列祈求，它指向的是未来；这些祈求是普遍性和社会性的，而不是私人性的；它们的实现必然是一个历史性过程；未来提供的东西，对整个人类大家庭来说，都是一件清楚明白且不可改变的事情。

自从救世主亲自教我们这个祈祷文之时起，他肯定就清楚地知道人类还需要什么，将会渴望什么，应该被给予什么。尽管他当时不能给予人类什么，却为人类留下了他的祈祷文。祈祷文是他送给人类的指南针，指引我们进入到现在为止都隐藏在我们视野之外的避难所。如果没有这个指南针，没有未来得到慰藉的保证，他肯定不会离开我们的，因为我们缺乏他带来的启示。

确实，经常会发生这种情况：尽管我们感觉到了某种不足，但我们并不知道我们想要的东西在哪里或者我们真正希望得到的是什么。在这种情况下，我们对"缺乏"只有消极意识，没有积极意识——或者没有渴望的目标，或者没有实现目标的手段。在这种情况下，我们所能做的只能是向上帝诉苦，尚还不是祈求，因为后者已经有一个积极的、富有成果的"路标"指向目标。与之相反，诉苦只是对缺乏的一种消极公布。

救世主明白这一点，他不希望在人类没有导航的情况下就离开我们。针对门徒们的提问，耶稣用由七个祈求构成的祈祷文进行了解答，其中包含了有关未来的七个主要秘密。通过这种方式，基督避免了在没有留下任何有关未来进步的暗示的情况下就离开我们。他不允许我们成为空洞和盲目抱怨的受害者。相反，他向我们暗示：真诚祈求是与人类的命运相适应的。上帝为人类的成就做好了准备。

祷告者的每一次祈求都代表着人类需求之一，它将在世界的最后那个时代得到真正满足。因此，在永恒圣约中有许多文章，当它们被打开时，我们会发现同样多的伟大遗产：上帝赐予我们遗产的同时也号召我们成为它的继承人！

然而，在救世主赐予圣约之时，由于人类尚处孩提时代，所以没有能力继承这些礼物——不仅不能接受它们，甚至无法理解它们。这样一来，这份不可思议而且至今充满神秘感的启示，就作为一份秘密遗产、一种储蓄或一种用七个印章密封的宝藏保存在人类的记忆和心灵中。只要人类没有接近自己的全新状态，只要人类仍没达到成熟的程度，这个早已备好的启示不得不以一种神秘语言的形式潜存在人类的精神深处。只有在今天，它才能被揭示和敞开。

整个基督教时代最大的无知在于它把自己视为地球社会的终极状态。事实上，它只是预设好了的临时阶段之一。基督本人才能使用绝对语言。但是，为了显露自己并拥抱人类意识，变成了基督肉身的这种语言，至今尚未在我们的世界中即在人类中变成肉体。它迄今为止都没有在社会行动中被揭示。基督在离开地球之时说："我的王国不属于这个世界！"但是，他向我们保证过：他的王国终究有一天会降临到这个世界。上帝以坚定不移的保证为我们构筑了一个确切的希望。

救世主当然知道，人类命运不会永远停留在他离开时的那种状态；人类在很长时间内还要为了语言的实现而发动战争。那么，他教导我们要朝遥远的未来继续前进，耐心地等待它。同时，他还教导我们要请求上帝尽快赐予应当给我们的东西——天国一定会来到，只有上帝才能把它带到我们身边。

既然基督所赐的祷告是完美的，其中的每一个表达都是重要的，当然不是因为基督权衡和斟酌过它，而是出于这个原因：在这祈祷文中，他表达了真实的真理。然而，我们不完全地考虑了每一个表达以及它们的每个细节。尽管祷告看起来不太真实，但"启示的启示"在直接或间接地为它提供服务。

让我们详细了解一下我们的祈祷文。构成祈祷文的每一个祈求都是对未来某种关系的单独启示，因为每一个祈求都特别确立了基督徒至今尚未向世界解释或不能向世界解释的某一些元素。上帝把这些元素植根在我们精神深处，并向我们宣布它作为一种秘密而存在。上帝已经在我们身上播下了未来元素的种子，同时他又扼杀了人类接近它的途径。

"我们的天父"包含的祈求可分为两种类型：积极的（或者说肯定的）和消极的（否定的）。前五个祈求是积极的——它们针对基督教时代所固有的缺乏进行一定的补偿，即祈求得到这个时代不能分享的好处。仅仅最后两个祈求是否定的——它们旨在消除某种邪恶，而这种邪恶至今仍旧是基督教时代之所以历史地存在的必要条件。

假定没人能从上述假想得出这个观点：某一善行至今还没来到基督教时代（或者说某一邪恶在这个时代还有生存空间），还在作为基督教虔诚的一种反衬而存在。这是人类眼界过于狭隘和被奴役已久的结果，因为它是一种罪孽，是对关注人类家庭之自由命运的上帝的智慧和慈爱的冒犯。

虽然这个问题在这七个祈求中没有得到明确解决（第七个祈求提到了恶与善的存在，而且我们也在那里观察到，自足存在的"恶"在更高级阶段会自动地转化为"善"），然而初步解释在这里或许已足够了：上帝启示录的生活溪流只不过是人类教育不断发展的过程；在这种教育中，某些暂时的"恶"是不可避免的，它有助于引导人们走向它背后的"善"；人类在行进过程中不得不经历一些贫困，它有助于人类超越和克服这些困难。因此，在基督教创立之时，那些暂时的"恶"是必要的；当基督教完成之时，这些"恶"会自动退却并转变为卓越的"善"。

所以，希望基督教丧失和堕落的那些人，毫无疑问只是在其中看到了一种人为的信条、一种经过深思熟虑产生的礼制，或者是宗教意识的一种附属物，如野蛮人的神秘主义之类。但是，相信基督教来到世界上既不是为了马上吐露永恒真理也不是为了宣告人类处于"黑暗状态"的那些人，他们将在人类宣告真理完满实现或秘密最终澄明之时得到安慰，因为他们知道"没有不被揭穿的秘密，也没有不曝光的隐秘之物"。此外，他们还知道基督说过下面三句话：第一句话是，为遵循法则，基督自己既不会马上消逝也不会向门徒透露人类家园的远方命运；第二句话是对第一句话的补充："我实实在在地告诉你们，就算天地都消逝了，法则在完全实现之前也不会有丝毫损失"；第三句话是，那些已被应许了却未发生的东西，迟早将绝对无误地显现。

对每个祈求本身的详尽分析，有助于我们今天明白：先前时代所希望的一切幸福必将会实现，先前时代遗留的所有秘密一定会被揭示。相应地，我们也将从中揭示出社会秩序的某些阶段性特征，形成有关未来社会结构的观点。

据说，在揭开人类未来秘密的过程中，我们不会得到一些新东西，几乎不会有救世主以前没有应许过和没有用他的话语来保证过的东西。相反地，为了担负起预言见证者的角色，我们将稳步前进。让渴望新事物的人把自己置于当今新闻贩子的麦克风前吧，也许后者可以满足他。他会在他们身上找到一个由真理和谎言编织成的蜘蛛网，但过不了多久，他将会明白：他们从自己头脑推导出来的新东西是错误的，而来自耶稣基督口中的东西尽管很古老却很真实。

与此同时，正如我们所看到的那样，我们始终相信：基督，上帝之子，他的福音书为苦难时代的人类家园所带来的法则和义务，就是慰藉时代必然降临的承诺和保证。因此，让我们与圣·保罗一起见证，耶稣基督的名字是且必将是高居在众名之上的，"不仅在这个时代，而且在未来时代，它都是这样被指认的"。我们将见证：在基督的福音书中，人类既可找到过去或现在所需要的东西，也能找到最奇妙的和谐，而且能够发现矛盾或不充分——它们不仅仅是由可见的时代差异造成。高尚的世俗与和谐的圣经！但是，人类本身，比语言更能胜任基督的见证者的角色（因为人类可通过行为去响应基督的召唤），能够在《新约全书》中重复着基督在《旧约全书》中说过的话："不要以为我们要去消灭法则或杀死先知；我们不是去破坏，而是去实现。"

（二）历史自有天意

1

在人类发展到能够阐述隐藏在神圣祈祷文之中并被基督本人的语言保证过的"应许"之前，我们必须深入考察这几个世纪的发展历程，通晓它们的进化规律并从中推导出第三时代的本质……过去对未来是如此重要，以至于未来如果不奠基在过去之上，那就不仅不是真正的未来，甚至不是想象中的未来。

对"历史有机"概念做出的简要阐述，的确既不充分也不完整，但是它是真实的。我们在此关注的是"历史"这个概念。换句话讲，我们并不关心历史上可能会出现的那些暂时性的东西——它们多姿多彩地从世上匆匆而过，但从来没有冒犯过现实；它们以这样或那样的方式展现自己，但从来不曾错过目标。进一步讲，我们关注的东西是本质的、目的论的、具有精神正当性，同时又是永恒重要的；我们关注的事情是必将要发生的，尽管它以不同的方式重复发生。简而言之，我们关心和关注的恰恰是人类精神的进步、与众不同的元素、发展的主要因素、普遍性的趋势和成就的基石。

万事万物都有必然性，亦即，任何事物都必须表现自身，都必须在命运中揭示自己。但是，有助于它具体化并能起到揭示作用的发生方式、内容和环境却是偶然性的，它们构成历史事件的自由领域。今天，现象与本质相符合，存在与精神相适应，针对目标所使用的方法大约也是正确的和积极的，它们共同构筑了历史自由，从而把必然性和偶然性统一于自身。我们通常所说的人类社会的真实目的、命运以及其生活的必然趋势，丝毫没有反映出上帝赐予人类的自由。或者更确切地说，上帝设置在人类精神之中的自由根本还没有萌芽。真正的自由与人类本身的必然性和偶然性密切相关，只能根据它自己的偏好从其必然性的内在本质之中去阐明外部偶然性的混乱。

我们在此不得不展示精神在一个充满可见方法和可见事件的世界里所具有的统领一切的至高地位，追溯构成历史发展的那些连续条件的相互关系。

2

如果把过去发生的事件看作一个整体，我们会发现，人类刚刚经历了两个截然不同的时代。在时代链条上，经历过的变化以及观点确实数不胜数，但我们能够对其完全相反的特征进行区分，并把它们划归到两个主要时代。这两个时代之间的转折点和分界线就是基督耶稣！

…………

过去三个世纪发生了三场革命，它们分别采取了宗教革命、科学革命和政治革命的形式。但是，这些革命至今尚未成为新时代的基础。它们仅仅是旧时代的毁灭或转化，因为它们只是在恢复原状，只是为被束缚的胚芽带去了自由。它们的表现是值得肯定的，但从原初和整体意义上看，它们的价值却是消极的。

最后爆发的那次革命通常被称为"法国大革命"。法国大革命确实终结了中世纪，但它还不能决定"现代"，因为推翻、动摇甚至崩溃，都不能算作是崭新的社会结构。在这个时期，许多引导个人达成正确目标的伟大手段已经被发现并成倍增长，从而使每一个个体有资格获得全新状态。几个世纪以前，人类利用火药、印刷术和指南针跨越了世界的门槛，而今天，蒸汽机、铁路和电磁技术正在完成它们的历史进程。实际上，这只是中世纪向新世界的过渡时期，新状态并未由此而降临。这就是我们生活的时代为什么如此严重缺乏有机体。它正在争取组织化，但还没有成为它的主人；它正在不断地调整自己，但还没有达到和谐。

3

…………

真正的现代是历史的第三个时代。它迄今为止还仅仅是人类的未来任务，除了先前时代为其奠定的基础之外，别无他物。

由过去事件构成的那两个时代：公元前与公元后，到底是什么关系呢？从它们的本质特征来看，它们彼此直接对立；然而，如果辩证地看的话，它们则是相互对应的。它们的相互关系，如同积极与消极、命题与反命题、存在与思想、现世与后世。我们能从中得出关于第三个时代的什么结论呢？

作为直接的肯定，就是把古代或前基督教时代看作是一个整体。它是世界的最初状态——自然关系的状态。这是一个关于"存在"的世界，世间万物以一种与生俱有的状态存在。正因为必须根据既定的先天法则发展，它们就是被直接规定好了的东西。总之，它是人类家庭生活的自然状态时期。

在整个"自然时代"，自然元素保持着稳定的统治。但是，从人类自我意识觉醒的那一刻起，自然元素在世界的统治力就逐渐减弱，直到与它自身完全决裂。这种决裂最初是由基督来实现的。基督给"被规定好了的世界"带来了绝对否定和无情摒弃，从而打破了先前历史的发展进程，驱散了地球上的自然力量并改造了它的存在形式。基督所建立的第二个时代就是"思想时代"①，它与第一个时代形成了鲜明的对照。第二个（新）时代的诞生反而意味着，它同最初的存在世界即"自然时代"始终进行着不断

———————————

① 直译可译为"逻各斯时代"或"必然性时代"。把希腊语"Logos"译为"思想"，主要是为了使全书译法保持统一。——译注

的战争。一直要等到第三时代亦即"行动时代"的到来，自然时代与思想时代才能实现最终统一，才会完全满足彼此的索求。

....

4

在人类家庭的摇篮中，当最初的意识萌芽之时，我们发现人类完全沉浸在自然界的基础工作（底层）之中。在那个时候，事实上根本没有而且也不可能有精神个体。每一样东西出现仅仅是"全能的自然"的意外行为，它们都是被规定好了的东西，完全屈服于自然。

....

人类在第一次觉醒之时，其思想仍处于襁褓状态：它不仅没有完全成熟，而且能力有限；它既不是无限可能的思想，也不是自我激励的意志；它只具有直接的感觉——一种从自然界的沉睡中首次清醒过来的精神。埃及的狮身人面像将希腊精神置于谜语之中，其谜底是"人"。但是，"人"至今为止都还不是完美的、完成了的或者成熟了的人——它既不是自然的主宰，也不是自己的主人。

....

5

我们从这次历史考察中可以看到，整个第一个时代的奋斗目标就是为了稳步接近精神主权，在自然界中逐渐征服自己，从而进一步脱离自然生活。这种脱离当然是一种进步，因为这是精神的命运——它需要在无限特权之中认识自己，然后与同时代其他灵魂形成更高级和更完美的友谊——不再是最初那种自然友谊，而是彻底的精神友谊。

....

基督徒第一次提出这个问题：怎样才能认识和了解自己。通过自我反省，他们把自己从所有异己之物中分离出来，因为每一个概念都是从分离开始，表现为抽象。只有自我发展才能实现自己。人类通过自己的行动进入生活世界，从而再次"由内向外"，最终变成了事实。在第二个阶段，人类知道了"人是什么"的答案，并且意识到自己天生拥有普遍性和无限性的权利。在第三个阶段，人类的命运是这样的：积极研究"人为什么活着"这一问题，并让每一个个体从社会现象世界进入实践领域，在所有的社会生活关系中实现迄今为止都还是理论上的普遍权利。实际上，这是一个无比伟大与无比富有的命运。虽然人类在我们这个时代已经慢慢长大，但在此之前无法提及！

…………

6

…………

人类精神应该彻底变成一种私人事务，从而抵达自然界生成的自我主义的最后阶段——社会呈现原子状态，根本不留一丝城邦的痕迹。仅仅这样还不够。人类精神必须再经历一场更为彻底的危机，亦即是，它本身必须自我分裂，把统一的自我分解为两个部分，以便发现相互对立的矛盾。因此，人类精神的这种自我分裂会破坏自身个性的基础，将人类共同体撕成一块块碎片！人本来是肉体与灵魂、内在自我与外部非我、行为与道德的直接统一，这种统一最终也会被分裂成碎片。就像古代世界的个人主义慢慢从社会基础的怀抱中挣脱出来那样，当个人成长到能够包含自身基础之时，就会再次推翻这个基础。其中，一个内在的理想元素——"自发的自我"或者称之为"主体"——会把每一个个体从个人主义包裹之中解救出来。同样，因为个人主义，主体会不断消解并推翻自己原有的存在论基础，重建自己的评判标准。

主体有什么用处？它是个性形成的所有细节吗？所有规律和客观关系意味着什么呢？对主体来说，一切身外之物都是浮云；它唯一想要得到的东西，是它自身的立场、它的内心生活，概言之，自我精神的永恒权利。

……但是，主体性只有进入人类自身才会成为现实。对人类来说，这意味着精神最终会退出自然，退出它鄙视的一切感官世界。整个古代都在为实现这种意识而努力奋斗，但它只能为此努力却无法拥有它。"认识你自己"是精神坚持不懈的要求，但仅此而已，因为这是一条没有执行力的命令。这一要求是在基督教中实现的，因为基督向他的门徒揭示了：他是上帝之子，所以众邻皆兄弟。在这一时刻，人类征服了自然，开始认识自己——开始从"他者"视角来认识自己，从而了解到了人类的普遍永恒本质。

基督首先向我们揭示了人的基本精神，揭示了我们所有的邻居！从他被发现那一刻起，他就嘱咐我们要像爱自己那样爱邻居；然后，他又嘱咐我们不要寻求自己，而要寻求上帝之国及其他的正义！我们为之奋斗的正是基督教导的。所以说，基督让我们发现了个体的神圣本质和内在尊严，而不是发现世界尊严。其次，上帝宣告了更完整、更完美的人类团结，以及迄今为止都在共同生活的各异教国家之间的兄弟情谊。最后，他完善了人类的权利。人类的权利不是孤独的，而是社会性的；它不仅具有内在可能性，而且也寓于外在现实性中。

…………

7

古人在历史进程中确实创造出了丰富的精神元素和财富宝藏，并在自然界建立了罕见的权力。所有这些都被遗赠给了后人。但只要人还不是自己的主人，把精神作为追求对象的所有努力和进步，就好像是孤独无助的，而且往往是漫无目的的，因为历史进步的目的和手段正是人类自己！一切都要以人类为中心，因为历史上的一切都来自人类自己。所有发生过的事情都因人类而发生，而人类在发展自身存在的过程中在地球上不断实现上帝的旨意……

虽然有客观世界及其客观关系存在，但是，人类一旦认识到了自己拥有永恒的权利，知道了自己生而自由（虽然此时是奴隶，并且是地上的奴隶），到了那个时候，地球上能够设想的一切权力显然都无法满足他。然后，他还会转向追求到那时为止都不存在的东西。但是，这种脱离了生命核心之前的状态——人的精神对外在事物具有明显的优势，同样是一种片面的抽象……如果古代的片面性不得不且事实上已被基督教的内在性废除了，那么反过来，后者即纯粹内向性的解放也是一种片面的超越，同样面临着与前者相类似的命运。所以说，人类精神必须上升到更高的统一性阶段。

乍眼一看，上述观点的不足和弱点是这样的：古代奴隶制的废除，从某种程度上说，一点也不符合人类的本性——还未出现自由而完整的公民身份，或者说还未出现要求所有个人在世界事务上积极合作的召唤。但是，取而代之的召唤是呼唤人类进入下一个世界王国！对于未来世界而言，这是一个事实：给予所有人平等的权利。至于说今天的日常生活关系，它只是对中世纪奴役关系的否定——无疑是一种比古代奴隶制更高级的社会状态，但它既不完整也不是最终状态，而是过渡和中介。它与社会人的实际命运绝对不一致。

事实上，只要人类自身还处于分裂状态，人就会以灵魂与肉体相分离的形式持续存在。基督教的诞生只解放了人类的一半——揭示了灵魂拥有平等和永恒的权利。但是，自由的灵魂并没有同时关注身体的解放，而是鄙视它，让它服从于自己。然而，人类精神在时代进程中渴望得到的不是那些脱离自由的东西，而是拥有进入下一个世界的权利。人类从一开始就为自己争取这方面的权利，并且通过不断扩大活动领域的办法去一点一点地获取这种权利。在今天，人类大家庭中已很少有原始服从的痕迹，因为相当大部分的人对人的依赖关系已经被废除。然而，即使人对人的依赖关系完全被废除，仍然存在一种实际性依赖，它同前者一样阴险恶毒。恰恰在今天，我们有一个洞察社会天意的伟大任务，从迄今为止都是在抽象的自由之中辨认出各种依赖关系并把它们引入实际生活，使之成为各界人士都知道的现实。现在，迄今为止仍在法律上或事实上受压迫的正派人士必须不断呼吁，并且要一直呼吁到成功获得积极公民身份为止。

确实，中世纪的奴役状态几乎是一个阶级对另一个阶级的依赖，无论是合法的还是实际上的。与奴隶制不同，现在的人们还没有获得真正的、自由的和积极的公民身份。在人民群众达到第三种社会状态之前，人类的奋斗欲望肯定得不到满足。这种理想状态迄今只是一种理论上的权利，但它终将成为所有人的实际权利。我们已经处于第三个时代的门槛上，但即使是最明智的人，现在也不明白社会关系的第三个阶段是如何实现的。

我们同时代的人在社会基础即将发生巨变这一问题上缺乏远见卓识，我们对此不应该感到一丝丝惊讶。在古代社会衰落之前，不是同样缺乏这种远见卓识吗？即使亚里士多德，在他那个时代也没有想过这样的问题：如果没有了奴隶，社会将如何存在？尽管他有深邃的思想，但也试探性地提出了"奴隶制根植在人类和社会的本质之中"的论断——这意味着奴隶制将永世长存。所以，反过来看，我们时代的圣人们也在重复着与"某一阶级对其他阶级有永恒依赖关系"类似的证明，他们也坚信这种证明是奠基在人类和社会的本质之上的。他们当然不能明白，历史同样会让他们犯同伟大前辈一样的错误。

···········

12

···········

当法律表明它比武力更强大以及它事实上推翻了权力之时，毫无疑问，这是精神的伟大进步。但是，法律的到来，只不过是精神在自我实现进程中迈出的第一步——它仅仅标志着权力主宰一切的自然时代的终结和社会性世界发祥地的开端。无论怎样讲，法律的到来也意味着罪恶的到来，因为没有法律就没有罪恶；因为罪恶在法律的庇护下扩大了统治权；因为法律无力抑制罪恶。在这种情况下，必然产生另外一种力量。这种力量可触动人的心灵并把弱者置于它的保护之下，它不仅限制强大，而且最终能打破他们的权力。总而言之，这种力量不仅通过外部强制力使人们远离应当禁止的事物，而且还通过一种内在驱动敦促他们趋向应当努力争取的事物。这种力量就是超越了法律的道德。

精神的第二步发展同样重要——或者更确切地说非常的重要，因为随着道德影响力在广度和深度上的不断提升，法律会自动承认自己无能，并自愿被一种更加积极的方式取代。鉴于法律本身就是一种犯罪，那么积极主动地超越法律不仅意味着进步，而且意味着对法律效力的确认。只要法律证明了自身还有"盲区"，那它就是非法的，就需要有更高级的东西去完成它。

为了辨别"正义"和"非正义"，人们需要法庭来裁决。如果要依法生活，人们仅仅需要自我节制。但是，为了从"坏"中了解到"好"，从"不应当"中认识到"应当"，人们更应该听从并遵循"责任"的声音，尽管已经有适合我们自身目的的法律。在法律缺失的情况下，我们也要学会约束自己，甚至还要为它添加积极的禁令。也就是说，我们需要一种可能不符合法律却符合道德的内在激励，我们需要良知！

在今天，发现良知的本来含义和独特力量不再只是少数圣人的猜想。人民群众自己已经拥有这种能力，而且还把它引入到日常生活之中。这是思想时代应该完成的工作。良知的发现恰恰意味着对具有分裂性、消亡性和严酷性的法律领域的超越，而后者正是"直接存在时代"的一个组成部分。

…………

外部的禁止需要内部的命令。努力争取的理想需要现实的实现力量，否则理想仍然是一个贫乏的、无生气的抽象概念。就像过去法律必须进入并内化为人的存在本身一样，现在道德也必须如此。道德不能被看作是一纸空文或者是直接训诫，而必须被看作是活生生的生命活动。意图必须乐于成为现实，概念必须成为活生生的东西！

通过基督徒的奉献，已经废除很久的自我节制又重新复活了，现在它不仅限于萦绕在异教徒贫瘠而自私的意识中，它已经硕果累累了。简言之，法律与道德已经被有机统一并提升到积极社会生活的水平。这是精神的第三个成就，也是人类实践生活的第三次行动。虽然我们在这里只考虑到了它们两者之间的区别。

13

开启世界的新时代，一方面需要单个个体的成熟。"新主体"比以往的个体更善于自我教育，因而不仅继承了后者的物质和道德遗产，而且超越了他们并接替了世界的领导权。另一方面还需要储备一批全新的人民。"新人民"是一个全新的国家阶层，它既没有被传统习俗污染，也没有被传统思想和感情俘虏，因而根本不同于迄今为止所知的那些阶层。开创新时代是一项全新的事业，它需要整个工人阶级的精神面貌都焕然一新。

通过持续呼吁，那些新主体（主要是"新工人"）似乎被找到。正如基督（上帝）不能进入万神殿（除非他驱逐了所有前任），基督徒也同古人一样无法建立起自己的主体性。就像滚滚潮水可以在平原上狂奔怒号一样，为了按照全新原则建立崭新的社会秩序，新工人阶级会毫不留情地撕碎一切旧联系的纽带，推翻已严重受损的社会基础。

这批新人民，他们作为古罗马人的继承者，注定要为人类重生做出丰功伟绩，注定会携带着全新的精神元素去见证他们的使命。还有什么能给予他们继承世界的权利呢？还有什么能赋予他们资格并为其提供必要的力量去征服固若金汤的罗马呢？……让我们在新人民的发源地去寻找他们的内在精神力量；让我们在他们的社会关系中去发现他们的完全自由；或者说让我们在他们所有社会联系之中去体会真正的独立，诸如此类。他们对战争的热切渴望、他们的个人尊严、他们超脱自我的愉悦及敬畏，不是来自感官，而是来自心灵。对于他们身上这些充满秘密的品质，他们有一句值得纪念的话：良好的生活习惯更有价值，比其他任何法律都好。

在基督诞生前后，法律和习惯分别是各自社会秩序的真正标志。对古人来说，法定宪法是权力，然而对基督教徒而言，道德习惯是权力。值得注意的是，法律只是一种外在力量，而道德习惯已经成为一种内在力量；法律是存在，而道德则是思想、信念、意图在我们身上的善行。由于这些新人民拥有的与生俱来的力量，加之他们天生具有气势磅礴的内心冲动，他们将成为即将到来的、激进的上帝之国的真正代表。反过来讲，因为他们不属于这个世界，所以到目前为止只能存在于我们内部。

完整意义上的人民恰恰诞生于此：他们从各种枷锁中解放出来。虽然没有什么东西能够限制他们，但是这种说法是正确的：没有任何东西能把他们联系和统一起来。他们没有永久的家园，也没有土地所有权——他们既不喜欢土地，甚至也不愿意理解土地的含义。他们没有形象表达自己意志的宪法，也没有切实表达思想的写作知识，甚至没有完全意义上的权力机构。如果有人对这些完美或值得称赞的东西采取绝对自由主义的态度，那他将犯一个大错误。在一定意义上讲，持这种态度的人要么还处在绝对贫困的原始状态，要么处于完全抽象的精神状态。因为位于消极被动或直接可能性的阶段，他的心灵犹如一张白纸，等着被书写。进一步讲，这种纯粹、被动和消极的自由，只不过是想象力恣意放纵的产物，根本不能被称为自由。因为，真正的自由是相当积极和相当肯定的，它不会远离任何东西，也不会剥夺任何东西，相反它会提升和保存一切！你只凭这个标志就可理解和把握真正的自由。

…………

16

…………

正因为人类生活是稳定发展、稳步前进和不容阻挠的，那些相互对立的人类存在状态永远不可能成为固定模式，相反，它们一起共同构成了充满了进步或倒退的运动。因此，追求主导进步的运动趋势是人类共同体的生命表现：先是转向现存状态的对立面，然后一直持续到不可逆转的扬弃，直至最终实现进步。无论怎样讲，这个过程带有一个根本性的转向，发展道路在那一时刻再次从对立面转回先前存在的状态。请大家注意，如我们现在所理解的那样，这种"翻转之路"根本不是返回原点，而是一个螺旋式上升的运行过程。它并没有再度堕落到原点，而是远远地超越了原点，因此在历史运行的轨道上，进步是显而易见的。

这些革命不是堕落而是前进，它们要一直持续到所有那些充分进步了的因素都被耗尽，一直持续到"创建伟大历史过渡的基础"的基调响彻云霄。

如果有人想要独断地说，古代社会是唯物主义、感觉主义和客观外在性的时代，而基督教社会是理想主义、知性主义和内在主观性的时代。他的观点或许部分正确，但这种断言方法在本质上却是错误的，因为片面或绝对地看待事物的这种方式本身就是错误的。即使是"绝对存在"也不能被绝对地设想，无论谁想要这样做都会不可避免地陷入最空洞和最错误的抽象中。如果"绝对"与自身（历史实现绝对的所有元素）的关系，不是它与人类那样的现实关系，那么单独谈论它只是一个空洞的幻想。

…………

基于这种互相对立的二元论倾向以及人类生活不断产生的两极分化，我们不仅可以追溯历史发展的一般特征，而且还可以追溯创造历史的个体之间的特定关系。人类精神的每一个元素，在一定程度上都要经历这种两极分化的过程，无论是在宗教领域还是在政治领域中，无论是在科学领域还是在艺术领域中，无论是在社会制度还是人类生活的习俗和潮流中。它们为我们解开这些悖论提供了一个富有成效的线索。

…………

（三）从历史哲学立场展望未来

1

所有的这一切将把我们引向何方呢？人类精神艰辛地向四处游走到底意味着什么呢？人类沿着一个指定方向千年朝圣，难道只是为了第二个相似周期再次漫步回归吗？历史是不是永远都像失落的灵魂那样，总从一个极端跳到另一个极端呢？我们发现的每一个极端都是虚与委蛇、深不可测和作恶多端的，那是不是中间区域会好一点呢？

事实上，这是一个令人无法忍受的摇摆，一个可怕无比的苦修！……其目的是检验精神的力量并使其自我完善。为了得到完全清晰的自我意识，从各方面去检验自我是非常必要的；为了实现自主的存在，人类不得不自我完善。

上帝旨在使有感觉、有思想和有自由的人性，独自获得一种可期望的自觉意识和自我创造的和谐。因为只有在这种情况下，精神才是精神，它才会发展自我即形成自己的自由系统，正如我们即将看到的那样。也只有在这种情况下，精神才能实现和谐，而这种和谐是它自己创造的。

所谓的"自然历史"就像是为我们制作的一张包含了有机生物进化形式的时间表。通过一步步连续的步骤或阶梯，有机历史就逐渐实现了人类目标的不断升级。人类大家庭的真实历史确实如此。它是那些构成要素的一种积极呈现，从而揭示历史发展进程中的那些辩证的因而也是相互排斥的现象的实际统一。

历史舞台上依次出现并证明具有合法性的这些因素，最初是单一的和彼此孤立的，此后才达成了共同协议。但是，精神的这些内在元素达成一致，构成了外部世界渴望实现的和谐。这就是所有历史的目标。

2

人类发展过程形成的这些阶梯，正好代表了"历史的辩证法"——我们常用这个科学术语去称谓它，因为人类种群必须一步一步地去攀爬这些阶梯。辩证法的所有结果都完全满足"有机整体"这个概念的要求——把构成要素带入完全对立的两个极端，可以解决所有的矛盾。在发现这"两个极点"的过程中，我们也发现了"赤道"——在那里，我们可解答历史之谜。

我们已经知道，如果把历史发展进程看作一个有机整体，那它把自己分解成了两个相互对立的趋向，其中一个实际否定着另外一个。一旦我们在人类历史的多样化进程中看到了完全对立的两个时代，那这种截然相反的矛盾也会带我们看到它们之间的统一。世界历史存在两个极点的事实让我们发现了赤道。两极对各自片面规定性的承认，让我们毫无耽搁地进入第三个时代——在那里，它们将实现综合！

今天，当我们立足于第二个世界或者说世界历史的第二个时代的边界上，人类家庭已经能够猜测到自身谜语的答案。我们本来在很久以前就可以揭晓它的谜底：看看自己走过的路，就会意识到自己未来要走的路。

然后，人类通过历史认识到这样一个事实：呈现在我们面前的人类思想发展的两个主要方向，它们相互颠倒、相互排斥，同时又互相成就对方。通过相反的前进，它们俩互相对应。基于此，人类的因素起起落落，继而发展自己并使自己脱颖而出。此后，为了有机地聚集和团结，它们踏上人类思想发展的第三个方向即和解之路，从而使地球上的人类生命得以实现。因为，每一对矛盾都要通过和解来解决，每一场战争都需要和平来终止！

3

对历史辩证法实现之谜的解答，最基础的测试是找出历史蕴含的"三位一体"——它才是把秩序和统一带入历史的第一动力。在此之前，人们或多或少都是在历史长河中漫无目的地摸索；在此之前，历史学家还在用假设来拯救自己，就像哥白尼之前的天文学家们那样。尽管他们为推测和发明付出了所有努力，但依旧无法实现秩序；因为他们没有看到，秩序代表的是不断进步的永恒法则！

毫无疑问，人们在近些年才明显接纳了"历史有机体"这个概念。对于这个概念，虽然来自博须埃（Bossuet）①、维科（Vico）②和赫尔德等人的前期探索工作是不可估量的，但是在相当长的一段时间里，人类并没有发现它的本质含义及其真正价值。话说回来，这项发现与其说是很多人辛勤工作的结果，倒不如说是时间本身的结果。就像海潮为哥伦布带来"新大陆发现"那样，是时间把我们带到了新世界的边缘。如果我们尚未为抵达第三个时代做好准备，那么我们就不可能一下子看到"历史有机体"的重要意义。只因为我们的目光现在已落在它身上了，我们就要欣喜若狂地喊出来：应许之地！应许之地！

我们对历史数据的理解要达到怎样的精确程度，才可以借助这些数据去完成有待完成的历史呢？对我们来说，只有对进步、连续不断的变化、社会状态演替有了非常清晰的认识的时候，才能知晓历史发展的焦点和目标；只有对那些反常现象有了非常中立和稳妥的解释的时候，才能洞察历史发展的原因和目的！因为有待实现的未来已向我们显示：每一个谬误都潜藏着真理，每一次反常都孕育着前进，每一种偏见都包含着判断，甚至每一次错误都蕴含着某种进步。

因此，世界的第三个时代将从先前时代所遭受的一切可见的损失和痛苦中受益匪浅，因为没有这些社会灾难，就没有历史的断裂和提升。同理亦然，没有这些衰退和流动，人类就不具备生产和维持新社会结构的资格。这种新社会结构与先前社会结构之间的关系就是"活生生的有机体"与

---

① 博须埃（全名：雅克-贝尼涅·博须埃，1627~1704年），17世纪神学家、历史哲学家，法国历史上最伟大的演说家，代表作有《哲学入门》和《世界史叙说》。——译注
② 维科（1668~1744年），意大利政治哲学家、修辞学家、历史学家和法理学家。他为古老风俗辩护，批判了现代理性主义，并以巨著《新科学》闻名于世。——译注

"衰竭而混乱的原始自然力"之间的关系。

只不过，过去两个时代仅仅是人类最高殿堂的两座附楼，只是构成第三种力量的两个力量因素。第三种力量是有机力量，它可把在先前时代所发现的那些难以驾驭的力量和松散无序的元素引向生动活泼、协调一致的和谐状态。它将创造先前人类社会所缺乏的东西，提升被贬低了的东西，团结被割裂开来了的东西，解决莫衷一是的难题，重新获得失去了的东西，在该奖励的地方给予奖励，最终拯救那些被谴责和被唾弃的东西。

4

你或许会这样认为：世界上某一类和谐的实现，是一种现代性的理念——一种崭新的奋斗形式——把协调带入了迄今为止都松散无序和难以驾驭的元素之中。绝不是那样子！从感觉开始，思想、奋斗就为人类家庭带来了勃勃生机。人类精神，一刻也没有停止热爱、渴望和追求真、善、美！一刻也没有停止对幸福的渴望、对和谐的追求、对应许之地的憧憬。在应许之地，真正的和平与真实的和谐可以统筹所有这些元素。

但是，直到人类尝试了通往应许之地的所有道路并且证明了上帝赐予他的一切力量之后，还是没能达到那里。为什么会这样呢？和谐是人类永远向上的追求活动，绝不是一种完成状态；是一种可能性，绝不是一种现实。原来如此！

世界的意义和命运就存在于和谐状态中，人类家庭从来没有怀疑过。在古代，精神的目标已经生活在天真烂漫和质朴天然之中，与自然界和谐相处，其最高的哲学范畴是"和谐宇宙"。在那个时候，人类既希望把灵魂视为和谐，也希望把美德视为和谐。这就是意识、感觉要求的公平和崇高！可是，一切都是徒劳无益，因为它们的原则是错误的。那时候的人们希望精神和谐能作为一种存在出现，事实上精神和谐是一种既不存在也永远不可能存在的东西。他们并没有把和谐本身看作一种现实行动，看作精神本身的一种创造活动，看作一种可以实现的东西。那时候的人们相信和谐存在于某个地方，他们可以偶然发现它，但这既不是事实也不可能成为事实。他们很快就会确信：虽然大自然是真正和谐的，但精神还不够和谐——精神渴望的不仅仅是外在和谐。接着，人们开始接受世界"堕落"的神话，而且也开始明白：堕落的世界不仅事实上缺乏和谐，而且还存在一种深层次的不和谐。于是乎，他们拒绝这个不再美丽的世界，开始寻求一种秩序，并在他们自己内心深处亦即理念世界去争取和谐。但是，在这个方向上也不会找到和谐，因为把自己从感觉世界之中分离出来的做法，恰恰意味着深层次的破坏，是最彻底的不和谐。

然而，这种分离是人类精神的自我救赎，有助于重新恢复它对幸福理想的渴望。世界是一个二合一的整体：消极的和积极的。在抑制不和谐音符的同时，全新的和纯粹的音符又奏响了。但是，不和谐音符永远不会被扼杀。它们重新复活了，因为它们活着，因为它们存在是合理的。它们是全面和谐的必要条件，因为把它们抛在脑后的人类精神会逐步感受到自身存在的某种缺乏。

5

那世界为什么没有和谐呢？如果人们锲而不舍且周而复始地谋求和谐，它有可能出现吗？

正是出于这个原因——人们总是为寻求而寻求，而且只是从这个方面或那个方面去寻求，这注定所有寻求都是徒劳无功的。和谐并不是人们能找到的东西，对一根琴弦进行猛击始终是无效的，因为单弦永远不会产生和音。

和谐可以被造就，可以被创造，因为它只能被创造，不能被寻求。这需要我们不是消极地寻求它，而是积极地创造它。因为和谐不是被给予的、没生命的和被追寻的东西，而是活生生的行动，是精神自己的工作！

琵琶本身有没有和谐的？有没有一种自身就可奏出和音的乐器？没有！乐器产生和音需要艺术家！单纯寻找和谐，好比把耳朵凑近竖琴而不拨琴弦一样！整个世界就好比一把竖琴，它的单一元素是琴弦，人类精神就是艺术家。到目前为止，人类精神一直在学习：它试图在将自己的演奏由不和谐提升至和谐，试图在悲伤中寻找到通向自身幸福的道路。经过反复这样的实践，经过反复这样的开始和练习，目前还是学生的人类精神，最终会成为和谐的主人。

上帝是永恒的主宰。对他来说，整个世界都是天堂，到处充满了永恒的和谐，根本不存在混乱。即使是我们由于缺乏完美媒介而听起来感觉特别刺耳的那些声音，在上帝那里都好像是完美和弦在欢快地流淌。在上帝看来，人类历史就是一曲美妙动听的"琶音"，因为它总是将各式各样的音调包含在永恒的和谐之中；然而对生命有限的我们来说，在琶音的区间内只能感受到杂音，自然很遭罪。

今天，人类已经成为艺术家，那么被先前人类徒劳无功地追求与呼唤的和谐，就会在精神的自由行动中自动呈现出来并透露自己的信息。我们已经看到，纯粹的混乱不能支配历史，支配历史的只能是真正的节奏和秩序。凭借人类精神的自由行动，秩序已经显露出来——这既不是因为我们的预感也不是因为我们的劳作，与之相反，这种秩序经常远离我们并弃我们于不顾。从人类目前的意识来看，我们只不过为积极自由创造和谐以及为实现完全和谐迈出了第一步。

6

和谐是精神的永恒要求，精神迄今为止仍然为之翘首期盼和不懈奋斗。缺乏持续性的请求与婴儿状态或虚弱状态毫无差别。如果某些事情应当如此却实际并非如此，那是谁的过错呢？显然，这是行动之故。

因为上帝才是自主创造者，那么他就是使世界不和谐的原因吗？噢，不！瞧瞧自然界——它恰恰就是在上帝直接指导下完成的完美作品，它的普遍规律被和谐支配，是多么合理和多么美妙呀！像孩子那般可爱！那才是真正的绝对宇宙！

然而，精神世界只能依靠精神自己。请牢牢记住：精神不是也永远不会是给定的、按照机械原理运动的东西。因为在那种情况下，精神将不再是精神。精神是一种活生生的、自我管理、自我实现的存在。确实没错，精神也是上帝的创造物，但它是一件上帝未完成的作品。正因为如此，精神比自然更完美。不，简直是完美中的完美！因为它具有完善自身的能力，并与自由意志完全匹配。

上帝创造的精神能够自我完善。它的尊严在于此！它的不朽也在于此！

在创造和谐之前，人类精神并不了解和谐。积极、自由、独立，代表着它的本质，代表着它的命运。人类精神会抓住它所遇到的一切并吸收它们，以至于通过思想使它们成为给定的存在，并产生行动。

精神在自身中以及在生命萌芽之时，就可能建立起了和谐。正因如此，精神天然美丽。我们把精神元素形成的秩序称为"纯真状态"——只不过，它仍然是一种无意识、无经验和不成熟的状态。原始的天真当然是一件美丽的东西，但只存在于儿童。就像个人必须从童年和谐成长到成人和谐一样，人类种族也必须达到刚毅德性。毫无疑问，德性（virtus）源于 vir①！

精神依赖精神本身，只有使自身成为一种和谐的存在，才能使在摇篮里蕴含的那种潜能变成现实，亦即成长为自己。惟有如此，它才能完成古代诗人的伟大话语：生日快乐（Fabrum esse suae fortunae）！

全能者当然可以立即把人类置于它所期望的终极和谐状态，因为他在其中塑造了这种可能性。因此，他可以使自己免去徘徊之苦、尝试之苦、受难之苦。但正因为他是万能的，他并没有选择这样做，而是选择了要做得更好。

上帝不是一个魔术师，我们也不是任他玩弄的木偶。上帝创造了自由、渴望和思想存在；创造了花朵和果子；创造了与他同生且平等的灵魂。他也将在人世间终结自己。他之所以把自己置于从属地位，是因为他就是万物终点的终点。他号召人类与他共同生活。那么，我们的命运就是要实现我们的幸福，通过辛勤劳动得到永生，创造尘世的天堂！

精神的特有本质，也就是人类出生时带到世界上来的那些特殊礼物，是我们不应当驻足不前的明证和保障，尽管人类至今为止还在这条道路上漫无目的地晃荡。它让我们时刻明白：我们尚未实现自己的目标；我们还有一个终有一天会抵达它的承诺。否则，上帝就不是一个公正、仁慈的上帝！

7

············

在一个可以被找到而不是被自己创造的天堂里，人类只不过是一种野兽或者是一种植物。但是，只要人是作为"人"而存在，他就不能让现状继续维持如斯。因为基督已经为他开辟了通向天堂——自由王国——的道路，或者更确切地说，基督本人就是道路，我们必须通过他进入永生。

精神的这个目标是怎样实现的呢？精神是通过自己特有的方法和措施——通过工作、通过美德、通过行动——来实现的。我们不能只渴望它，而且还要创造它！原因只能是这样：崭新而重生的尘世天堂，必定是精神的事业和杰作！

---

① 如果"virtus"是一个拉丁语词，那"vir"就是一个拉丁语词根。它在书中具体所指称的含义不明确，故保持原样。——译注

8

那么，我们正在进入的这个全新时代的主要标志是什么呢？它的正确任务又是什么呢？答案显然是奋斗，也就是先前时代人们渴望做的。

第一个时代的标志是自然对精神的统治！精神在那时就诞生了，并像一个孩子在自然界里生长发育。随着体力的增长，精神也出现了从童年向青年过渡的关键时期。然后，人类就像青年那样，内在的转变过程就如眼前看到的一切：它是人类生活最艰难、最活跃、最挣扎的时期，也是高尚的幻想与薄弱的意志、信仰与绝望、挚爱与性爱、竞技与决斗、不眠之夜与无果之昼、热情和不满相互搏斗的时期。最后要提及的是满眶热泪更加滚烫，因为它们逐渐溶解并融合为一。

对于迄今为止还处在青年时期的人类来说，随着它的精神逐渐发育成熟并趋于平稳，男子汉时代就来临了。游戏是童年时代的主要任务，它们能使身体不断完善，使感觉变得有趣。事实上，游戏是人类成熟行动的一种"隐喻"，带有象征神话的意义。相应地，知识学习和道德练习是青年人的主要任务，它们能使心灵不断完善，使灵魂变得有趣。同理亦然，通过充实、积极、实践和社交的生活，成年人的主要任务就是使自由意志涌现出来。

在能实现这一切的第三个时代里，人类将一步一个台阶地爬上楼梯尽头，最终进入名副其实的"圣所"，也就是精神的真正神殿。在那里，人类会感觉到就像在自己家里一样，就像在自己的领地之中，就像经历了漫长的朝圣之旅而到达了目的地。即使那样，人类也绝不会停下来歇息。那时的人类，与其说进入了自己的领地，倒不如说进入了自己的实践生活——这是真正活动的开端。

让慵懒的灵魂眼巴巴守望着在某地为它们准备好了的黄金国度而感叹吧！我们必须让自己的双手去耕耘我们的"应许之地"！我们必须早早地播下种子，并像它们已经成熟了那样去照料它们！惟有如此，美好的未来生活才属于我们。在行动中去拥有尘世天堂，恰恰是第三个时代的任务。

第三个时代将是一个相当"安宁"（peace）的时代，但绝不是了无生机的"寂静"（rest）。它们两者之间存在说不尽的差异。寂静意味着工作已经结束，这不是我们想要的生活。寂静是无所事事，因为它是闲散，是不和谐的活动。与之相反，安宁的字面意思是"平静后的东西"或"团结后的东西"，这才是我们想要的。我们现在正在交战，正是为了实现安宁。

寂静的存在是了无生气的存在，以没有冲突而著称，然而，冲突却是鲜活生命的条件。我们的目的只是平息冲突，从而获得和谐。尽管如此，我们既不能削弱矛盾冲突，也不能彻底根除它们。在崭新的生活时代，虽然也有冲突，但它们是一种完全有机的冲突。所有的进步，所有的生命，是且必然是一连串的冲突。无论是谁，如果他拒绝这些冲突，那么他自己的生活将遭受暴力冲击。这些冲突的目标、结果和命运是实现一种有活力的安宁。

在一个健康的有机体中，我们可以描绘出我们被给予的那种有机安宁最真实的画面。在每一个有机体中，都有而且必然有战争和冲突。有机器官彼此之间的战争，就是所谓的生命过程。然而，它们彼此之间也经常进行交流和沟通。所谓有机体就是一种安宁而不寂静的整体，因为彼此敌对的器官的相互作用而实现了自身的和平状态……

9

…………

在今天，天意正在向人类昭示：要消除"现有"和"应有"之间的鸿沟，这完全取决于人类自己；放弃不是由精神说了算，因为人类自身潜藏着一种更深层次和更高级的力量。这种力量是为拯救人类而特意准备的，它有能力在令人惋惜的鸿沟之上重新搭建起一座桥梁。这种力量、这种天赋能力，就是精神发展的最高峰——意志。意志能够把感觉和知识统起来，并使存在和思维"联姻"。这个结合诞生出行动——第三世界的统治者！

经过如此多磨难的人类在今天终于明白：世界不应该存在"现有"与"应有"的矛盾对立；二元对立要求统一；这种统一只能由行动来完成——正如思想产生对立那样。思想是一种分析能力——尽管它总是渴望统一，与之相反，行动在本质上是一种综合力量。因为行动来自对立，所以它自身能实现统一。

行动是所有存在和所有生命的最终极和最具有决定性的试金石。行动统治着宇宙万物，是人类自身唯一的救世主——只有它才能满足所有人的要求，才能满足人类的所有需求，才能解决所有棘手的问题，才能发展人类整体有机生活的所有元素。只有行动才能超越先前存在的二元对立即可见地球与理想天堂的二元对立，并创造出一个有机统一的整体：尘世天堂。

因此，第三个时代的基石是行动——精神的自由工作、意志的自由法则。它就像第二个时代的基石是思想、信仰、信仰法则；就像第一个时代的基石是存在、天然的感觉以及自然法则。

感官发现和体验到了的感觉是什么，理性发现和理解到了的知识是什么；剩下的一切留给精神的意志去识别、去从事、去实现、去完成！

……………

10

推翻古代世界并在其废墟上建立历史的第二个阶段，需要一大批重新崛起的崭新民族。同理亦然，为了统一已经支离破碎的世界，为了调解其中令人不安的元素冲突，为了建立一种伟大的和平，简言之，为了过渡到第三个时代，全新的人类种族不可或缺。这批全新的人民群众，确实不同于迄今为止都在引领历史潮流的伟大人物，但他们不是"局外人"——他们既不反对伟大人物，也不会斩断与伟大人物的所有联系。如前所述，已经顺应时代号召的那批特殊种族正在紧张有序地积极准备着。对于人类来说，从来都不缺乏伟大人物或伟大人民，如有需要，他们可以随叫随到。这批全新的种族人数众多、力量强大且分布广泛，覆盖了地球的绝大多数区域。然而，他们在迄今为止的历史上，不仅被剥夺了与之相匹配的地位，而且极其罕见地保持着低调——毋宁说受尽了蔑视，好像上天为了实现未来的任务而有意保存了他们的力量。

……………

这些人有什么样的特殊才华可胜任这项伟大的工作？那就是他们与生俱来的倾向和习俗，他们天然遵循的法则和传统。这是上帝为他们受难和奉献而特别准备的。今天，当然不可能有且也不需要有一群"充满原始野性"的人民……崭新时代带来焕然一新的社会条件。从本质上说，被新任务召唤起来的人民大众，不反复无常然而自由，不充满敌对情绪然而喜欢战争——虽然不希望打仗但随时准备投入战斗。他们不仅不攻击邻居——虽然自己不断受到邻居的无端攻击，反而热情洋溢地睦邻友好。有时候，他们还会匆忙地投入帮助他人的活动——从那里不仅得不到任何好处，反而使自己遭受损失。

改变基督徒式的爱，把迄今为止的私人关系转变为公共关系，把热爱提升为力量，把个人领域转化为国家领域，这就是这个种族不可逆转的命运！

全新的人民大众在多大程度上把人类自由视为神圣不可侵犯的权利呢？我们从他们对待战俘的态度中可窥见一斑。他们不会像同时代的其他人那样把战俘判为永远的奴隶或者将他们一律处死，而是先把战俘放在一边观察一段时间，如果他们不再有威胁，接着要么释放他们让其自由回家，要么收留他们并在内心深处把他们当朋友看待。

…………

唉！所有这一切都不幸地改变！自由还未成熟，这个时代的洪流已经席卷而来。这个种族也开始习惯起蔑视人类的神圣权利来，开始买卖俘虏并将他们逼作苦役。当救赎的时间到期了，他们也不再会把奴役他们的人视为朋友，而是判他们为终身奴役。

这个种族堕落了，它被赶出了自由伊甸园。因为原罪，因为经不住诱惑，斯拉夫人多年来一直遭受苦难，至今仍然困顿不堪。但是，其他民族或国家为什么却不做如此痛苦的补赎呢？尽管它们对自由信仰破坏更多。

事实上，上帝的审判是公正的！被给予得越多，上帝对他的要求就越多；它如果命中注定要干出一番丰功伟绩，必须先长年累月地服缓刑。出生在自由自在的天堂，斯拉夫人尝尽了地球上的最大的"恶"，经受了地狱般的奴役。他们用最贵重的礼物来敬畏上帝，他们迄今为止都允许自己被其他民族轻视，甚至始终允许让自己的姓氏成为奴隶制的象征！

但是，仁慈的上帝看到了这些眼泪。他会接受这个为了兄弟情谊而被兄弟钉在十字架上的民族所做出的纯洁无私的牺牲。上帝会在这一时刻拯救它，因为他一直在等待这个民族苏醒过来——等待它完成伟大忏悔，等待它恢复初心。

11

让我们更深入地看看这个民族与生俱来的真性情中的某些细节特征吧，以便在模糊的未来中看清楚它将给人类带来什么样的突破，看清楚它将向人类宣告什么样的道路。

对这个民族来讲，天生就不知道公民权利和政治奴役。它的社会成员爱戴自己的首领并自愿追随他们。但是，它的社会首领很少依仗出身或者根据抽签去建立权威，通常是根据个人的所作所为去证实和确立自己的权威，其结果是，他们深受没有人自愿承担首领之苦。就像罗马人有他们的辛辛纳图斯①一样，斯拉夫人也是在耕地里找到了他们的普热梅西尔和皮亚斯特。②

他们的选举不是由战争需要决定的，而是由和平需要决定的。因此，陪伴他们首领直到晚年都不曾减少的威严不是来自世袭，而是个人功绩的结果。尽管他们在"必要压力"下引入了世袭制，然而，他们从来没有完全放弃对自由选举的热爱，始终专注于对老祖宗优良传统的传承。

在验证了所有政治管理形式的适应性之后的历史进程中，他们终于有资格明白：只要不是单一的和刻板的政体形式就足够了；各种政体形式的联合或统一能有效激发公共精神并确保普遍成功。更进一步讲，他们从自身所受的一切伤害中记住了：虽然说他们在未来社会有坚不可摧的回报，但真正的秩序依赖于自由——正如真正的自由取决于秩序一样。

在政治事务和民事交易中，人人心意相通：公断是规则，良心是指导。在他们之中，维护和平安宁的法院欣欣向荣，成为保证国家和谐的强大工具。尽管时刻准备采取行动是各国的通行做法，但你要想在他们国内找到一支常备军却是徒劳的。在面对特定的国土危机的时候，只要进行全民动员就能满足国家防御之需要。因此，如果说斯拉夫民族在和平时期是自由的，那与其说这种自由源于"血淋淋的义务"，毋宁说它源于"闲暇职责"，即从荒废青春的无私奉献中获得自由。另外，它服从"工作职责"，这更值得大书特书地表扬，因为它创造而不是摧毁了整个民众应当承担的义务。

斯拉夫民族只建立了一种社会结构，除此之外，它并没有建立过其他任何形式的社会结构。它是一个独特的民族，这既不是因为它的民族本性也不是因为它的社会状态，而是因为需要它积极参与历史进程的时刻尚未到来。因为与人类发展相类似，当历史呼唤人们进入竞技场之时，每个人都会鱼贯而入并在竞赛中获得所谓的"社会生活身份识别"。身份较高或中等的人（以及民族）已经在地球历史进程中发挥了自己该有的作用，完成

---

① 辛辛纳图斯（全名 Lucius Quinctius Cincinnatus，公元前 519～前 430 年）。古罗马共和国时期的英雄，其事迹在古罗马广为传颂。公元前 458 年，时任执政官的米努基乌斯统率的罗马军队遭到意大利埃奎人的包围，退隐务农的辛辛纳图斯临危受命担任罗马独裁官保卫罗马。退敌 16 天后，他辞职返回农庄。——译注

② 普热梅希尔（Przemyś）和皮亚斯特（Piastów）是波兰传说中两个最贤明的部落首领。据说，今天的波兰城市普热梅希尔是对前者的纪念，而波兰历史上赫赫有名的皮亚斯特王朝的名字源于后者。——译注

了自己应当承担的拯救人类之任务。今天，活动时代正向最高身份者打开大门。最高身份者，虽然到目前为止都没有彰显自己的价值，但它在未来就是一切。在所有民族之中，斯拉夫民族是拥有最高身份者的代表。

正因为这样，你在斯拉夫民族之中既看不到封建贵族，也看不到中产阶级，你看见的只是一种本性民主的贵族，以及一种完全社会性的人民。你是否希望能有明确的证据证明斯拉夫民族就是最终身份命运的拥有者？如果我们询问编年史家：斯拉夫民族对穷人做过什么，亦即对今天所谓的那些无产阶级做过什么？他们会这样回答你：你所说的事情根本不存在——在斯拉夫民族中，从来没听说过有贫穷和乞讨这类现象存在。这是一个值得钦佩——更确切地说是值得歌颂——的事实。只有那些天真无邪而又残酷无情的人——他们把对救世主的话的误读作为依据，相信世界上永远存在贫穷——才会对此感到惊讶。但是，事实总是充满安慰，因为救世主宣布：人类在未来时代将完全摆脱这种不祥的罪恶。

不要以为斯拉夫民族带给世界的东西总是与统一、共同体和团结有关。也不要以为，对日耳曼部落来说，外来的或者无法容忍的东西仅仅是因为触及了家庭关系——实际上它也触及了国家关系。在斯拉夫民族之中，家庭关系和国家关系是以同一种模式发展起来的。父亲、酋长或统治者在氏族中是什么，指挥官、王子或国王在国家中就是什么。就像在家庭之间形成了牢固联系那样，国家之间也是如此。已经锻造出的神圣联盟，是令人难忘和持久的统一，它正在为实现各国或各民族的共同目标而努力奋斗。

在即将到来的时代，所有这些标识是多么重要呀！它们清楚明白地表明，无数个世纪以来的分离状态——人与人、民族与民族、国家与国家之间的封闭孤立状态——已经快结束；团结与共同体的时代已经近在咫尺；每个人与他人之间所有不祥之战终将停止。就像目前为止每个个体不受制于他的同伴那样，从今天开始任何国家既不会向他国举起侵犯之手，也不会寻求征服他国。在这里，使徒预言的伟大奥秘表明，斯拉夫人联盟只是成熟国家的微弱标记。

人们可以从斯拉夫民族追求全面团结的这种天性中明白，中世纪建立的宗教与世俗二分的权威，肯定异质于斯拉夫人的性情。的确如此，对斯拉夫人来说，社会既是国家又是教会；神甫既是王子又是牧师——承担起世俗领袖和精神领袖的双重职责。斯拉夫人不知道有两个真理，他们只有一个真理（Prawda），那就是权利（Prawo）。他们的法律永远是神圣的：宗教仪式就是国家的事业。

无论是在社会、政治或是宗教中，这种精神自由都是斯拉夫人长期追求的和不可剥夺的财富——我们在此没有必要提供什么证据，他们的整个历史已经非常清楚地证明了这一点。尽管这一证据在恐怖主义的破坏性影响下被完全扼杀掉了，但耶稣会的宗教裁判所仍然不可能全部终结这种自由精神。

回想起斯拉夫民族诞生之初的那些岁月，这些历史记忆足以证明：原始社会的斯拉夫人对所有人类事务和所有生活关系都充满了虔诚。正因为如此，他们既不鄙视这个世界，也不蔑视这个世界的神。对他们来说，世界既是世俗的又是圣洁的；世间的每一样东西既不该受谴责，也无不与精神匹配。他们在上帝能看到的地方顶礼膜拜，因为上帝是唯一、无限和普遍的，就像统治天堂那样统治着地球——它存在于这个世界和即将到来的那个世界。斯拉夫人民热爱生命，相信重生。他们看到了这个世界的辉煌和美丽；他们以虔诚的方式耕种土地，并把劳动果实称为"上帝的恩赐"；他们造就了热情好客和果敢刚毅的神，并以这些名义崇拜诸神。他们确实在这个美好世界之中看到了敌对和邪恶的力量，但他们相信这些最终将被抛弃和消灭。

当基督教的阳光后来洒照在他们身上之时，他们公开接受了基督教的沐浴，像孩子一样没有丝毫隐喻或扭捏。德国人试图把信仰强加给他们，如果不是德国人的暴力和贪婪，他们会更加热切地接受它100次。他们强烈热爱基督，他们对救世主告诉他们的一切毫不怀疑。他们也热爱圣母，这个种族中的一个国家甚至为圣母献上了自己的王冠。

毫无疑问，这个种族曾经非常糟糕地管理着上帝的恩赐。它把有些恩赐埋藏在地底下，把有些恩赐贱卖掉了。它已经忘记了太多，并且也没有足够的时间去学习。更为糟糕的是，它没有能力保护自己国家的性情不受玷污。它的耐力在衰退，它的勤勉在懈怠，它的温和在消散，它的清醒在减弱——盲目迷信使信仰变得暗淡起来，残酷压迫摧毁了公共精神。最终，暴君成功了，斯拉夫人遭受了巨大的痛苦——在这里，一些人的道德越来越败坏；在那里，一些人的性情变得越来越残忍。上帝把一切都看在眼里，他可以见证：腐败还没渗透到这个国家的血液之中，疯狂也没侵入它的心脉。

不快乐的种族，请不要为你的悲惨命运感到羞愧，也不要否认你的未来！记住，奴隶们已经在救赎地球。今天，被奴役的人民反转过来了。请记住真理发言人说过的话："为正义受迫害的人有福了；因为天国会赐福于他们。"你就是有这种信仰的民族：用生命和热情浇筑兄弟之爱，为拯救世界而慷慨赴死。这个世界曾经堕落为异教主义，但现在正为登上天堂而重新升起，为世界带来了免罪的话语，并在各民族中宣扬受伤得宽恕。

你是所有民族中的奴隶！在自己国家从事着完善自由的伟大工作！你把身体和灵魂奉献给了这个工作，同时向其他国家的那些被奴役人民伸出了援手！给他们带去期待已久的安慰与和平！你为他们开启的伟大生命工作，不是毁灭，而是行动。运用你的法律和习俗，通过长期而和善的影响来转变他们，把他们从似乎正准备从事的充满灾难性的邪恶工作中拯救出来。请告诉他们更艰难、更辛苦但更值得称赞的道路——这条道路能令上帝更愉悦！请克服一切困难改进他们的头脑和想法。

12

无论怎样讲，人类迄今为止的辛苦劳作和遭受的苦难并不是没有意义；研究和折磨自己并不是没有价值；热爱和发动战争并不是没有必要的！它得到了来自上帝的足够多的惩罚和宠爱，前者是一种遏制，后者是一种刺激。没有一滴眼泪和一滴鲜血是白流的！没有一丝光芒在徒劳地闪耀！一切奉献都将终结；一切都有助于上帝恩赐的礼物的充盈，以便实现并拯救自己。每一件不幸的事情都是迈向某方面幸福的一步。

今天的人们，必须通过辛苦劳作去收获完善自身的幸福。他们为了得到幸福一直在兢兢业业地奉献着。所有的一切都是人类精神的产物。我们到现在为止都还站在第二个时代与第三个时代之间的门槛上。我们被地球上的混乱和骚动包裹着！上帝在创造万物的时候所说的这个词"让它存在"，应该由人类在创造自己的世界的时候喊出来。

如果一个人看不到世界正在发生什么以及正在准备发生什么，那么他一定盲目得可怕。让我们睁大眼睛看一看吧：地球迄今为止的所有元素是如何被社会风暴吞噬的或者说是如何被社会害虫感染的；新元素是如何从这些覆盖物下方吐绿抽芽的，尽管它看起来非常脆弱；不能自主的绝望和与生俱来的理念是如何通过每一个内容或每一种形式在某一个地方或某一刻时间展现自己的！旧事物正在逐渐消亡，新事物正在积蓄力量。

在这场新的危机中，我们看到了这个时代与先前时代之间的巨大差异。彼时的人们只需等待救世主的话语；今天的我们必须在行动中关注它。彼时的人们接受话语就满足了，退回到本有存在，继续信任和热爱；今天的我们必须走出自我，用自己的双手去完成我们所构想和所信仰的未来社会。我们必须在行动中认识到我们已坠入爱河，并要求把目标设置在眼前。因为先前时代的变革是上帝的恩典工作，而现在这个工作应该由我们自己的行动去完成。让我们明确这个观点：基督教的到来，掀起了一场普遍性的社会革命，其重要性和影响力在历史上都是独一无二的。基督教的兴起不得不从破坏古代世界的地基开始，现在，这个世界的地基也在遭到破坏，甚至很快就会被推翻并被埋没在一个年轻而新鲜的世界新结构之下。从第一个时代遭到破坏开始，第二个时代就一直在成长和培育其庄严的组织，但是现在，它也开始蹒跚而破碎。是否还有必要破坏它呢？

噢，不！历史不允许整齐划一的革命。历史的转身总是崭新的，尽管彼此非常相似。今天已经没有必要破坏这个世界。

你接着会问：什么才是必须的？不再是革命，而是进化；不再是任何形式的瓦解，而是一个崭新而强大的建设；不是要推翻，而是要树立；不是要割裂，而是要聚集；不是要撕碎，而是要团结；不是要根除，而是要提升；不是要否认，而是要肯定。总而言之，我们的任务不是摧毁而是创造！无论它曾经是什么，现在都是有用途的。今天的生活取决于良好的性格、坚强的意志和参与行动！

恰恰在这里，潜伏着这场新危机与旧危机之间的巨大差异。在第一次危机之时亦即在颠覆古代世界地基的过程中，一切"白板状的心灵"的存在是不可或缺的，因为人类当时的新性情是专注独特、分离、翻转。人类今天的新性情的目标是和谐、有机体和包罗万象的统一，共享"现有"和"应有"。

肯定会有不少不安分的头脑，他们会认为，我们未来的社会状态可以与那些等待赫拉克勒斯（Hercules）① 清理的奥格兰马厩相提并论。他们错

---

① 赫拉克勒斯（希腊语：Ἡρακλῆς，也有译海格力斯），是古希腊神话中最伟大的英雄。神王宙斯与阿尔克墨涅之子，天生力大无穷。由于其出身而被宙斯的妻子赫拉所憎恶和诅咒，导致其在疯狂中杀害了自己的孩子。为了赎罪，他完成了 12 项"不可能完成"的任务，其中一项就是清理奥格兰马厩。——译注

了，被期待的赫拉克勒斯很久以前就来了，并且又过去了——他有不同的名字，创作了许多作品。然而今天，颠覆时代和破坏时代已经消失。我们唾弃一切的毁灭并憎恨所有的破坏行为，无论是身体上的还是道德上的。事实上，推翻、摧毁和焚烧，比创造、提升和建立更容易一些，但正是这个原因，我们不想要它。人类已经见过足够多的辛苦劳作，仍然可以进行最甜蜜的劳动——爱的劳动。

13

当我们说人类必须携带意志和行动登台亮相的时候，不能仅像第一次世界转型那样——只是坐等新的救赎之言（因为圣言只不过是行动的先导），根本不明白要通过行动去进行各种社会革命。不行动的革命仅仅是一件被动、消极的事情，不仅不是消除邪恶的决定性行动，反倒是另外一种形式的反动。

正如在生机盎然的自然界中的每一个有机体在没有必然病害的情况之下都可以茁壮成长那样，人类有机体也能自然地进入健康和成熟的王国——这就是所谓的"进化"。是不是进化就不需要经历社会动乱，就不需要与习以为常的痛苦相决裂呢？事实上，进化一不小心也经常遇到各种形式的偶然阻碍，它立即就会在自身有机体中产生相应的行动。只不过，进化孕育着本可避免的痛苦，但避免痛苦的本能反应还不是真正行动，它仍属于古老传说的范畴——那只是第一个时代的终结，尚还不是新世界的诞生。

只想要毁灭性革命的人们，你们会延长旧世界的发展进程，进而推迟新世界的形成。行动起来吧，不要再停留在低级有机体的刺激性反应活动上！请记住，你们只能把救世主口中的"会给世界带来罪行的那些人"称为破坏者；罪行到来是必然的，它会给破坏者带来灾难！感谢上帝，罪孽深重的毁灭时代已经过去。为了过上更加美好的日子，请你们彼此伸出和平的双手！

毫无疑问，你在受苦受难，你的身体和精神遭受着让人难受的痛苦。你们遭受苦难的重要意义直到今天才在一切丑陋中呈现出来。但正因为如此，请你耐心完成你的任务，因为时间紧迫！你肯定不会再像孩子那样纯粹为了泄愤！

信任爱就大胆爱吧！爱曾经拯救过世界一次。今天，我们同样以"爱"

的名义挑战你的主张。抛弃贫瘠的革命设计，抛弃一切仇恨以及复仇的负面情绪！你要为应许事业做好准备，要为基督行动做好准备，因为基督行动至今为止还仅仅是你身上的圣言。圣言要化成肉身！

14

社会风暴总会过去的想法是否适合于每一次危机呢？已经过去了的社会风暴还会持续吗？所有出生带来的阵痛都应该忍受吗？那么，我们参与社会运动真的仅仅是为了建设新社会而不是为了推翻旧社会吗？是不是只能有创造而不能有对抗呢？唉！知悉人类陷入疯狂的顽固之后，我们产生了怀疑，尽管我们所有的灵魂都希望并渴望实现它。

那些延缓人类精神进步的人，请收手吧！因为上帝的爱，因为上帝的确是救世主，你根本不会取得成功。难道人类胸膛迸发出来的呻吟声还不足够凄惨吗？或者说，难道人类的眼睛没有流下足够多的眼泪吗？你能从中收获什么呢？难道你还能从他们身上压榨出更多的东西？征服？你不能征服！压制？你不能压制！根除？你不能根除！无论枪支或是刺刀、绞刑架或是地雷、劝告或是背信弃义，你都是白费功夫，因为上帝的确是上帝，因为上帝就是事业！

人类到现在为止一直都在受苦受难，而且所受苦难越来越深重。今天人类的苦难比以往任何时候都要严重，因为人类现在正意识到自身的痛苦和不协调。地球上的人类的真正命运将在这一时刻显露出来——长期以来，对这种命运的期待和渴望一直在震荡着人类的灵魂。直到人类将要品尝生命之树的果实之前，他一直在饱食知识之树上的果实，他的眼睛正在睁开。不幸的可怜虫，他知道自己赤身裸体！那些守望旧社会的人，你们所有人都应为此而感到羞愧！如果你看到了那种赤身裸体，如果你意识到人类正在受苦受难，然而却没能激起你的拯救意志，那么你足以得到无以复加的耻辱并遭受谴责。永恒的终极审判必将轮到你的头上。人类可以原谅其他人，但不可能把你的耻辱从生活书籍上抹去。全能的神能够宽恕你已经做过的事，但你永远无法履行未做之事！那么，请你颤抖吧！人类或许不会对你说出可怕的诅咒，但会永远永远地羞辱你！

荣耀归于高高在上的上帝，在地球上的和平与善意属于人类！

（四） 世界和将要降临的世界

1

接下来，我们将对人类即将进入的崭新时代的统治原则进行分析，并对其各个组成部分进行分门别类的讨论。通过对人类家庭的目标进行一番历史主义分析之后，我们就可找到接近新时代的方法和途径。

在祈祷文对未来的指引下，我们自信能跟随它们进入相关领域——如果我们在新时代的大门口没有遇见一个基础性问题。这个问题，不再是一个单独的历史问题，而是一个超出历史范畴的问题簇集：人类大家庭在地球上要完成的全部命运是什么？我们能否实现它？我们在现存世界之中能找到它的行为和祝福的界限吗？简言之，新世界不到来，是不是就没有未来生活？谁若能从前文提及的前提中得出相关问题的结论，那他似乎忘记了我们作出的明确声明：我们不是要废除而是要提升；不是要削弱而是要实现。比如，《新约全书》为人类呈上的"生命永恒"意识，就肯定不会被剥夺。然而，我们似乎正在解开规律之谜的某些"纽结"，或许这种事情以后更为常见。

但是，我们会失去什么呢？毫无疑问，我们失去的仅仅是先前社会生成的矛盾对立，其目的是把它们引入既定的、有保障的和谐状态！我们正在消除一些东西，但被消除的只是那些可表现为时间奥秘的东西，为的是把它们提升到被上帝承诺过的永恒清晰之水平。这种消除旧事物的行为，只是进行了简单创伤包扎，因而是一种宗教义务。规律并不要求完整——因为它自身就是完整的和逻辑自洽的，但它确实要求完成；同样地，规律并不要求完美——因为它本身就是完美无瑕的，但它确实需要执行。如果我们没有理解和把握住规律成熟的时机，那么我们现在既不能实现它，也不能执行它。正因为这样，我们一直在等待"启示的启示"来实现它、执行它。因此，解决矛盾对立就是一种古老联系即宗教关系的重新强化。简单来说，这种解决方法就是履行法律。

…………

规律的秘密是什么？秘密不就是一个至今尚未解决的矛盾吗？矛盾是什么？矛盾不就是一个至今尚未曝光的秘密吗？秘密不过是真理的一个阶段——在那里，我们尚未理解和把握到构成真理之条件的和谐状态，也没有把诸条件之间的明显不可调和的矛盾对立统一起来。解决矛盾绝不是消除秘密，反而是为了把秘密提升到清楚明白的层面。清楚明白是秘密应有之命运，这是被规律自己规定好了的。

关于现在生活与未来生活、现存世界与未来世界的这些前提性问题，在我们进入主祷文包含的启示之前，必须沿着先前阐明的思路去解决它。很显然，解决问题的办法必须与我们的思路相协调，那就是综合、统一、相互和解。

2

让我们首先看一看时间范畴蕴含的那些问题。在理解、把握了现在生活与未来生活的真正含义之后，我们接着考察：迄今为止的人们是怎样理解它们的以及他们应该怎样做才能正确理解它们？

这些术语——过去、现在、未来，只有在我们把它们看作彼此相互依存且相互联系之时，它们才具有各自的确切含义。从普遍的和绝对的意义上讲，它们是统一的和同质的。从它们各自的立场来看，它们都是同一时间的不同时期；它们共同构成了发展的有机整体。因为，未来的命运就是成为现实，而现实的命运就是成为过去！

随着时间匀速流逝，过去、现在、未来之间的不断变化与相互转化就构成了时间概念的真正本质，从而为我们展现了相关理念生成、发展、进步的普遍性过程。如果不与其他术语互相联系、相互依存，那这些术语单独存在毫无意义。

时间的这三个范畴，过去、现在、将来分别对应着昨天、今天、明天。后三者之间或许彼此完全不同，但就普遍意义来说，它们都是日子，因而也是统一的和同质的。毫无疑问，日子必须在明天、今天和昨天之中轮流循环。只有在过程的差异之中，现在对于我们来说才处于现实状态，而过去和未来只能存在于观念之内——要么属于记忆，要么属于期望。一方面，我们拥有了今天，事实上却拥有了一切；另一方面，我们只能生活在今天，它才是属于我们的——至于说昨天或明天，我们只能想象。

因此，每一个明天都意味着日子自我生成和完成自己——尚未诞生；每一个今天都意味着日子现时存在，正在完成自己，因此具有生命；然而，每一个昨天都意味着日子已经流逝和已经完成，所以它已经没有了生命，已经溜走了！没有人可以改变昨天，也没有人可以取消昨天，因为昨天是被固定了的永恒，已经不能处理它了。发生的事情已经发生了，不可能改变。另外，未来既不存在也没有完成。未来仅仅是一种既定的可能性，作为生命的种子潜存着。因此，它只是一种要求实现的抽象物，但是它只有通过生成现在、生成今天来实现自己。

如果有一些抽象的明天的话，它注定不能生成今天，或者说它根本就不是明天，事实上只能是虚无。因为，现实存在的事物恰好存在于它将要生成的东西之中。它在成为现实的那一刻完成自己的命运……我们的结论是：就像明天必须成为今天，今天也必须成为昨天。我们所谓的在更高级领域存在的未来生活，是必须能够成为这一天的那些日子。否则，"未来生活"这个名词，既不是未来也不是任何其他生活，仅仅是一种幻想。毫无疑问，现在生活与未来生活密切关联，就像今天与明天的那种关系。因此，使徒呼吁希伯来人："每天彼此劝诫，把每一天称为今天"。

3

我们必须留意到目前为止的历史发展过程出现的一个重要区别：我们越往前走，我们拥抱的"生成领域"就越广阔；我们越是把自己提升到明天和今天的高度，这种进步就会越来越有质量，而不像它在开始之时只有数量上提升。因此，现在向未来转变的过程时刻都在发生着量变。通过日积月累，当人类进入到另一种生活方式之时，它才会产生整体的质变。毫无疑问，我们在时间中可以不断地看到某种意义上的质的差异，因为每一个时间阶段从本质上都是有别于其他时间阶段的。但是，只有人类进入另一种生活方式之时，这种变化才是完全质变的。无论怎样讲，即使没有质变，量变也不会停止。

在某年某日的某一时刻，决定性的和显著性的质变在慢慢展现自我的量变过程之中悄然到来，如同尘世生活的个人，在某年某日的某一时刻达到了法定年龄。在这一时刻之前或者之后都非常相似的那个人，却在那一刻霎时感到自己与众不同：他在那一刻之前没有任何权利，现在却拥有了所有权利；他在那一刻之前不能对自己采取决定性的行动，现在他所做的一切都变得重要起来。对于每个孩子来说，成熟状态是一种理想的明天、一种被预期的未来——只要他还是一个孩子，未来只能作为一种抽象观念而存在。只要未来将要为他生成和实现自己，那他就是某种存在物。

精神的永恒生命过程是什么呢？我们现在把它更充分地解释为"生命

的自我分裂"。生命分裂成多个生命周期，分解为暂存的或者不持续的生命片段，其中一个片段的结束是下一个片段的开始，就如一天的结束是下一天的开端。

人们对"未来生活"和"未来世界"这类概念的理解所存在的全部困难以及出现的一切谬误主要在于：他们通常总是片面地设想作为主体的我们是怎样进入未来世界的。然而，在现实生活中，当我们用时间来考量生命之时，生命必须作为客观对象来到我们身边，而且它自身也必须成为现在！因为生命至今仍然属于未来这个观念至少不会阻碍"我们自己在运动"这个事实。因为我们自己事实上正在进入另一种生活状态，所以我们正在被改造——以后还会继续！就像未来生活会随着即将到来的时代到来，它也会作为一种措施来到这里。孩子成长必定会进入法定年龄，这是过去的岁月把它带到了他的身上。

虽然我们不会离开时间，但对我们来说，时间一直在前进。就像我们还没有进入明天，然而明天来到我们身边并成为今天。明天是以"正在生成生活"的方式实现自己——成为当今世界的生活，所以它属于未来生活的范畴。

4

现在，让我们走得更远一些，把上述结论适用范围从个人推及"作为集体之个人"的全人类。正如每个个体的时刻、日子和岁月会过去一样，种族、世代、世纪和时代同样会过去。一个人能够称之为一生的东西，对于其他人来说可能被称为一个时期、一个伟大的时代或一个世界。

就像对于个人来说，未来生活必定在有一天会成为现在生活，同样，在历史上，未来世界会变成现存世界，而现存世界会日落西山，成为过去。在进步的过程中，这样的分离、这样的更新、这样的后退和这样的提升，我们可以称之为"世界末日"，就像我们称一个人的生命结束为死亡那样。一个种族生命的这种决定性改变以及与所有关系的断绝，确实是世界的一种终结，因为我们现在的世界在今天这种形式和存在中，实际上已经不再存在。物质和道德——它们被看作现存世界的最重要的东西，已经发生了改变并进入另一个世界。但是，世界的这种结局绝不是所有世界的终结，正如今天的结束实际上是某一天的结束，但绝不是所有日子的结束。我们要想在《圣经》中找到"世界末日"这个措辞是徒劳的。如果我们严格遵守《圣经》中的术语，不称这种变化为"世界末日"，而是称其为"时代的终结"，那么这种称谓就更加确切了。

我们在对人类历史进步的分析中可以确信，曾经类似"世界末日"的日子已经到来了。如果我们实际上已经经历了这样一个"世界末日"——在我们的习惯用法中其实就是这样表述它的，那是因为基督的到来把所谓的两个时代分割成了两个世界！我们为什么不可以再次经历与之类似的世界末日，从而进入一个对我们来说是完全崭新的未来世界——我们星球的第三个时代呢？

即使经历过第一次世界末日，也根本没有人会这样认为：我们的星球将从它的停泊处松锚并坠入毁灭的深渊。与之相对，人们却这样认为：世界的伟大明天不是幻想之物，而是事实上已经预定好了的和注定出现的，它确定无疑会成为世界的伟大今天。从我们刚才做出的解读上看，"世界末日"这种表述一点问题都没有：对于某个世界而言，人类生活的整个领域在那个时刻实际上就已经结束了。不过，经文使用的表达方式更为严谨，因而更加准确：时代的完全意义是完美地成熟（Consummatio sacculi）。

我们时刻都应该避免把最错误的幻想与世界末日捆绑在一起，即不要认为世界末日就意味着绝对的否定、纯粹的毁灭、最后的消亡，此后就会开始一种不受时间影响的永恒。恰恰相反，世界末日仅相当于浴火重生和涅槃轮回——已经存在的现实状态或现实形式将转变为更先进、更完美的其他形式。不是毁灭，而是提升到更高的影响力。让我们永远记住：生活永远不会废除，而是自我提升。

5

无论就单个个体还是就集体人类而言，对于时间和永恒这类日常概念的理解都犯了一个最大的错误，亦即他们都盲目坚持着一个错误想法：时间观念与永恒观念之间存在矛盾对立。这种理解是完全错误的。因为这些概念分属于不同的逻辑规则，因而不会产生矛盾对立。我们已经明白：时间与永恒的关系，就是部分与整体的关系；永恒是彼此不同的时间构成的一个圆圈，而这个"时间圈"又构成了整体，就如单一链接组成整体链那样。把现在世界指称为"现世生活"，把未来世界指称为"永恒生活"，整个错误就出现在这里。因为，我们是在拿一个较低级概念去同一个较高级概念进行比较，而后者远远超过前者。它们绝对不能做比较，因为后者本身就包含了前者。当然，如果永恒是真实的，而它似乎又不必然把未来、现在和过去包含于自身。简言之，永恒并不是宇宙万物。如是，依赖于时间的所谓永恒，相对于事实本身来说，都是特有的、有限的和暂时的，并且都可被简化为时间的一部分。不过，排除（部分）时间的永恒显然也不再是所谓的永恒。如果永恒是真实存在的，那么这种与时间有牵扯的蹩脚永恒是什么意义上的永恒呢？它是从何时何地开始的呢？

事实上，如果今天的世界不是永恒的一个组成部分，如果后者只是在前者的末尾开始，这就能够很好地解释这种永恒本身为什么不是真正的永恒——因为我们根据时间就可排除、限制和决定它！一种"有条件的永恒"会是什么样的东西？假如永恒永远持续下去，那时间又在哪儿呢？时间除了寓宿在其他事物之中，没有任何地方为它保留！不依赖永恒的独立时间也是不可能的。时间只能存在于永恒之中。与此相适应，我们通常说一个死了的人进入了永恒，我们的说法事实上是错误的。死人不需要进入永恒，因为"他在生活"这一事实恰恰意味着他已经存在于永恒之中。毋宁说一个濒临死亡的人是从一个永恒领域转移到另一个永恒国度，或者更确切地说，迄今为止构想出来的永恒国度对他来说变得更加真实，而曾经真实的东西走向了终结并消失了。

一个世界的结束只不过是另一个世界的开始。世界的这种演替构成了宇宙的永恒生命，正如一个人的生命演替构成了他的永生！

然而，这个世界与即将到来的世界、现实生活与未来生活、地球王国与天堂王国，实际上彼此有太多的不同。这种差异性必须逐渐转变为连续性，也就是说，这个世界的事务将变成下一个世界的事务，而下一个世界的事务也将变成这个世界的事务。

从过去状态到未来状态的这类连续性和完整性构成了永恒生命——永恒的现存！正因为如此，耶稣基督为芸芸众生带来了可以言说的永恒生命意识。他事实上已经说过："凡是相信圣子的人都会得到永生！"

6

众所周知，最近的哲学家们——黑格尔的直接或间接后裔，以及那些被施特劳斯赋予了格言警句的年轻神学家——明确地宣布：消除这个世界与下一个世界之间的二元论对立，是当今意识（无论是在哲学领域还是在神学领域）的主要任务。但是，这种消除——或者更确切地说是"二元论的融合"，它实际上是正当的精神生活本身不可或缺的条件——只不过是一种现代性推测，也就是那些德国人做的推测。推测的结果证明，这种消除本身是片面的和消极的（手段），而不是绝对的和肯定的（结果）。希望不以个人意志为转移地实现从二元论到一元论的过渡，也就是希望解决现世与来世、现在生活与未来生活之间公认的矛盾对立。对此，他们一方面只是简单地否定未来世界的存在，另一方面则认为现存世界才是唯一的现实。很显然，他们忘记了这个道理：片面的和消极的消除之路只会导致错误；所有的否定只是手段，永远不会是结果本身。真正希望并实现成功肯定的人，不必消灭一切，而是提升一切！

这些思想家已经正确地看到，永恒——作为一种简单的时间转换器——只是一种空洞无物的抽象，根本无法在思想的考验下存活下来。因此，他们放弃了永恒并武断地把所有东西都简化为"某种特定的暂存之物"。但是，这种做法是片面的和抽象的，是无法用言语形容的"倒退"，因为它缺乏相应的条件和充分的补充。在这种情况下接受"直接的一元论"（Oneness），毫无疑问他们或多或少倒退回到了"异教教义"的水平——在那里，人们所见所闻的只有一个同质化的世界。与之相反，二元论的综合恰好代表了基督教所带来的困境在条件上的满足，在那种生活观中仍然潜藏着差异的解决方法。

根据这些思想家的说法——除了我们这个世界，再没有且也不可能有另一个世界永远存在于精神之中，对他们来说，每一个被推测出来的未来世界只是一种空洞的幻想。如果一个人想要把握住并实现精神的真实生活，就要迅速摆脱这种幻想，这难道不是事实上的异教教义吗？耶稣基督所带来的有关那个世界的话语难道是徒劳的吗？

这些思想家为我们展示的不是"对立面统一"的综合，而是一个片面的和绝对的命题，最终会导致一个纯粹消极的"反命题"。在他们这里，两个相互对立的范畴并没有实现真正统一，而是一个范畴对另一个范畴的简单否定！

对精神来说，每一种二元论实际上都潜藏着不可否认的危险。我们无论在什么地方遇到或者发现一个尚未解决的矛盾，即一个不可调和的二元论，消除并克服它是我们的神圣职责。不过，要消除并克服二元论，除了把它们提升到更高级的水平这种方法之外，别无他法！现在，要把这种二元论提升为真正的绝对统一取决于我们：承认并识别不同世界中的两类完全相反的概念；不要像目前这样去排斥它们，而是要包容它们，不是要割裂它们，而是要调和它们——使之彼此相互依赖和相互贯通，使之具有多样性统一之身份。总而言之，我们必须把它们的行动看作辩证法的补充。

7

有人给出了两个世界：一个如其所见，一个看不见；一个是真实的，一个是观念性的；一个是现存的，一个是未来的。在人类进步的过程中，人类精神与它们有什么关系呢？

（1）在原始的、直接的关系中，精神纯粹是被动的——它只收集来自周围世界的印象，但本身不能做任何事情。这就是整个古代的关系。

（2）在基督教时期的关系中

①最初的人类精神是转向了外部世界。它在"凝视"中开始意识到古代世界的缺陷与不足，从而产生了对未来世界的渴望和需要。然后，出现了与原始观点的彻底决裂，完全颠倒了原来的立场，彻底否定和扬弃了当时世界。除此之外，那时为止的现实世界也经历了一场彻彻底底的实际改变，因为以前认为是绝对真实的因而应受称赞和值得爱的东西，他们现在则认为是空虚的、无益的、短暂的和虚无的——只是一滴无用的眼泪。

因此，正如远古时代只有一个世界——未来世界几乎就是这个世界的"阴影"，现在则完全倒转过来：在新时代里，未来世界完全占据了上风——真理在那里，真实而永恒的生命也在那里；那里只有朝圣的阴影，那里只有亚拿尼亚①统治（inania regna）。

②基督教时代衰落之时则恰恰相反，人类意识已经将目光转向自身，并看到了拥有唯一现实性的理想世界概念同一个注定不会拥有现实性的真实世界之间的明显矛盾。因此，精神渴望实现这一矛盾的和解，并在否认它们构成要素的同时也否定这一矛盾本身。也就是说，它承认了这一对最大矛盾，并认识到其不充分性正好寓于二元论中——它是由彼此相反且互相分离的两个世界设置的。这种观念一直到现在都还是正确的——很显然，如果没有两种差异世界的存在就不会有矛盾——因此，自然而然就会得出

---

① "亚拿尼亚"是对"inania"的直译，inania是由希伯来语"Hananiah"或"Ananiah"转化而来的希腊语形式，意为"耶和华是仁慈的"。——译注

"消除二元论"这个结论。我们同意这个观点，但问题在于：到底应该怎样消除它呢？仅仅是否定地消除它抑或是肯定地消除它呢？唉！从一开始就是否定的，因为每一次进步在开始之初都是否定性的——消除一切阻碍，否定其不可动摇的立场。然而，只有进步的发展才能产生活动并带来肯定的真理。

（3）但是，理解和把握了造成我们当前时代悲惨命运这个矛盾之后，我们遇到了第三种观点——解决它，恰恰是我们今天的任务。前两个观点都犯了相同的错误，因而它们都是片面的。真正的真理存在于正在完成的第三个立场之中。在我们发现第三种语言之前，我们永远不会到达绝对真理。第三种语言位于两个各自独立的、相互分离的存在世界的发源地，伴随它们每一次推移而从前一个世界进入后一个世界，事实上它们在不断相互转化！

从那个时候起，我们察觉到：世界既不是一个——如古人所相信的那样，它是单独的也是统一的；也不是两个——因为它们二者总是互相交织重叠和持续变动不一。所以，它应该是一个活生生和多样化的世界。这个伟大而普遍的世界是由多个各自有不同边界的世界组成的，并各自发展出相应的理念——尽管这些理念相对短暂，但它们永远栖居在自己的世界中并使之发展成为普遍世界。这个普遍世界就是天堂，在它之中包含着数百万个单一世界，其中一个就是我们所称的地球。

对于生活在地球界限之内的有限生命（即我们人类）来说，只有一种世界观（即"地球人的世界观"）是真实的，而其他世界观则是虚构的，因为前者与我们在一起，后者离我们很遥远。我们生活的世界只能是适合于我们居住的地球，其余世界都是天堂。但是，这并不意味着我们自己居住的地球就不属于天堂，恰恰相反，地球也是天堂不可分割的组成部分，因为宇宙是由此时此刻和从今往后组成，由"现有"和"应有"组成。

此外，如果宇宙已经死亡，那么这里和未来将永远固定不动：这一个世界不能成为另一个，另一个世界也不能成为这一个；其中一个世界里的事物将永远悲惨和被谴责，而其他世界则永远完美和幸福。不会发生那种事情！因为宇宙是有生命的，它本身就有自己的运动：通过它自己内部的辩证法，它将改造构成它的世界，将真实状态改造为理想状态，反之亦然。

每个地点都有不同的时间，每个时间都有不同的地点，我们很快就会更加清楚地明白这一点。从那时起，时间和空间的相互补充就构成了运动，因为运动只是由时间和空间组成，或者更正确地说：时间和空间的结果就是运动！因此，构成世界分化、对立的那些独立的时代和空间，通过运动、通过各自的衰落和相互过渡而联合起来。

因此，将来世界通过到达这里而成为这一个世界，而这一个世界通过那里的转变成为那一个世界！这只是世界的死亡与重生！

8

我们的研究表明，世界的运动及其相互转变不是盲目和偶然的，而是一种天意和合理的运动；它配得上精神，是真正的进步！在构成天堂主人的世界等级秩序中，较低者为较高者让路，然后进入更高者。

虽然这个更高级的世界在预定时间之前尚未向我们展示其理想状态，尚未成为我们的一部分，但它仍然存在。然而，对我们来说，它只是一种可能存在的状态——如果不把它变成现实，那它就是一种不可能的状态。正如对每一种可能性的测试都是为了实现它一样，对于实现那个目前只能想象的更高级世界，也不得不只有在时间实际到达的较低级世界里进行各种可能性测试。

对于那一滴充满委屈的眼泪来说，天堂依然是一种可望而不可即的想象——它确实"来了"，因为我们收到了它的信号；它也没有"来"，因为我们还没办法真正拥有它。出于这个原因，天国随着基督教的兴起而不断接近我们，因为我们收到了它发出的信号。随着基督教的实现，那个王国将真正到来，就像主吩咐我们祈祷时承诺的那样：你的王国来了！《圣经》把这种若即若离的状态称为"天国近了"或者"神的天国在你们心中"。

然而，建立在我们心中的命运正在消失，而已经临近的东西完全出现了！所有状态都是相互关联的，这要求我们确立如下立场：活生生的现实世界正在实现进步，正在实现命运的发展，在实现较低级和较不完美的状态之后努力追求更高级和更完美的状态。但是，这一切只不过都是为了地球天国的到来，以及地球与万能天堂的联合！

根据精神进步的规律，已经消逝了的世界状态必须再次取代在质量上低于它的世界状态。所以，世界的现在状态一旦被即将降临的那种状态取代，那么它将被看作一种从属世界，相对来说就是一个人间地狱——简言之，作为一个被谴责的世界而存在。但请注意：国家确实应该受到谴责，但个人一点不应当受到谴责，因为个人可以通过精神再生得到拯救。

…………

10

……虽然物质科学绝对称得上是最终极的、后人类的、后历史的和后行星的科学知识，但真正末端意义上的科学时刻还没有到来，因为有关人类世界的全部启示一直要等到目前正在展开的时代完全结束之时才会充分昭示。

毋庸置疑，每一种形式的思想都始终严格对应着它在行动中的表达。这意味着思想应该在人类生活中重现。因此，当我们进入实践领域，实质就是在执行和完成已经消逝的世界盼咐的思想任务；当我们的行动实现了人类历史充分进步之后，新的思想披露又将开启新的行动任务。它将引导我们进入并参与到对绝对终极事物的意识中，亦即是把"后历史时代"（或者说"后宇宙时代"）向我们无限敞开。这个更新和更高的时代意味着永生境界，此为后话。

现在向我们展示的只是地球的第三个历史时代——或者称之为"人类历史中的行动时代"，它自身就是人类历史在思想上充分成熟的时代。这个历史时代也是信仰完全转变为知识的时代，因为信仰只是"思想的感觉"，而知识才是"思想的思想"！因此，从我们进入行动时代的那一刻起，思想本身已经成熟。从那以后，我们不敢再对确定性事物抱任何幻想了，只能是去证明和实现它们。

因此，我们不会告诉你任何新启示，也不会要求你"相信一些新东西"。在此，我们只是真切希望你记住："抓住旧的启示；了解你迄今为止所相信的东西！为了整个地球时代，你必须做得足够多"。

然后，我们将在基督徒的启示中看到，思想中的一切东西都可被找到，其中包括：人类现在需要相信的东西，以及现在需要人类了解和完成的东西。但是，由于人类现在都不明白这一点，所以需要一位知晓救世主天意的"圣灵"引领人们进入这片至臻真理之地。同时，圣灵还告诫我们，要充分利用祈祷文并揭示它所蕴含的真实意义，不要人为地往里面添加任何东西。"启示中的启示"会把一切历史之秘都摆放在阳光下，并把它们镌刻在人类的脑海深处，无论基督耶稣对我们说了什么。

在进入第三个历史时代的入口处，这个"引导我们进入至臻真理之地"

的圣灵为我们打开了一幅事关人类伟大进步的远景图。他不仅揭示了人类进步的普遍规律，而且还呼吁我们把这一规律应用到所有生活关系中去。我们应该严格遵循这个规律，并积极主动地执行它的要求：收集更丰富的真理。丰富的真理有助于我们超越历史的苍白。从今往后的人类历史会发生什么？什么能使我们的地球完全成功地进入成熟状态？那些在今天才刚刚发芽的事物，就像预言出现的征兆。就像当年基督降临地球那样，我们星球的最终组织形式及人类历史发展命运就开始萌芽了。当然，你可以相信它们，但是没人能传授给你与它们有关的任何教条，因为揭示有关它们的知识的时代还没有到来。

正如我们后文经常提到的一个基本观点：我们永远不了解历史背后的未来，我们能理解和把握的只是属于人类生活的历史。如果我们一个接一个地分析主祷文的请愿，我们就会发现这些启示触及了即将来临的世界的人类生存状态。对于现实世界来说，这些状态就是世界的未来——它将在改造现实世界的过程中成为我们的新世界。这是人之为"人"的最后一个存在状态，因为它是人完成自身并实际满足自己需求的历史存在。但是，人类第三个时代绝不会是精神发展的最后一种存在状态，因为精神不会停留在人类表面的荣耀和祝福之上。

…………

二　愿人人都尊你名为圣

把思想转变为行动

1

我们有什么证据能够证明"启示的启示"现在正在来临呢？我们据以把握它的标志性符号在哪里呢？如果没有任何显著标志，人们是不会接受它的。

他们说，圣子总是用神迹去支持他说过的话。那圣灵将通过什么神迹来宣布他的到来呢？人们总是渴望神迹的出现！这不禁让我们想起了法利赛人，他们总是希望救世主给他们发出信号。众所周知，救世主只对"毒蛇的诞生"做出过类似的回应，……你不是希望看到奇迹吗？好的！那你首先要有充足理由律相信奇迹，也许这个奇迹并不遂你愿。

…………

在第一个时代结束之时，一个关于至高无上之存在的新启示就出现了。然而，这个崭新启示必须以旧世界可理解的方式为自己辩护，因为任何新事物都不可能奠基在它本身带来的东西之上。接下来，新事物的目标必须通过正在不断消失的事物来证明自己的合理性！

古代世界具有真正的直接性，所以那时的新发展必须立足于直接的事实和可见的证据——它们就是那个时期的神迹。在这些外在、可见和客观的基础上，启示引导人类进入一个内在、不可见和主观的领域——思想自身以及它的衍生物都栖身在这个领域。在新世界的诞生中，神迹作为一种转变方式是必然的。一旦新世界产生，神迹就会变得多余，它们就像基督教这个新生儿的脐带那样，在诞生那一刻就被剪断了！

因此，耶稣谴责那些缺乏信仰然而又想从他那里获得神迹的人。尽管《新约全书》中包含了这些神迹，但新启示对这些人来说，却是一种外来和无关紧要的元素。新启示属于内在的奇迹、信仰的奇迹，它在灵魂的内部开花、结果并发挥主观影响。

如今，在第二个时代结束之时，新启示必须以适合于第二个世界的方式证明自己的合法性。然而，这种方式却是主观的和理想化的，因为其基础是思想。时代本身就是主观的思想之一，即"信仰、教条和思想的时代"。因此，新启示要通过内在证据——科学本身、解决教条和实现信仰——来证明自己的合法性，然而它又不会像基督教那样只是以神迹的方式停留在那里。它将引导人类进入恰当的领域——从纯粹理想之中孕育出行动、独立和现实创造，并在那里繁衍生息和大化流行。

就像以前只有直接性的奇迹才能感动信仰淡薄的人那样，如今只有具有间接性和确定性的证据才能感动意志薄弱的人！那时候，最强大的或者说事实上唯一的证据只能是业已显现的神迹，而今最伟大的证据，不仅仅是奇迹，还有业已实现的证据。

那么，我们就从第三次启示的证明开始，只不过在抵达启示的恰当应许之地——行动——之前，我们不能止步于此。新启示将带来它自己的应许之地——理性应许只不过是它的"脐带"，随后出现的真正生命才是行动的立命之本。

不要担心普通民众无法领会这种启示。它的标志符号如下：圣灵的圣餐仪式的到来，神圣天国的生成和发展，上帝的旨意在地上实现，对所有人的日常饮食保证，对我们在试探中承诺的相互赦免，我们从罪恶中解脱出来。一言以蔽之，它们满足我们对上帝祷告中所陈述的所有未来条件！这些标志符号也是我们时代的标志符号，它们都将是我们时代的神迹。证明和推理必须为它们做好准备，因为行动是思想之子，如同自由是智慧的女儿那样！

所谓的"人类朋友"，不要担心人们是否能理解我们！即使没有神迹，还有我们的启示。他们会理解我们的，不用担心！他们会给出肯定性的答案，与我们一起进入圣灵的世界，和我们一起在圣灵的恩赐下培养和工作，帮助我们实现普遍性的社会生活——在圣灵的圣餐仪式上的自由行动。

2

然而，除了要求神迹和要求证据的那些人之外，还有另外一些人需要被充分考虑：他们根本不需要任何东西，因此他们自认为自己就是正确的，自认为自己已经超越了所有"幼稚的"欲望。

…………

这些人反抗所有宗教！也就是说，他们反对这个宇宙的灵魂，反对作为整体社会的纽带！他们没有看到，如果没有宗教，他们简直就是一个个原子。因为宗教本身就是一种联系，这种联系不仅把我们与上帝联系起来，而且把所有人彼此都联系在一起！他们不知道，在圣灵的普遍生命产生之前，纯粹的宗教是不能存在于社会之中的，根本无法实现其命运，也完全无法承担自己的活动。到目前为止，人们所谈论的宗教只是普遍性宗教的一种大致近似的形式。宗教即将成熟，根本不会死亡；宗教即将实现，根本不会消失！

是什么激起这些人的热情去否认所有宗教并要求取缔宗教迄今为止所拥有的手段和目的呢？原来不是别的，正是宗教热情本身！正因为如此，我们与其劝告他们不要鄙视宗教热情，毋宁希望他们唤醒宗教热情并赋予其生机。在他们激情昂扬反对宗教的那一刻，他们也是在对宗教本身表达一种敬意，只是他们自己不知道罢了。因此，他们追求的也是尊重人权，他们培育的也是与共同福祉相关的所有元素，他们继承的也是我们渴求的自由权利！他们崇拜的理性、权利、所有社会制度，恰恰就是宗教的一般力量和组成要素，而且同被精神普遍联系起来的力量和组成要素毫无差别。

他们唯一的错误是：把部分看作整体，并坚决否定甚至消灭一切现存之物。

你认为我们应当真诚倾听人们正在日益响起的反对宗教的声音，倾听宗教这个组织机构是如何枯萎的声音，倾听宗教的根基是怎样化为尘埃的声音。你据此把我们当作你的敌人。这些声音会伤害我们吗？绝对不会。因为化为尘埃意味着宗教已经完成其使命，因为枯萎了的东西适合生火。这些声音不会伤害我们，恰恰相反，伤害我们的更多是其他那些我们经常听不到的声音。

战争意味着生命，冷漠意味着死亡！宗教斗争永远是这片土壤肥沃而富饶的证明，而宗教冷漠则意味着这片土壤是不毛之地。对我们来说，比起那些喜怒不形于色、性情飘摇不定且构成现代社会贫瘠之地的人，拥有百折不挠的精神和饱经风霜的心灵的这些人更容易接近，更能确定为是我们的盟友。

通过以上对比，我们该怎样嘉奖你们呢？你们拥有勇敢的心，向人类的旗帜宣誓忠诚；你们全心全意爱自由，以宗教之名咒骂所有束缚！

宗教是一泓清泉，而不是一座监狱；它代表的是联系，而不是束缚！任何存在都需要纽带，都需要联系，因为没有纽带或联系就会崩溃。另外，束缚中的灵魂不再是曾经的灵魂。无论在什么地方，你只要能看到精神的团结、统一和交流，你就能确信自己找到了宗教信仰。但是，如果以宗教的名义对人类施以羁绊和枷锁，那就不是宗教信仰！

无论过去、现在还是未来，宗教永远都不会是一种奴隶制度，永远不会是一种精神屈从制度！永远不是！即使是东方国家的专制宗教，它也是精神的避难所和庇护所，是解开自然界枷锁并迈向解放的第一步！

只要宗教元素开始影响人类的精神——不是提升和赋予后者生命；只要宗教给人类精神戴上了枷锁——不是释放和振作精神，那宗教自身就已经走完了它该走的路程。人类精神被唤醒，圣职者因恐惧而颤抖，但上帝却非常高兴！这是人类进步的标志！荣耀归于上帝，快乐归于拥有善良意志的地球人。

3

确实还有这样一些人，他们希望把宗教变成一个超凡脱俗的机构。他们认为，如"religion"这个词本身所表明的那样，宗教的本质不是联系和团结，而是破坏和消灭，并把这个世界划分为时间和永恒两个领域。如此一来，宗教就把自己与人类现实完全割裂开了，并把人类精神推向另一个思想世界。

由此可见，这些人才是宗教的敌人，因为他们拒绝并践踏宗教。如果宗教没有被诅咒，如果所谓的"精神领袖"没有把人类精神与宗教生活撕裂开来，那么人们看到的世界总是充满欢声笑语。尽管人们看到的和平是欢愉的，可这些宗教歌颂者却是在另一个世界里承认这种和平。然而，这些人在现实世界看到的只有眼泪和恐怖。他们觉得，精神的命运不能生活在连续不断的不和谐之中，不能永远只是去追求一些不可见的东西。因此，他们谴责宗教造就了工人的不团结。

他们这次又错了。他们犯了"以偏概全"的错误！他们将永恒宗教的某一方面看作宗教的全部。当宗教自身消亡成碎片之时，世界也会分崩离析！分离事实上也是一种联系，因为它意味着世界的救赎。

是谁向你保证过宗教会永远停在这里的？……

4

还有另外一个阶级，它与宗教的关系也值得我们思考。这个阶级的成员自己没有信仰，但总是站在远处冷眼旁观宗教对人民群众产生的一切影响。他们不否认宗教具有积极意义，甚至承认宗教具有无可否认的力量，同时将宗教看作维护普通民众之秩序的绝佳手段。

对他们来说，宗教本身并不是目的、生命或真理，而是一种人为设置的手段——只能说是人为手段的一半，因为秉公执法的警察构成手段的另一半！平心而论，他们对后一半手段比对前一半手段更上心，因为他们无论在什么地方都尊重那后一半手段，而宗教只是看起来值得一试。他们就像今天的法利赛人，看起来家教良好，但行为十恶不赦。他们自认为看透了真相，但事实上并非如此。

…………

5

还有一些灵魂，发自肺腑地充满宗教虔诚。他们目睹了宗教动荡，也洗耳恭听那些持续削弱宗教信仰基础的人的广泛批评。对此，他们一边高举祈祷的双掌，一边哭诉说："哦，不要把人类从安慰者身边带走！不要毁坏他们的宗教信仰！"我们理解他们的焦虑，但不会像他们那样诚惶诚恐。

对于宗教毁坏者……如果宗教是如此脆弱不堪、如此不真实，谁都可以摧毁它，那就请你们不要如此粗鲁地对待它，而是背过身去当它不存在，任它自生自灭！让死者去尊敬死者吧，我们应该崇拜有生命的东西。我们崇拜宗教，恰恰是因为宗教从来不缺乏生命力和凝聚力。我们对宗教没有任何恐惧，因为它像上帝世界那样活力四射，因为它永远像天堂的太阳那样光芒四照！

让我们安慰一下这些充满焦虑宗教情绪的人吧。没有谁可以掳掠走人类宗教的善男信女，地狱之门不会接受他们。消失的只是他们的时间表现和个人表现，他们的灵魂会随着精神的演进而不断进步。

6

你可能会反驳我们说，如果我们相信宗教是永恒的，不断改变的只是宗教的形式，宗教始终以不同形式在发展，那么人类就永远无法实现所谓的"全面而完整的宗教"。永远不可能实现的理想就是"全面而完整"，因为每一个新面貌都是宗教的一个新阶段或者是一种新的宗教。宗教形式也会过时，并被后来者取而代之，这是一个永恒的过程！所以，启示揭示的只是某一个阶段或某一种形式的宗教——它现在看来可能是全新的，但以后也会过时。如此一来，我们获知的只单单是变化的形式，而不是不变的本质！我们宁愿停留在原地，而不是循环往复地从一个起点转到另一个起点，永不停息！

如果你的假设是正确的，那结论就没有错！我们在引言中已经明白，灵魂的命运就是要实现一种完整有序、令人满意的安身之处。现在，这种立场被人类努力实现它的愿望所证明。随着基督教的到来，人类开始产生与精神相分离的渴望，而且这件事情已经成为事实！现在，我们看到了人类实现团结、寻求安慰的渴望和权力意志。瞧！安慰者已经在团结人类并使他们团结如一！

…………

所有宗教形式都是一般宗教的条件。所有的神话、仪式、预言、启示、教条和诫命，即便是谬误和异端，都不约而同指向并预言了"宗教的一般"。此外，它们还逐一发展了宗教的有机特征，以便确立有机原则并揭示其蕴含的内在力量。所有宗教发展的历史只不过是这种普遍性宗教的历史发展过程，都是圣灵的自我表现形式，也是由空间和时间所包围的灵魂不断成熟的过程……

7

基督教的到来不是为了摧毁旧世界而是为了颂扬和实现新世界。它将消除旧的社会生活关系，积极推动世界的更新，因为它将把混乱世界变成和谐世界。

…………

8

…………

我们给出的答复如下：如果你们可以想象出一种没有任何元素的普遍宗教，那我们做不到。没有个人就没有人类，没有法律就没有立法。世界上不存在抽象的人类。如果没有独特元素及其差异性特征，也就没有宗教。一个完整宗教的独特性在于：它不会将任何外在的或者不能完全适应圣灵的东西作为自己的一部分。正如它不会把不是果实的东西称为果实那样，那只是沉睡的胚芽和干瘪的外壳。另外，它确实汲取了宗教的"一般元素"，亦即敬拜圣灵的所有内在力量和实践活动、对圣灵有益的一切以及圣灵的前因后果。

构成圣灵存在的元素是否也构成它的表现形式和绝对崇拜？不存在任何外来加入的东西，不存在任何不堪一击的东西，只有圣灵带来的一切。因为圣灵是一种感觉、知识和意志，它是行动中的思想存在！由此可见，圣灵的仪式只能是通过感觉流出的东西——它是圣灵审美力量的表现；圣灵的教条只能是从思想中流出的东西——它是圣灵理论力量的表现。前者是艺术领域，后者是科学领域！

最后，圣灵的虔诚义务和行动只能是从意志中流出的东西——它是圣灵实际力量的表现。这是一种社会生活领域，是对共同利益的培养和崇拜！

至今使用的一切木雕泥塑仪式都是迷信仪式。这种仪式曾经确实有过自己的象征意义，所以是合理的。但是，现今它的意义要么消失殆尽，要么已经不适应圣灵的成熟。所有这些仪式必须进行转化以完全满足对圣灵的崇拜。

9

……你们知道信仰是什么吗？如果你们知道，你们不仅要对信仰充满信仰，还要具备信仰的知识并对知识充满信仰！你瞧瞧，信仰只不过是知识。信仰知识并不是通过思想获取的，而是通过感觉获取的！我相信我所知道的，并不是因为我思考过它，而是因为它被传授给了我，这是一种直接的获取。信仰是感知和表象的知识，思考并不是有意识的知识。

你们认为我们会因此贬低信仰吗？不，我们称颂它，我们尊重它！如果没有信仰，地球上就不会有任何东西；如果没有生命的启示，就没有这种强大的精神直觉。沃弗纳格（Vauvenargues）① 曾说过："伟大思想来自内心"。这个论断的形式可能不完美，但它承载的内容是鲜活的：用感觉直观照亮自己的思想，赞美自己的意志，以便它可以成长为圣灵的自由行动。自由行动是让上帝也心花怒放的行动，是真爱、忏悔和崇拜上帝的行动！

你们认为这一切都源于我们的知识而不是源于信仰吗？不！我们的内心已经直观感觉到启示的到来，并认为人类迫切需要它。也因为我们的信仰是生动活泼的，所以我们也得到了关于谅解的阐述。正如圣·保罗所说："凭着我对圣灵的觉悟赐予了我见证"。因此，我们再给你们推荐一个见证人，不是我们的良心，而是你自己的良心！你们若接受自己说过的话，感到这属于上帝的荣耀并为之欢欣鼓舞，那你们也就得到了保惠师的见证，他会见证你对圣灵的觉悟。

知识与信仰的关系并不是我们所想的那样。思想和知识不是信仰的敌人，而是它的盟友、它的行动媒介！让我们培养信仰并把它发展成为一种理性。人类不能始终如圣·保罗所说的那样幼稚，而是要成为一个男子汉！

10

今天已经被揭示出来并且为受苦受难的人类知晓的关于第三个启示的神圣真理，就是圣灵宗教的信仰。这个理念已经被所有的科学、科学之科学和知识之爱（哲学！）所证实。

我们要生活在这种信仰之中，并在生活中实现它。为此，我们需要的不仅仅是信仰和科学知识，我们还需要善意！在基督教中，信仰已经成为重生和救赎的最终条件。只有信仰才能拯救基督徒，这不是耳熟能详的信条吗？但是，我们确信无疑地告诉你们，你们的信仰已经不足以获得救赎！只有那些了解上帝以及了解上帝意旨的人，才能领悟"让上帝的旨意行在地上，如同行在天上"，并通过现实的社会行动去承认"只有上帝的生命才

---

① 沃弗纳格（1715~1747），18 世纪法国的道德学家和散文家。他是一名侯爵，也是伏尔泰的朋友。——译注

是绝对的生命"！这才是对生命的真正敬拜，才是对上帝的不断献身！

11

圣约对人类提出了如此多的条件！现在，上帝将会被整个艺术界崇拜，被整个科学领域承认，他的意旨将通过人类履行社会职责得以完满实现！

现在的人们只能以真正属于"灵"的方式去敬拜上帝，也就是敬拜人类本性中潜藏的永恒人性。因为，两者都是"灵"，不同的是：上帝是圣灵，而人是自我敬拜的灵。人类认为最高尚和最值得珍视的东西，其实也是上帝最喜欢的东西。培育成熟的人类精神，是上帝给予"永恒人类"的真正礼物——它们包括人类应该具备的美好的情感以及相应的音乐、真实的思想、相应的语言、良好的社会意志以及相应的行动。因此，圣灵宗教的信仰包含了一切美丽的东西，所有这些都会提升人类的感情，使它们适合上帝的赞美。

神学亦即是圣灵宗教的教条，包含了一切真实而科学的东西，是人类和神圣事物的知识堡垒——它们属于对上帝和宇宙的部分或全面认识。圣灵宗教的实践活动是最圣洁和最崇高的行为，包含了人类善良可共享的一切，它们都有助于人类为实现"圣灵团结"而做出不可磨灭的贡献。

要想成为圣灵的真正崇拜者和仆人，我们必须成为一名艺术家，一个学识渊博和有公德心的人吗？是的。对于充满善意的人来说，这并不是什么难事——每一个因为圣灵而生的人都能做到。我们稍后的论述将会指出，第三个时代的一个基本原则就是推行自由和普遍的大众教育——它不仅是身体上的锻炼，而且是道德上的锤炼；它不仅是思想指导，而且是全面贯彻。关于那些日常可见或不可见的饮食保证，我们将在分析第四个祈祷之时予以详细说明。

如果有人说我们让人类担负了太多的宗教义务，我们只会回答："外星人才不会干这些！"我们也不会停止这个命令，但我们会补充说："我们提出要求的同时也是在传授！这些真理性知识属于未来的语言，因此必将成为所有人生活方式的一部分"。审美培养、科学传播以及一切社会活动准备，这些都将成为所有人生活方式的一部分——有一部分如宗教那般自由的事物现在就是如此。必须保证所有人都能够接受社会教育，这样，每个人都可以有意识地鉴别、选择和决定圣灵赋予他的恩赐是什么、他的职业是什么以及他应当为什么样的膜拜献身。

因此，我们就能理解和把握到：我们第一个祈祷的实现就是最终实现新世界的条件和基础。我们也将看到，圣名的真正贬低与人类精神自我贬低是一致的。

一旦不敬神的事物因为膜拜圣灵而成为神圣事物，人类精神就会达到迄今为止都无法企及的高度。实现这一切有赖圣灵"道成肉身"，亦即人类在圣灵教导下蜕变为"新人类"，才完全占有了圣灵浇灌在肉身上的人的意义。

12

……宗教活动已经饱和，通过宗教崇拜的方式实现复兴是人类的命运。这种方式被称为"社交"——从人类诞生到圣灵团结为止一直都这么称呼。

如果我们回顾一下古代或基督教时代最伟大和最辉煌的时刻，我们就会看到，所有的道德力量都聚焦于一个目的，都共同膜拜一个观念——即便它是片面的观念。因此，伯里克利（Pericles）① 或罗马主教都把一切力量（无论这种力量是艺术的还是神圣的或世俗的）用于获得宗教政治权力。

这会发生什么呢？读者自己可以得出结论！

通过这种方式，宗教改革产生了这样一种信念：人类和上帝之间不需要任何中间调解者。这样一来，神职人员就是一种纯属多余的寄生存在。这里面蕴含着很多深刻的哲理：成熟灵魂可以扇动翅膀飞向绝对，能够直面上帝并在直接行动中敬拜他。但是，人类的灵魂不会在一瞬间成熟！所以，人们必须珍惜有利于灵魂成长的条件；我们每个人都需要帮助、教育和关照。

仅仅说"每个充满善意的人都是他自己最好的牧师"是远远不够的。我们首先必须成为一个充满善意的人。我们必须培育这样的身份标识，但这个培育过程必须与精神同步协调，即它必须源于精神已经成熟的人。同质的人们彼此通过感情、思想和意志的共同工作，这就是圣灵的培育。

真正的和名副其实的未来祭司，将由那些为圣灵的建立、发展和成熟做出杰出贡献的人来担任，无论他的出身是什么。我们应尽可能地成为这样的人！

---

① 伯里克利（希腊文：Περικλῆς，约公元前495~前429年），古希腊奴隶制民主政治的杰出代表。他的时代也被称为"伯里克利时代"，是雅典最辉煌的时代。——译注

13

……通过每一次活动，每一次呼吁，人们都有权把自己看作圣灵的崇拜者。因此，充满爱的行为也是一种神职工作。文化是一种狂热崇拜，除了崇拜爱之外，圣灵不需要其他崇拜！因此，除了对圣灵的膜拜和赞美之外，我们没有看到其他任何膜拜和赞美。上帝曾宣称他不喜欢祭品和全牲祭，他如今宣称他不喜欢任何无价值的仪式和教会表演……因此，救世主首先邀请我们向上帝祷告："愿世人尊你的名为圣！"

圣灵不是贪图祭品的异教之神，而是保惠师——抚慰人心且无所不能的上帝。圣灵只是把忏悔和痛苦作为一种手段，而不是目的。当社交活动成为膜拜行为的那一刻，对圣灵的敬拜再也不缺乏宗教仪式！

基督希望结束犹太教外在的呆板仪式，吩咐人们要忘记一切外在盛况，并默默地向上帝祈祷。要想了解基督教在第一次指令性实践活动中取得的成就，只需要访问教皇之城即可。众所周知，天主教的世俗仪式促成了新教的勃兴。新教徒只是希望回归到早期教会的朴素状态，即恢复纯粹的内心崇拜——实际上这才是膜拜的本质。只不过，这样做不知不觉抛弃了天主教仪式中的诗歌朗读会，而这是拯救已经堕落的宗教崇拜的唯一办法。幸运的是，现今的人类提出了其他交往需求。孤立时代已经过去，统一时代就在眼前！

在人类社会中，社会活动根本不是精神的主要目标和终极命运，也不是人类救赎的条件。服务群众性的社会活动仅限于帮助人民群众获得信仰，使空洞的灵魂可以找到圣灵。但是，在免费服务的行动团体中却找不到这种充满被动性的高尚行动。这种团体的存在恰恰是对整个社会的控诉。未来社会每天都会为每个个体的身体和精神提供养分，这有助于个人共享圣灵团结的积极生活。

每个人都有一定的资格成为未来的祭司，只是实现的方向不同而已。如果我们都按他的方式行事，他将成功找到通往目标的道路。从这个意义上讲，每个人都是适应圣灵文化的贵族。因此，每个人或多或少都会成为圣灵的祭司，不仅是为了他自己，也是为了他的同胞。每个人都会通过自己的侍奉方式来表达他对圣灵的尊重，那将是他的圣典使命！

你们要切切地求那更大的恩赐！①

…………

14

……目前，圣礼不再包括那些无关紧要的外在仪式，而仅仅关乎生活，因而它在本质上是圣灵的一种全面行为。

在古代，圣礼是一种神秘的仪式，它隐含的内在意义关乎着种姓的秘密。圣灵将在人类实践行动中揭示它们的目标和意义。古代的圣礼指称什么？《旧约全书》的圣礼指称什么？基督教的圣礼指称什么？当我们明白了其中的差异，我们就能理解和把握"圣礼"概念的隐含意义。内在性的思想优于可见的明智活动。在基督教圣礼中，几乎不存在物质基础。思想占据上风并带来救赎。

在古代世界，仪式是一种具体感性的肉体活动，后来进一步演变成为淫秽和通奸行为。到了中世纪，仪式是一种纯粹的知识活动，后来进一步发展为信仰的实践活动（在新教中表现得最为显著）。然而，在保惠师的宗教中，仪式是一种自由的慈善行动！

…………

16

…………

或许你们现在已经知道，善意的错误本身就是真理的垫脚石。但是，当且仅当具备了下列前提条件——真理包围了善意的错误，并且在接管了后者的真实内容的同时也拒绝了它毫无价值的外壳——之时，这个命题才会成立。当然，你们也知道，有一些诱惑者看起来更像是引导者。虽然这些诱惑者也能通过某种特殊方式把某些人带到救世主的居所，但他们是成熟人类的"训导师"吗？

伟大的佛陀、智慧的孔子、勇敢的穆罕默德以及其他改革者，都富有成效地把训导之言传授给了他们的民众，但他们都不是诱惑者。在某种程

---

① 参见《林前》12.28—31。

度上讲，他们更像是救世主的使者，同样也是上帝的受膏者。[①] 显然，这些被称颂的伟大人物是先知先觉者，他们符合特定时代和特定民众的启示要求。所以，圣灵也会欣然允许——即使只是在一定程度上允许——他们领会、讲述和传授自己。

基督言：凭着他们的果子，就可以认出他们来！毫无疑问，与原始的婆罗门教相比，佛教取得了伟大的进步；穆罕默德并没有把阿拉伯人带入歧途，因为他把后者对星星的崇拜带入了对唯一圣灵的崇拜！但是，只要穆罕默德创立的伊斯兰教同西方世界发生冲突，就无法战胜救世主的十字架，因为西方世界已经有了更为深刻的启示！

……如果你们信任圣灵的安排，就相信他并完全依赖他！看看正在日薄西山的东方世界，正是历史辩证法开始变形的时刻！欧洲外交使团多么希望伊斯兰教重新崛起。无奈伊斯兰教纵然满腹经纶却也无力回天，因为东方信仰时代该到日暮途穷的时候了。在圣灵宗教中，那些可尊敬的永恒事物将会更好地得到荣耀和创造，而那些暂时性的事物终将冰消瓦解、化为乌有。

最终，那些承认、敬拜和服侍圣灵的人很快就会自称为"人类"。在你对推荐圣灵的人满腹狐疑之时，你是否从一开始就认识了自己？
…………

三 神圣父权的自然结果

…………

的确，在独特而单调的祈祷声中，我们的天父所理解的每一样东西都是朴素的、丰满的和圣洁的，其中不乏公正颂扬。但是，它现在已经不幸地沦落为臭名昭著的口号：自由、平等、博爱。事实上，祈祷文包含的任何东西，我们都要对心灵、对精神、对意志念叨100余遍，因为它比空喊一个口号更有感觉、更为真实、更有效率。然而，自从那些口号被潦草地涂画在城墙上或者书写在一些普通的废纸片上以后，恰好到了该从我们内心

---

① 受膏者是基督教用语。受膏是西方很古老的一种仪式，多数是把油或香油抹在受膏者的头上，使他接受某个职位。就好像在旧约里的君王、祭司及先知，都是用橄榄油来抹在他们的头上，使他们受膏接受神所给他们的职分。基督和弥赛亚的意思都是受膏者——基督是希腊语，弥赛亚是希伯来语。——译注

世界毫不留情地根除它们的时候。祈祷文所包含的那些值得赞美的、本质上是正确的东西，现在已经消散殆尽，并转化为一句句具有讽刺意味的短句。在社会动荡不安之时，如果我们丢失了我们的"指南针"——任何船只都必不可少的"良知"，那么，我们升起的看起来十分壮观但非常容易破碎的信号旗，无论如何都不足以把我们带回港口，因为在既没有篷帆也没有指南针的情况下，它就不能为我们提供力量和方向。除非在和风拂面的信仰、希望和仁爱的唤引之下，我们抬头就能看见一颗可为我们指引绝对可靠方向的"引路星"。因为这颗引路星自古以来就闪耀在同一港口的上空，而这个港口就是"基督的指南针"显示给我们的回家之路。

这颗星星给予我们的启示是：神圣的天父是我们自由、平等、友爱的原因和证明，因为对立双方缺其一就不可能独存。无论在什么时候，只要我们忽略掉了原因，我们也就剥夺了相应的结果，反之亦然。

…………

现在的你，正在滥用社会主义的好名声！你根本不是真正的社会主义者，因为你正在用火和剑来密谋政变，而没有思考如何用精神和仁爱来治愈这个扭曲的社会。你这个自诩的"红色社会主义者"，请听我说！如果你真的把自己看作红色社会主义者，那么，你要么凭借你的模范带头作用，要么通过你的道德原则，去建设社会而不是使社会陷入混乱。既然你的思想和你的社会生活都是反社会的，你让社会如何能够相信你呢？

你如何才能在众多含有剧毒的药瓶中找到一剂不能确定的良药呢？你的选择标准在哪里？你热衷于社交的国事诏书又在哪里？

…………

曾经有一段时间，你们还能正确辨别出"盲目的共产主义者"和"狂热的煽动家"，还能在那些忽隐忽现、似是而非且可能瞬息即逝的见解之中察觉到永恒的光束。有人庆幸自己的感情和想象无比丰富——无论与它们牵扯不清的个性有多么幼稚、多么新奇，那都是你们不懈努力的结果。接着，为建设而不是摧毁它做准备，你用良好的思想"编织"了一条细密的带子去使它变得更温情。虽然这个世界向你的希望投掷了无情的嘲笑和肆意的谩骂，相应地，你有权利对这些嘲弄一笑而过。无论在什么地方，真诚的信仰、良好的思想或善良的意志，必将苗壮成长并繁荣昌盛，它们迟早应得到人们的尊敬，而且迟早会结出有福的果实。

…………

因为你们知道，这种期盼已久且将要降临的社会状态，比历史上已知的所有社会更完美，比你所能想象到的社会状态更和谐、更协调。正因为如此，在你热切盼望那个社会来临之前的一切时代都显得暗淡无光和无关紧要，它们充其量不过是上帝的"应许之地"——大体相当于他在迦南大地①上做出的"物质预设"和在基督教教会之中进行的"道德预设"。如果你已经开始进入这个"应许之地"，你将逐步递增地接收和体验到之前从来没有经历过的东西，因为这是人类命运的实现、至善精神中的和平与快乐的实现。但是，如果你想从侧面通过它或者暗地里索求一些其他东西，很显然，你什么也得不到。

…………

14

"你们是世上的盐，盐若失了味，怎能叫它再咸呢？以后无用，不过丢在外面，被人践踏了。"② 对，你们就是世上的盐，如同垂直进步的催化剂和鼓舞者一样，也像世界宗教元素的热敷器和播种机一样。你们是"世上的光……人点灯，不放在斗底下，是放在灯台上，就照亮一家的人。"③ 反倒是，你是什么？你是进步的耶稣会修士。你最想要的是什么？你力图成为"世俗基督"的审判官。

那些自称是"耶稣的同伴"的人，通常使用甚至是滥用地球上最神圣的名义去实施、执行背离耶稣本意的计划，丝毫不顾及手段是否具有神圣性，而且还渴望实现"虚假的神圣结果"。不理会救世主的清规戒律，他们毫不犹豫地躲藏在灯斗底下。在承认自己已经落入精神奴役之陷阱的情况下，他们还是那样骄傲自大，甚至打算把整个世界都拉进这个陷阱。

你们这样的人也是如此。把你们称为"社会的倡导者"，不免涂改了这个名号的本来意义。你们向放荡效忠，自然也会玷污"团结统一"这个名称。虽然你的救世主反复提醒，你无论如何也没有丝毫犹豫要把现实世界

---

① 迦南是《圣经》故事中上帝赐给以色列人祖先的"应许之地"，是今天巴勒斯坦、叙利亚和黎巴嫩等地的古称。——译注

② 参见《马太福音》5.13。

③ 参见《马太福音》5.14-15。

从宗教信仰之中分离出来，也从来没有想过要重新皈依于它。在任性妄为的世界面前没有丝毫顾忌和回避，你们让自己也卷入了险恶无比的放荡行为之中，这不可避免会导致奴役的问题，乃至不知不觉地流露出"你是谁的精神"的外在迹象。正如他人总是披着黑色的披风，戴着黑暗的斗篷，为的是在夜晚看不见任何污垢，所以你呈现了深红色。永恒的否定精神总是渴望喝到这种犹如血液一般的"奇特消化液"，众所周知，因为反常的任务，否定精神始终需要它。

不可否认，基督教道德曾在洛约拉（Loyola）或多米尼克（Dominic）的集会上风靡一时。尽管悲摧的苦难已随他们的觉醒成为过去，但是这些值得赞美的美德直到今天还在这里不断涌现。同样，子孙后代不仅不会忽视你们充满激情地开采出来的"稀有矿石"，而且也不会忽略被煤烟熏黑了的"锻铁炉"，尽管红色铁锈已经吞噬了它昔日的风采。尽管如此，最后的审判对你和他们来说都是残酷无情的，因为你们对自己和社会说了谎话，正如他们对他们自己、对世界以及对救世主说的谎话一样。

确实，在天国里，无论黑的还是红的都不应该被真正地继承，甚至不允许跨进它的大门。实际上，就像沙漠的干燥闷热一样，它们也会阻碍人类的进步以及引起精神饥饿。因为任何腐败堕落都不可能抵达天国，如果只有怀疑能让我们逗留在天国的大门前，那还有多少堕落腐败行为能阻碍我们做到这一点！对，通往天国大门的是"和谐一致的彩虹"——它同"爱"一样清澈、纯粹，充满了普遍性的色调，就像一群女人之中那个被祝福过的人的面部表情。

上帝与地球之间的这种"联姻"，既是统一和誓约的神迹、神圣荣耀的外表，也是我们地球世界和解统一的象征。同时，这也是我们和睦友爱的符号，和平与慰藉的标记，因为在它们二者的统一关系中，完美融合了这个世界的所有色彩和全部辉煌。万事万物彼此缓和而适中，并从自身中繁衍出无数或无限的、没有任何排斥或指责的自我，因为地球需要所有这一切。事实上，辩证的对立统一关系向每一个人表明：离开了"他者"，没有任何事物能够独存，每一个事物都从"他者"那里唤醒完整的自己；唯有所有色彩普遍丰富——就像所有音调普遍丰富那样，才能构成和谐。辩证的对立统一关系也向每一个人证实：这些修女在奔跑之时也要互相依赖，唯有如此才能融入到一片乳白色之中。

四　愿你天国降临

1

（1）针对"至高存在"（"愿以你的名字为圣"）进行祈祷之后，跟随而来的是关于人类关系的呼吁；上帝的自身问题之后接着就是世间的社会问题。很显然，上帝是最高的善和最高的目的——这个目的高于一切。相应地，万事万物的第一个祈求是理所当然地把上帝作为它们自己的目的。同理亦然，天国是世上最大的善和人类社会之目的，那么人类的第二个祈求就应该是正确理解、把握和对待这个天国。既然天国是整个人类社会的最高意义的"善"，那么天国就是人类社会的条件与实现，因为基督曾经预言："你们要先求他的国和他的义，这些东西都要加给你们了"。①

因此，"上帝的天国"是接下来的第三个祈求的目标与对象（"你的天国降临"）；"上帝的正义"是紧跟其后的第四个祈求的目标与对象（"你将完成"）。救世主在祈祷文的前言部分吩咐了我们要祈求的内容，恰好是他在第二个部分责令我们要恳求的东西，正如他在第三部分向我们展示的条件那样。既然他命令我们为这一切祈祷，很显然他还尚未馈赠我们这些礼物，但已经承诺了并带着这些礼物更靠近了一些。否则，救世主不可能命令我们寻找或祈求它们。

同样明显的是，祈祷文中的请求在世界历史发展的第二个时代即基督教文明世界还没有实现，不过，它必将在跟随中世纪时代而来的第三个时代之中彻底实现。只要检视迄今为止的社会关系状态、盛行于世的斗争和分裂、人类到目前为止已遭受过的剥夺和疾病，这就足以使我们相信上帝天国真的尚未来到，因为至今的世界状况显然丝毫不符合"天国"这个范畴。提起基督说过的话——"我的国不属这世界"②，也足以让我们相信：地球上的"上帝之国"在整个基督教文明世界始终没有出现。

另外，同样确凿无疑的是，我们任何人都不精通《圣经》经文和教会历史。基督向人类非常明确地承诺过，地球上的神圣天国必将降临——坚信这个正在不断逼近的事件（亦即人类在最初几个世纪里将得到重生）是

---

① 参见《马太福音》6.33。
② 参见《约翰福音》18.36。

所有基督教徒普遍接受的信念。我们马上来梳理一下基督的主要陈述，以及教会神父与神学博士在这方面的相关证据。为此，我们可能通过导言的方式进行评述，它足以毫无偏见地反映我们的万能祈祷文接下来的要求。在通用的祈祷文中，基督责令我们不要祈求天国的总体情形及其他的发展等，而是明确要求我们：为祈求天国降临而进行祷告，进而找到当前发展的不充分方面、必将发生的未来的征兆以及伴随而来的保证它得以实现的条件。随后，某些人就开始断言：这个天国绝不会出现在我们的世界，它始终对其他世界保持着永恒的特权。再后来，就出现一定程度的矛盾对立，因为另外有一些人试图做出这样的解释：这个天国已经被基督转移到地球上了。如果真如后一种理解所宣称的那样，那么，基督为什么还会命令我们去祈祷"你的天国来临"呢？由此可见，不论发生上述哪一种情况，都可能把祈祷文视作一个悖论存在，因为一个人不会去祈求他已经获得了的或者明显不能得到的东西。同理亦然，一个人不会去召唤或呼吁绝不可能来临的或者已经来临了的天国降临地球。

…………

（2）如果我们基于祈祷文而承认"天国正在降临"这个信念，那么来自另外一个视角的一个重要困难将会摆在我们面前：这个信念与前文引用的基督宣言"我的国不属这世界"怎么能是统一的呢？很显然，"我的国不属这世界"与"天国正在降临"存在根本对立，因为这个基督宣言正好坚决彻底地戳破了经过严格审查的祈求文所激起的美好希望；前者坚决否认的东西恰好是后者所明确肯定的东西。如果基督本人最终也会承认他的天国不属于这地球世界，那么他为什么会命令我们去坚信"天国正在降临"呢？而且，他为什么会如此频繁地预言天国来临，以及为什么会如此坚定地承诺它？这种令人讨厌的矛盾对立到底意味着什么呢？

…………

（3）痛苦的世俗与和谐的《圣经》。在基督教文明时代，天国还不属于并且也不可能属于这个地球世界，因为基督教的救赎论和重生观恰好有赖于人类自身从直观感性的经验世界之中分离出来，有赖于人类拒绝来自世俗世界的诱惑。是否能与基督教文明时代坚决决裂，取决于我们能否扬弃这个纯粹的外在世界，取决于能否唤醒人类的永恒的、无限的、肉眼看不见的精神世界，取决于能否建立起一个可替代被叛定永久有罪的世界之世界——一言以蔽之，取决于人类所有生活能否共同指向一个理想的天国。拒斥外在世界的束缚并奠基在内在世界之上，断绝目前社会生活关系以及瓦解现存世界的社会环境，这既是永恒条件形成的预兆，同时也是精神向更高规格和更强力量提升的预兆。

…………

因此，在整个"现代"——从开启了我们纪元的中世纪一直持续到今天，天国不属于且也不可能属于我们的文明世界，它只不过是被我们接近、播种、预告和联系起来了。换句话说，"天国"这个概念仅仅是建立在我们自己思想的基础之上，天国的语言（逻各斯）已经出现但还没有完全幻化为"肉身"。[①] 在《圣经》的各种文本之中，我们可以从它们运用的"超然独立的""不可见的""来自地球之外"这类及类似的表达方式中体会到一种陌生的熟悉感，因此这些理想状态迄今为止在地球上仍是"不真实的王国"。同样，在第一次祈求中，我们也会明白，基督教的天启说仅仅提供了神圣天国的基础建材，它把这些核心理想的现实结构及其实际建造留给了历史上的第三次天启以及第三个时代。毋庸置疑，我们首先应当铭记于心的是，无论思想和语言状态下的"纯粹理念"是什么，它目前依然还不属于实践行动，依然不完美和未实现，因为它缺乏恰当的现实形式——未来语言依然没有"凡胎肉身"来现身。因此，对我们而言，其他任何尘世王国都仅仅是一个抽象和主观的思想，不是本质已经客观、自然、具体显现了的现实存在。由此可见，这个存在于思想中的王国还需要应验和具体化。

…………

（7）早期基督教徒在理解和评价基督的言说方面并没有怀疑和动摇[②]，对基督明确向他们承诺过的相互关系也从来没有犹豫不决。即使在我们这个开放时代，他们也丝毫不怀疑在充满压制和审判的信仰时代终结之后，实现"世俗的天国"迫在眉睫。他们明显地注意到了这个天国从过去到现在都不属于人类世界。在内心极其痛苦的情况下，他们对此还能反躬自责：是因为在虚构神学的过程中还没有经历过更加彻底的锤炼，或者在解剖人

---

① 参见《马太福音》13. 19："凡听见天国道理不明白的，那恶者就来，把所撒在他心里的夺了去，这就是撒在路旁的了"。

② 参见《马太福音》24. 30 和 26. 29，以及关于"上帝的尘世王国"的其他预言。

体的过程中还没有接受过更加全面的教育，以至于造成自己明显不赞成已持续存在的新的启示方式。他们非常强烈而真诚地信仰着"正在到来的未来"所拥有的一切，并把神圣天国的姗姗来迟完全归因于自己的不完美和无耐心。

…………

就像犹太人热切期待他们的救世主重生那样，早期基督徒也是这样等候上帝的复归以及他的天国降临的。他们的希望并不是白费力气；他们的徒劳绝不是因为上帝和天国是虚假的，而是因为他们太急躁、太不耐烦。整个基督教文明时代必然是一个蒙受苦难和考验耐心的时代，因为上帝把自己都展示成了一个受苦受难的救世主。上帝带来的科学正是把人类从纯粹世界中分离出来的科学，所以他创立的王国仍属于这个地球世界。和"天启中的天启"一道，他再次预言这个支离破碎的现实世界与接踵而至的地球天国终将实现同一。这种同一不再会以一种生僻字词的形式出现，而是凭借这种启示以及它焕然一新和相辅相成的言说方式去理解、接受这个事实：现实世界目前还没有这个能力。

…………

因此，在拒绝一切幼稚遐想的方面，后来的知识传统并没有犯早期臆想症那样的错误。事实上，信徒自身的错误在于，期待不通过布满荆棘和洒满汗水的弯路就直接抵达终点。基督和所有基督教教义恰恰就是这条弯路。

…………

2

（1）社会状态是人类生活的天命、自然和本质条件。人类是因为社会生活而被创造的。没有社会，甚至人类（Man）将不会是一个人（person），因为社会存在状态同"人"这个概念是完全一致的。

亚里士多德说"人是政治动物"，他表达了一个真实而普遍的真理。后来力图纠正亚里士多德之错误的那些人说"人是宗教动物"。如果他们力图用"宗教"一词来表征、特指"永恒共同体"和"所有精神的凝聚力"之义，以及借它来"隐喻"上帝与人类之间的团结（不是纯粹盲目或被迫性的团结，而是对它们互相依存关系的自我意识和自愿认可——所以，自由精神总是具有依赖性和附属性），一言以蔽之，用它来表述、标识宗教话语的发生学根源，甚至是展现宗教的永恒意义以及天命的绝对联系和绝对义务，我们没有任何异议。甚至，我们还会欣然接受这个具有互补性的定义，并自愿把它看作"由基督教带给这个世界的伟大进步"的一次恰如其分的修正。可是，引起我们注意的是，此处阐述的"人"的定义恰恰是亚里士多德从他自己所在的时代立场来制定的，即在古代政治语境下理解的"人"的概念。那时候的"人"还处在前基督教的表现水平上，因为处在古代政治体制中的人永远总是神职人员。也就是说，神职人员才是政治动物，而处在体制外的大多数人除宗教生活之外，政治生活则化成了泡影。

············

（2）因此，下面这种理解并不会让人感到惊讶：无论在什么地方，人类的绝对自然状态都是不存在的。或许，人类的绝对自然状态是无所事事的理论家们幻想的结果，因为他们对社会状态见多识广，从而试图从中提取出某种"反社会"的社交协议。毫无疑问，人类种族各自有适合于自身的某种自然状态，只不过它从一开始就高度社会化了，尽管它是以"纯粹的机械性"和"先天的群体性"为显著特征的。我们可以把第一章描述的那种自然状态看作社会本身的自然状态，而不是个人的自然状态，因为人作为人，自身携带有社会性。同理亦然，我们对所谓的"野蛮人也存在于某种社会状态中"的说法不要感到诧异，因为只要有身体的地方，也必定有地球引力。

············

因此，在人类社会的自然状态中，个人不是作为个体而存在，社会也不是作为社会自身而存在。换句话说，只有在不适合自身的状态中才能发现并找回自己的自然状态。人类社会的天命恰好就是脱离自身，即从那种命中注定的和与生俱来的状态中慢慢地发展出来。实际上，人类社会发展有三重任务，其中的第一重任务是在自身的自然状态中萌芽，并在这个特有的发源地上形成与发展；第二重任务是最终克服自己的自然状态，废除它和抛弃它；第三重任务是重新回归并占有自然状态。归结起来就是，人类社会发展无论如何也不能从原有的水平上退化，而是通过吸纳它的原有水平而提升自己，即把原初自然状态吸纳为自身的有机元素而不是把它看作脱离于自身的外在力量，并控制这个"新生自然状态"为我所用。这就是气势恢宏的人类生命跨度中的三个时段，分别对应着历史发展的三个主要阶段。

人类社会是普遍化了的个人。如个体一样，人类社会也有身体、灵魂以及与之肌理相连的精神。每个个体的一生，首先是婴幼儿生长期的身体成长，然后主要是青少年教养期的灵魂发展，最后（唯有在成年之后）才开始过上完整而恰当的生活——当然，只有在崇尚刚健、英勇、理性的公民时代，个人才有可能把整个精神充分现实化。其实，每个人类社会甚至所有人类都是如此：这些一般化了的个人共同体，在获得成熟而合适的状态之前，必须依次经历、实现和跨越与个体生命相类似的各个阶段。

…………

（6）在基督教的特定产物中，有没有宗教与政治这两个相互分离的领域呢？没有。只有它们自身中的相互分离、相互对抗、相互映照，这就是新世界的新事物和新观念。在古代世界中，宗教和政治在价值中立的同一性中互不干扰地酣然大睡。恰恰是基督教造成了它们的相互影响和完全分隔，并形成了互相对立的两大阵营——它们从自身中走出来并与自身相对立，并由此明确地表现出来……

…………

（8）在一定意义上讲，宗教与政治的相互对立就像构成相互对立的两种电流，只要它们共处于一个动力学状态中，它们就能形成中世纪的"生活之流"。既然它们的天命是互相渗透、互相映照，那么在这种毫不关联的隔离中，在我们今天可观察到的疏离之张力中，它们各自能长时间地维持自己吗？事实上，它们只能暂时维持自身。换句话讲，只要它们是互相分离的，那么由莱顿电瓶的玻璃①隔离开来的两种电流恰好就是它们目前存在状态的最真实写照。但是，这种冷淡主义的玻璃隔是不可信的，因为只要电瓶之中仍还有电，那么这种相互分离的张力就会持续存在——只不过，一次粗心大意就可能造成放电。

---

① 莱顿电瓶其实就是最原始、最简单、最可靠的高压电容器。在古老的静电时代，在荷兰莱顿城的科学家们造出了一种在内外壁都贴上金属锡箔的玻璃瓶。从两个锡箔分别引出导线连接在发电机的正负静电输出端口，这样就构成了一个可以储存电能的瓶子。它是当时科学界得到的唯一的电能储存技术，为后来的放电试验和无线电技术的发明做出了巨大贡献。——译注

毋庸置疑，假设随着时间推移或空气环境的湿度变化，这些相互分离的某一股电流被消耗殆尽或者消散掉了，到了这种地步你还不考虑充电问题，啊，可怜的物理学家，不要试图欺骗自己了。你们明明知道与之对反的第二股电流也会消失不见，因为在对立统一关系之中，其中任何一方都是另一方存在的充分必要条件，一旦其中一方消失了，另一方也不再独存。瞧瞧！你的整个电瓶已经没有电了。你的政治也是如此。当政治没有了灵魂，与之相对的宗教也会随时萎缩。

浏览到这儿，或许你会十分疑惑了：电不是人造的吗？这个念头非常荒谬。事实上，电始终存在于自然界并拥抱天地万物。除了人类已经拥有了的电以外，即除了你们小心谨慎地从自然界分离出来并被如其所是地汇集在电池中的电之外，其他的电——在人类未予以区分和不知道怎样使用它的情况下，就已经融汇到一处并形成了"万能之源"。电广泛存在于宇宙之中并赋予了天地万物盎然生机，只不过你坐在办公室里丝毫感觉不到它无处不在的踪迹而已。非常幸运的是，过早放电还没有损害这个"大电池"，它也没有用闪电彻底粉碎你。

…………

（10）正如古代社会状态下的"天然无差别主义"不得不分解并转变成基督教社会状态下的"完美精致主义"，同样地，精致主义也必须上升并成为第三个文明世界的"精神统一"。迄今为止仍被割离开来的"基督教的一般"，意欲通过古代文明世界的"事实的具体"来完成和实现之。人类世界逐渐意识到了一种精神人性，认识到了要把目前仍确切无疑的宗教灵魂连接到迄今还处于扭曲状态的政治体制之中。为了实现统一，为了生活在自己的世界里并贯穿于它的始终，先前已支离破碎的人性渴望能够充满活力地呼吸。同样，基督教揭示的"共和理想"渴望在国家之中实现并贯穿于它的始终。这种社会化了的世界的逻各斯——它们迄今为止还仅限于在上帝那里存在，未来将幻化为肉身并存在于我们之中。

作为基督化成肉身的特有器官，种族、氏族、古代部落及其他的元素都是基督达到目的（即召唤具有差异功能的诸元素实现同一）的手段。人类社会的团结（迄今为止我们只能在思想中发现它，通过观念去把握它，因而是纯粹主观的和不可触摸的感觉）也将变成肉身。今天，神圣天国的福音即"哲言统治"① 在感性世界的公共关系中已经非常明显地客观显现……它们不再像异教徒世界那样具有排外性、有限性和封闭性，而是上升到普遍联系和生活交往。不再相互隔离，也不再是相互的机械作用，这些国家共同构成了一般有机体的行为主体。它们不是杂乱无章地无机重叠，而是在人类有机体中去绝对地揭示并发现自己"如其所是"的位置。

精神的这种重生、轮回和复活，其结果就构成了人类社会自身从自然状态向文明状态的嬗变，从而转化为具有公民权的国家和人类的共同福祉。正如迄今仅有少数的特殊个人才是特定国家的合法公民，作为个人共同体的国家在未来同样都会成为"尘世共和国"的合法公民。尘世共和国的立法机构优越于目前的所有议会，它的全体国民大会——伟大上帝的使徒保罗把它视为"人类完满"的象征，是真正意义上的"人间万民会议"②。

因为人类多元化的性情意向和多样化的实践活动，这个联合体容纳了形形色色甚至风格迥异的政体形式，从绝对君主制到纯粹民主制，再到现在如其所见的各种社会分层。正如不同社会阶层之间可以自由交往一样，层次多样化的社会等级制度已经存在于各个国家之中。在一个充满活力和和谐的尘世共和国中，那些有影响力或最有权势的国家应该彻底摒弃边界争端，转而相互包容地坐下来协商解决，就像阶层之间相互帮助那样。

这个联合体的天命，既不再像异教徒社会那样是排他的、暂时的、有限的或追求自我的，也不像基督教社会那样是分离的、超然的、假定理所当然的、潜在的和不真实的……这个联合体恰恰是上述两种社会存在状态的充分实现和完全同一，因而它的世界是高度社会化、精神天命实现和恳求如愿以偿的。同时，它的成员发展水平得到巨大提升，达到真正和睦相处，实现了存在、思维和行为的和谐同一。正因为它是在先前因素互相排斥、激烈对立的基础上实现了这种充分自由的和谐、多样性的普遍协调、求同存异的和平共识，从而也使后者成为"尘世天国"的构成要素。

…………

---

① 哲言统治是（Verbum Regni）的直译，与《圣经》的各种中译本保持一致，其意思是说哲学语言占绝对统治地位。——译注
② 参见《罗马书》11.25。在此，保罗揭示了以色列复兴不仅是可能的，而且是必然的——这是人用自己的智慧不能探知的真理，如今这真理却显示出来了。保罗之所以要揭露这一奥秘，是以防外邦人自以为聪明，带着种族主义的眼光藐视犹太人。

（11）因此，对任何人来说，如果要想探寻并预构一种先验形式的尘世天国，那他就会犯一个非常严重的错误。我们经常发现，有些人总是想入非非，认为可以把我们世界的历史条件、社会环境和存在境况等"灌注"到尘世天国的先验模型之中。对他而言，这只不过是在已经存在的并且有相当充足数量的乌托邦理论之中再增添一个新说法而已。

…………

上帝的国既不会只在这里或那里出现，也不会只以这种或那种方式发生。它的出场的确可以不分地点和方式，即它可以在任何地方以不同的形式显现，因为构成天国的那些一般性尘世因素都是完全协调的。因此，耶稣说，上帝的国来临并没有可见的征兆，所以无人能说："看啦！在这里"，或者说："在那里"。[①] 进一步比较就会发现，天国会像闪电那样吞噬一切界限，因为它除了让现存世界不断电气化之外，什么也不是。现存世界电气化的具体表现在于：公共生活领域摩擦出火花，一方面通过各国人民之间普遍友爱的这条永恒纽带来"同化"现存世界的世俗状态，另一方面通过综合和解使各种社会机构、风俗习惯和规章制度具有普世性，从而建构出人类共同体。

如果人类认为上帝天国就是我们地球诸王国的其中一个，那么我们就一直在用卑鄙和守旧的"犹太人幻觉"来蒙蔽和误导自己，认为可以从浩瀚天体中挑选出一个星球作为上帝的首都。另外，如果我们断定这个天国根本不可能存在于我们的世界（相关论证依据可归结如下：要么它与地球上的王国没有任何共通之处，要么它始终只存在于思想的理想元素之中，要么它仅把未来生活作为自己的目的），那么我们正在蒙受另外一种幻觉的欺骗——虽然理由看起来很严谨、很冠冕堂皇，但实质上最片面、最抽象。上述两种幻觉之间的矛盾对立，要求我们必须毫不犹豫地消除之、摒弃之。上帝天国的任务就是在地球上发展永不消散的精神生活，而人类的最终目标则是实现尘世天国——不是要在与现在断裂的未来生活中去实现它，而是在当下就成为这种永恒事业的参与人——因为人类不会消亡（其死亡即

---

① 参见《路加福音》17.20，21。原话是：有些法利赛人问耶稣："上帝的国在什么时候降临呢？"耶稣回答："上帝的国来临并没有可见的征兆，所以无人能说：'上帝的国在这里'，或说：'在那地方'。因为上帝的国就在你们心里。"

重生），而且它的永恒生活只不过是现存因素的普遍完满及其随后产生元素的普遍连续。上帝天国不是其他，而是社会的有机存在状态、世界的一体化、国家的和谐幸福和人类的政治教堂！

…………

（12）让我们更加严谨地反思和探寻从基督教文明时代进入未来新纪元的可行性通道，也让我们更加详细地分析这两个时代的社会国家之间的相互关联。

废除地球上现存的一切联合政体并揭露它们具有非法和易变的特点之后，基督教将把最完美的共和政体带到尘世世界。以《圣经》为基础的宗教——同宗同源的诸多教派尽管齐聚一堂，但尚未凭借真实和独特的理想信念和道德纽带来保证它们忠贞不渝地相亲相爱——目前仅仅是为了实现不冲突和得到慰藉的同一状态而努力奋斗。这个宗教毫无疑问是上帝的宗教，只不过目前还仅仅是一个斗争的宗教。我们在现存世界中发明的那种不可见的理想联合体（乌托邦），恰恰是描绘"完美社会"的一种措辞（逻各斯），还不是它的身体。因此，恰如福音书所宣称的那样，语言领域最确切的语言是天国的语言（哲言统治）。

…………

但是，由基督带到人世间作为社会安慰的核心理念以及作为社会激励之源的互相友爱和手足情谊，是以每个人的主观精神世界为基础的，因此它们至今尚未能弥漫和充盈这个世界。这个基础只不过是一个指示标，是客观世界的外在条件还不允许它自我实现的一个先决条件。唯有扬弃这个基础（因此，宗教道德也是片面和规诫性的），因为它仅仅是私人的道德品格而不是社会的公共品质。毫无疑问，人类自身的内在性重生既不可避免也不可或缺。相应地，"自我复归"与"自我设定非我"同等重要，因为没有这两个环节，异教徒不仅没有能力去实现甚至没有能力去接近上帝之国。毋庸置疑，我们今天在这两个方面都做得远远不够。没有世界自身的外在性重生，人类自身的内在性重生无论如何都不会那么充分——不过，要想让这种重生更加充分就应当诉诸第三个祈求。

…………

因此，其结果是"尘世中的上帝之国"与尚未存在于这个世界上的基督教王国有关，因为行为就是知识，现实就是概念，实现就是可能性。

···········

（15）因此，我们能够理解，地球上的神圣王国能够存在的条件与特征之一就是人类在永恒和普遍的和平之中实现同一。事实上，所有知识渊博的政论家的理论范畴都是发自本能地朝着这种目标在努力。目前，很多国家的外交理念和法律关系在实践上都被这个目标吸引，即使这个目标对它们来说是盲目的和无意识的。但是，对我们而言，这个目标清晰可见。

···········

（16）只要人类还没有达到宗教意义上的相亲相爱，国家过去从来没有并且将来也不会有能力去接受"永远和平"这个理念，当然更不可能在现实生活之中去贯彻执行这个理念。精神的诞生已经证明了圣灵具有擅长社交的能力。没有这种精神联系、重生和证实，现存状态就会紧紧地黏合在一起或者被分缕条割。同样，如果我们无视精神元素的反抗，不顾神圣不可侵犯的国家法律的反抗，以及蔑视真理与"社会之善"的反抗，我们将不可能具备使上帝之国降临于世的能力，也永远不具备创造一个真正普遍和至关重要的人类有机体的能力。目前，在国家之间绝不可能有所谓的"普世和平"，因为在它们看来，和平要么是一个例外，要么是一种假象和谎言。尽管他们嘴边总是时刻念叨说："和平了！和平了"，其实没有和平。①

···········

人世间的"普世和平"或者"永久和平"，根本不可能因为任何一本小册子或者任何一个外交会议就应运而生——真要是这样的话，这个所谓的"和平"必定是虚假的、华而不实的。一言以蔽之，和平不是任人揉捏的面团，不会因为计策或未加工的酸橙而产生。人世间的永远和平，唯有在它的真正成员中通过共同理想、精神的涅槃重生、加入神圣宗教同盟等人类生活形式而逐渐生发出来。荣耀应该归于斯拉夫君主，是他们最早构思并提出"神圣联盟"这个术语，因为无论它最初有多么不成熟，但很快就衍变成为一个至关重要的理念。我们至少应该感谢他们对这个高尚品质的渴望，同时也应该为那些政治伪君子感到羞愧——他们自始至终都在无情地

---

① 参见《耶利米书》6.14；8.11。原话是："他们轻轻忽忽地医治我百姓的损伤，说：平安了！平安了！其实没有平安。"

嘲笑这个富有奇妙意图的政治信条。后来，在无法逃逸出该理念的影响力的情况下，也是他们在千方百计地扭曲、中伤、歪解和阻止它。

…………

（19）任何人都会笃信"人与人之间的自由、平等和友爱"。这当然不能以那些"革命煽动家"的言谈举止作为标准来审视之（因为他们在把这些美好意愿逐出他们自己的心灵意念之时，却在墙上乱涂乱画这些话语），而应该以"从父辈们的启示录流淌出的话语"作为标准来衡量这句话。因为，任何一个个体都是"他者"的存在条件，生活在天堂的父辈们也许同样会信仰"人与人之间的自由、平等和友爱"。无论是谁，如果他没有领悟到其中的道理，又或者没有全心全意地去感受这些意愿之美好，那么他至今尚未实现在精神领域的涅槃重生。如是，不仅他自己不配进入上帝天国，而且也会阻碍他的同胞进入。但是，无论是谁，如果他否认任何一个国家所拥有的不可侵犯的主权，或者只是假惺惺地谴责不正义暴行却没有努力去阻止这个既成事实，那么厄运就会降临在他头上。毋庸置疑，已经遭受非正义对待的国家不会是复仇本身，因为大公无私的上帝将在他的时间序列中给予（那些侵犯其他国家的国家）相应的惩罚。

…………

3

（1）宗教不单单是教义问答、象征性仪式或道德劝诫。简而言之，宗教不是纯粹之物，而是实际指向"精神之绝对目的"的感觉、知识和意志，及它们在整体上达到完全充盈的状态。因此，宗教是绝对联系和天地责任，是绝对和谐和普遍融洽。如果我们取消了这种联系或者废除了这种至关重要的同一力量，我们将化为尘埃。如果我们剥夺了追求同一的灵魂，那么已经成为"行尸走肉"的有机体将开始腐烂。既然我们除了目的（即实现和谐的有机联系）之外别无他物，那只有全身心地投入到宗教活动中去，因为没有了宗教，我们人类就不可能有任何共同目的。一切公共财产、一切和谐之物、一切根据行为而同一之物，早已经是宗教的应有之义。因而，宗教语言总会不可思议地展现出美丽和真实，"因为无论在哪里，有两三个人奉我的名聚会，那里就有我在他们中间。"① 正如没有人类社会就无法理

---

① 参见《马太福音》18.20。

解个人一样，没有宗教也无法理解人类社会。没有宗教的人类社会毫无价值可言，甚至是极其荒谬的，因为它不可能是一个社会化了的共同体。因而，社会除了"如其所是地呈现出来的那个样子"之外，还能表征其他东西。

那些断言我们不再需要宗教以及认为宗教毫无价值的人，同样也会精神错乱地断定我们不需要社会——因为社会本身已经成为宗教。宗教是人与人之间的普遍联盟，也是联盟的主要动因和必要力量。整个人类生活就是一个巨大的宗教，而宗教也是人类的全部生活。宗教是为了人人的一切。

…………

因此，作为灵魂的宗教和作为身体的政治国家始终处于耦合状态。可是，人类在第一个时代没有意识到它们的同一性，而在第二个时代却又产生了把它们二元对立的意识。到了今天，承认它们应当在精神中完全同一和绝对和谐的时刻才姗姗到来。唯有今天，我们才意识到，灵魂正在身体之中具体化，而身体正在灵魂之中现实化。

…………

（3）现在，让我们越过上帝天国的"地形图"，转而去考察与天国之本质密切关联的划界问题。这个天国所信奉的诸如"世界绝对联系"之类的宗教构想，既不同于异教徒社会的目标——其特点是当下可见的、暂时有限的和偶发性直觉的，也不同于基督教社会盛行的目的论——其特点是假设性的、超凡脱俗的、当下不可见的、永远始终如一因而绝不会暂存的，更不同于当今社会的目标——其特点总是纯粹先验的和永不会无所不在的。世界与人类的真正目的即精神层面上的"至善"，既要求在物质领域中实现，也要求在思想领域中实现，因为精神就是身体和灵魂的圆满状态。

因此，上帝天国支持一切物质资源、一切精神天赋、一切世界财富和一切人类元素的有机发展。上述所有的一切，都会在无限美满的社会生活中同一，然后逐渐发展、完善并最终把自己提升到无限崇高与无限强壮之状态中。与此相适应，上帝天国所包含的"精神之自由实现"的意识，不纯粹再是同一的、唯一的和专门的，而是彻底的、完整的和完全的。这些意识，不仅包含"社会秩序与宗教仪式相同一"的构想，而且也内在蕴含着"政府"这个概念——它是能够有效满足这种同一性需求的最重要机构。总而言之，上帝天国所包含的所有联系和所有宗教，都是实现个体以及整个人类有机生活的"工具"和"炉膛"。

上帝天国要求政府以这样一种方式组织工作，即期望政府所拥有的那些行动能力是"真正的行动"。换句话讲，政府及其具有执政精神的大臣们本身就应当是行动的参与者。无论身在何处与处境如何，每个成员都应该去接受和实现原始部落或原始村庄（如公社、镇公所、米尔①，它们是构成社会有机体的主要分子——也许称其为"原始分子"更为恰当）的最基本的公共诉求。接下来的时代，自治原则将取得统治地位，并且还会开启不计其数的公共社会使命——它要求每一个成员参与公共事务活动。这种参与性实践，最初出现在因能力差异形成的金字塔社会结构的底层，并且是以"单独个体"（虽然力量极其微小，但数量众多）的形式表现出来；然后，它在由神圣秩序决定的等级阶梯上逐渐向上提升；随着这些任务的完成自身不断获得更宽广和更高级的特征，最终会通过"集体化劳动"——意图把一切社会事务完整而一般地组合在一起——达到顶点。这样一来，参与性实践活动建构起了人类社会的"感觉中枢"——它是制定一切社会实践活动（不管是积极的活动抑或是消极的活动）的"炉膛"，就像神经系统的大脑或血液循环系统的心脏那样。

上帝天国要求人们，不仅要接受、认可和赞美公共活动，而且要亲自参与体验各种层次的社会生活；不仅要把实践活动看作一种与生俱来的权利，而且要把它看作一种极度虔诚的社会义务——因而，实质上就是要把实践看作真正的道德本身。同样，上帝天国要求人们把参与政府治理的实践活动看作一种宗教仪式，看作一种义不容辞的责任和义务，看作一种充满神性的训练，看作自我救赎的手段和条件。上帝本人就是天国之王，由此可知，在上帝天国里参与政府治理的任何实践活动都是充满神性的服务。因此，天国规定，服务于人类的"公共服务"——它有助于提升个人的实践能力，并使之达到无所不能之状态——应该被看作真正意义上的神圣服务和精神圣职。这个规定——公共服务是"社会人"的使命和奉献——要求人们确立这样一种人生态度：一个人的权力越大，他就越应该全心全意为人民服务（servus servorum）；一个人承担的社会责任越多，他拥有的功德就越多。同时，这个规定还要求人们树立这样一种人生信条：再没有比这

---

① 沙俄时代的一种村社组织。——译注

个绝对规定性更高的美德；神圣服务能使人性从默默无闻的状态进入最卓越的领域；为上帝鞍前马后是最伟大的善报和美德。上帝除了希望赢得万世景仰之外别无他求，因此，世上本来就没有"无效的礼仪"或者"白忙活的实践"。人类实践活动因为能接近而不是耗尽上帝之目的而显得无比荣耀。更为重要的是，人类实践活动渴望实现精神教化，因为上帝就是精神。

上帝天国要求人们确信：在上帝支配下的普遍性领域，无论是谁，如果他不参加任何形式的公共服务活动，或者他根本不乐意在上帝的葡萄园里工作，又或者他从来不愿意牺牲自己的所有（因而，他也就不可能为了维持、发展、完善他本人的家庭生活、公社生活、国家生活、人类生活以及层次参差不齐的教会生活而奉献自己的生命），那他在地球上只不过是行尸走肉而已，只会"像喇叭一样发出噪声"——对他而言，地球是毫无用处的"地磅秤"。他所犯下的罪孽确实违背了神圣的精神，因为他抛弃了自己不可或缺的社交性，"违背圣灵的罪过，不仅在现在这个时代不会得到宽恕，而且在未来那个时代也不会得到宽恕"。

上帝天国要求所有人都谨记：出于供奉上帝的缘故，这种社会奉献不会是徒劳的、无意义的和抽象的牺牲。换句话讲，奉献社会是一种手段，而不是一种目的……为了至关重要的人类共同目的，为了实现社会生活的神圣化，这种奉献活动必将结出累累硕果。

上述箴言，就是神圣联合体的主要原则。不难看出，神圣联合体既适合于国家，也适合于宗教；它既可以是一个世俗机构，也可以是一个神圣机构；按照其字面意义直译出来就是"地球上的神圣统治"。

…………

（5）社会动荡的主要原因之一在于：人们迫切要求获得恰当参加共同体的公共活动和公共事务的正当权利。如果要求的权利无法得到统治者一致同意，那么权利的要求就会引发人民大众不断去抗议或反对政府出台的一切文件。今天，还有谁不明白这个道理呢？统治者强烈谴责这种狂风暴雨式的思想启蒙野心，认为它能煽动起社会个体的政治热情，进而不停地抵制政府制定的所有政策，以至于在缺乏充足的"统治意志"的境况下就会使政府的管理变成事实上的不可能。为了缓和或平息这种迄今为止仍鲜为人知的社会狂躁症，统治者求助于各式各样的"麻醉药"，从毛骨悚然的绞刑架或最常见的军事大屠杀，一直到想方设法使人们失去勇气和感受到挫折。但是，请大家瞧瞧！这种社会狂躁和动荡，除了要求持续的社会和平和更为优越的生活条件之外，原来别无所求。

…………

（6）当今这个时代，在人与人、国与国、个人与国家的特定联系中，在人民群众的重大集会之中，一种要求自我实现、自我管理和自治事务（无论是个人事务还是公共事务）的信念——总而言之，一种要求获得积极参与社会公益活动的身份权即"积极公民权"的念头，正在坚定不移地呈现自身。人民、民族和人类到目前为止才发现，自身还处于孩提时代或被监护状态——恰如圣·保罗所言的"奴婢"，因而总是屈从于"异己"的法律（他律的和非自治的）。人们普遍共有的只是"消极公民权"。在这种境况下，"积极公民权"不是一种普遍权利，而依旧是少数人的专有特权；不是一种具有普遍约束力的行为规则，而是一个例外。从今往后，这种例外将转变成为基本规则，"盲目顺从"的义务将被转变成为一种"有意识参与"的责任。今天，人类正在赞美和歌颂解放自己的时刻来临，亦即是，人民、民族和人类正在设法摆脱一切外在、异己的奴役，渴望从今以后自己为自己立法。这种渴望，既是他们的权利，也是他们应该得到的。之所以说"是他们的权利"，是因为一切精神的特点都是独立、自由和凭借自身而存在的；之所以说"是他们应该得到的"，是因为经历了过去的变迁、经验以及劳动——简而言之，经历了童年和青年时期的进步，人类已经发展成熟，理所当然应当解放自己。

…………

（8）要回答"精神的办公场所和公职人员是如何诞生与重生"这个问题，基督教教堂——这种近似于上帝天国的建筑造型，预先为我们提供了一个范本，恰好可以作为我们的答案。因此，在教会有机体及其发展历史中，我们可以看到它与上帝天国的组织机构形式有很多相似之处。我们从中将会明白，杰出信仰团体的伟大灵魂与早期基督教共同体的自治是同步发展的。在多样性中实现同一化，在同一性中呈现多样化。管理始终在不断集中，政府永远在不断强大和普遍化，组织总是在不断完善和发展，一言以蔽之，不断形成令人钦佩的天主教等级制度。

无论在任何地方，只要人们承认上帝赋予了他们客观实在性的权威，精神就会出现在那里。虽然更确切地说是因为上帝之故，但权威总是建立在参与成员的主观意愿之上的。这也就是说，权威发端于人民的自主选择，形成于他们的自由选举。上帝的选择是通过信徒的充分选择来反映和显示的。不过，这对单个精神而言却没有也不可能有更合适的指示和更严格的标准。这样一来，舆论就被当作人民的真正心声，当作上帝设计天启的手段，从而披上了合法化的外衣。

经过若干世纪的岁月洗礼，选举形式已经丰富多彩，其表现也愈加卓越。由于它也仅仅只是接近了"解事年龄"①，所以真正的选举时代还没有到来，只不过是被预言到了，已经有了成为现实的可能性。尽管如此，我们随时随地都可发现选举的身影，无论是在等级制度的顶端，抑或是在其底端。同时，我们也开始明白一个事实，教会的本质需要基于民主原则去加以分析，不管前者是直接的抑或间接的、积极的抑或消极的、外在的抑或内在的。在选举的进一步内在转换中，似乎原始因素在不断升华，而基督教也从它自身之中发展出了它的贵族要素和君主制成分，形成了贵族阶层……即使经历了如此多的沧海桑田，在天主教教堂生活的基本形式构筑的杰出地基上，依然保留着首脑选举形式——由罗马教皇在红衣主教学院（虽然今天它只有干瘪无力的躯壳，但曾经是一个活生生的有机体）召集各路教会大亨来选举。

在上帝天国同在基督教教堂一样，客观实在性的社会权威总是从自由选举活动中诞生的。它们两者的区别在于：前者的社会权威一旦确立起来，它便会凭借上帝的恩泽、决心和灵感去获取自己的形式。只不过，这种靠上帝的恩赐得来的、事实上真正经济实惠的形式经常被投石机击中，尤其是在近现代！"所有权利皆源于上帝"，人类的一切权利实际上都是上帝的眷顾。

综上所述，对于这个重要问题——在精神共同体中，所有公职人员的权力是来自上帝还是来自人民？教会自身似乎已经暗示或表明了答案。我们的答案是：公职人员的权力既是通过人类源于上帝，也是通过上帝源于人类。当选举权真正来自人民大众时，那它同样来自上帝的启示；当选举真正是在上帝的启迪之下，那它同样也必须通过人民来表达。

…………

---

① 解事年龄是指未成年人达到可以自选保护人的年龄。——译注

（9）不管怎样，当我们说"选举是社会权威的决定性原则"的时候，我们绝不可做出这样的论断：社会权威必须是独一无二和永恒不变的。坚持这种观点的政府，如果构成它的"基本内核"总是被强行渗透到每一次宣传过程和每一个分支系统之中，不断地循环往复并完全阻碍其他形式的产生，那么，它的等级制度就具有极端的片面性和极端的抽象性。

…………

因此，如果我们准备单方面地把某一原则运用于人类有机体，那我们就会严重低估这种有机体，从而犯下在胚胎的发生学之中去推理那样的错误。在这种推理看来，因为最开始的细胞是一个卵细胞，而所有的有机生命皆起源于这个初级卵细胞，那么一切有机体都只是由卵细胞构成的。其实，正如基本细胞会分裂出其他细胞一样，更高级细胞的构成原理也会如此。社会团体这种有机体同样需要与之相类似的变化、转换和再生。

事实上，等级制度的需求是多方面的，其功能也充满多样性。因此，只要有机体没有出现病患，那它的器官就会发挥相应的功能并随时随地进行适当的自我调节。既然如此，那我们就不要以任何借口或者任何方式去抑制社会生活的自我生成，而是要让它们以各种各样的方式产生、形成和发展自己，并以它们特有的方式去塑造形形色色的成员、要素或构件。让我们确信，目的、行动、意志和作用之间的和谐状态，正好是从这种自我生成过程中"流溢"而出的。

…………

（10）具体谈到单个政府的特有结构，无论是在其日常管理活动中，还是在其基础统筹规划活动中，自治、自由、自主及其自组织原则将占据主导地位，成为其最显著的特点。与此同时，该政府还要努力达到成为一个一般性组织机构的基本条件。通常来说，一般性组织机构将由以下要素构成：

①一个核心的政府——最高的行政权；

②一个具有普遍代表性的人类委员会——最高的立法权；

③一个具有普遍代表性的国家审查委员会——最高的司法权和监督权。

…………

到那个时候，我们将没必要追问：人类是什么？它在哪里？它要一直延伸到何处？是不是因为具有空洞无物的普遍性，它还只不过是我们思想的一种幻想？抑或，它是不是在任何地方都不会拥有自己的形体和基础？到那个时候，我们早已在行动活动中理解和把握了它，并在事实上承认了它的存在。人类作为一种活生生的存在，将自主参与客观现实行动。我们应实事求是地指出它作为"组织器官"的功能，而不应该总是这样去谈论它：它好像是一匹残酷无情的狼，没有任何人看到或经历过。只要人类是作为"类"而存在，它就没有自己的"组织器官"。人类唯一拥有的只是非实体性的精神，而这种精神也只不过是一种变化多端的幻觉。因此，人类就像是没有政府、没有权利或没有社会组织的个人。像这样的个人，将不是一个在现实生活中存在的人，或者说他根本就不是人。正因为如此，人类到现在为止都还不是人类，而是从现在开始才成为人类。

…………

（11）这种参与性实践活动（无论是个别共同体的成员参与自身范围内的公共事务，还是个别共同体参与整个人类的公共事务）表明，自觉能动性不仅构成自治的本质——每个公民在他所处阶层内的政治自由，而且还在政治自由基础上构成社会秩序的本质——公职人员的原则、目标，以及精神性的政府。我一方面承认，自由选择是政府和公职人员行使公共权力的基本原则和动力之源，另一方面还要承认，政府和公职人员自由选择的结果和目标是有组织的交流对话，以便在更高级的共同体以及更卓越的国民大会之中实现同一。

人类破天荒地达成共识：每一个公民天生具有自我决定的权利、参与公共事务管理的权利以及共同治理的权利。我们原先把政府反对自治权看作遏制人民大众主观冲动的客观基础，不料政府的自身发展却证明了：共同体的每一个公民都被赋予了参与更高级层次组织机构管理的权利，以至于这个等级制度除了是原始公社自治制度的精美复制品之外，其他则一无是处。因此，我们的出发点是"参与"，通过客观实在的参与性实践活动去不断完成其主观形式，最终又返回到"参与"本身。我们原先把政府等级制度看作完全反对公民自由和自治的条件，认为它与源于自治的"他治"完全不同，不料等级秩序则证明：政府和公民权其实是可以完全重叠的——可以在同一事物之中同时出场。公民权影响政府，反过来，政府也影响公民权。

…………

那么，什么东西能把公民的个人自由和宇宙的普遍秩序统一呢？是什么确保了它们之间的"绝对的同一"，从而使"主观权利的客观运用"成为可能呢？又是什么东西能为客观性的组织机构奠定主观性的基础呢？这种东西肯定是独一无二的存在，无物可以替代，因为它必须具备两个条件：第一，它自身就构成世界的"最高同一性"；第二，它同时既是手段又是目的。以此观之，真正具有这种普遍同一性的只有精神及其在地球上的生命表现形式：宗教。特别是自从我们谈论社会政治事件以来，个人自由和普遍秩序相统一的条件就是一种强有力的社会精神存在，我们称其为"活的公共精神"。

…………

长期以来，人们都认可和接受这样的观点：真正意义上的民主主义原则在于公民美德；选举政治和自治的共和制度之所以存在的条件是一种强有力的且至关重要的公共精神。毫无疑问，这种认识是真实无妄的。但是，它在以前却是直觉意义上的而不是意识层面的，因为那时的人们不知道而且也不可能知道：只要圣灵的启示还没有彻底完成，公共精神就不可能成为现实。"精神共同体"至今为止都没有出现，这就是所有选举政治和所有共和制度为什么不能完全实现的原因之所在。现实的选举政治和所有共和制度只不过或多或少地达成了一些目的，亦即是，公共精神只是在一定程度上支配着它们。换句话讲，在精神充分展现自身之前，它们仅仅是部分或大概地实现了自我统治。

…………

虽然选举制度也种下过恶果，例如在古希腊、古罗马或波兰，但它们只不过证明了选举活动是不适宜那些时代的元素。事实上，选举活动只能成为第三个时代亦即"圣灵时代与意志自由时代"的固有部分。在第三个时代之前的所有时代里，尽管选举制已经在不断成长，但可以这样说，它还没有生长在自己的土地上，所以它易于恣意妄为并变得日渐衰弱。尽管在那些时光里，选举制只不过是一个序言、一个宣告、一日之晨，但是，到了圣灵时代，它将焕发着与生俱来的荣光，带着适宜的丰满度，捧着丰硕的果实闪亮登场。基督教教会凭直觉得出的观点——每次选举活动都是宗教行动，都是圣灵的一种特殊表现——的确无比深邃和无比精辟。这也能够很好地解释这种社会现象：在进行选举之前，人们为什么会试图通过歌唱众人所推崇的"圣灵弥撒曲"和圣诗《轻叩心扉之门》（*veni creator spiritus*）去激发圣灵蕴含的迄今都隐而未发的强大力量。

············

（13）那么，公共精神存在的特征是什么呢？只强调"我们可以通过公共精神的成果去理解它"无疑是对的，但还不够充分，因为（如果那样的话），我们将会使人类联合体暴露在邪恶和残酷的实践试验之中，而且我们事实上只能摸索前进到我们的意识还没有断绝的地方。

············

在人类社会生活的所有关系中，公共精神存在的标识符号是公平正义的社会实践活动，外加废除一切成文的法律法规。公共精神将作为一种有益的东西而被法律所认可，从而也被法律的思想和宗旨所吸纳。它给出的指示是通过个人自身的冲动来实现，而不是通过外在的胁迫力量——无论是物质的或是精神的——来执行。这意味着，要用活生生的社会实践及其形成的日常生活习惯去代替毫无生气的法律法规。同时，它意味着，要把日常生活实践习惯铭刻在一国国民的内心深处，以至于他们能够"自己为自己立法"，从而做到随心所欲而不逾矩，而不是让人民和"法律"（这里的法律已经是"合精神的行为习惯"的同义词）对峙起来，好像法律就是一种异己的、令人难堪的规章制度。简而言之，公共精神作为人类精神仅有的、最恰当的和最美好的存在状态，虽然至今为止仅仅只能通过各式各样的"例外"情形来透露和显示自身，但它终将出现在先前社会生活最富有史诗意义的时刻，并存在于每一位"没有法律信仰但却是天然合情合理"的个体的心中。

············

成文法制定得越是严密，人们读懂的欲望就越不强烈。成文法的兴起是社会群体形成的第一推动力之一，消解并彻底摒弃它则是人类社会群体普遍思想进步的必然结果之一。成文的法律、法规和法律体系总是死气沉沉的、封闭凝固的和冷冰冰的，它倡导的公平正义理念只会是徒劳和贫乏的。与之相反，精神需要具有鲜活生命的法律，而生机蓬勃的精神才是呆板无趣的法律的主人。

············

（15）就未来而言，在与国家品质相接近的所有精神之中，基督教教会精神无疑是最庄严、最宏大和资源最丰富的那一种精神。因为，基督教教会极其恢宏地构建了"神圣国家联合体"或者"和谐精神共同体"（这个神圣机构警告说，它是不敢讲神的国度）的总体轮廓。另外，所有到目前为止仍存在于世的国家、政府、机构等——简而言之，世俗的一切构成要素——仅仅是构成精神发展过程的一个个"单独片段"。这些可以说是"散落一地的构成要件"，只有普遍有机体才能把它们统一起来。

于是，接下来就是教会的建立、构成和历史发展。从其存在的第一天开始一直到今天，教会都在对我们进行暗示（但仅仅是一个隐喻性的暗示）：上帝天国的建立、构成与历史发展，也必须与基督教教会有大致相类似的迹象、轮廓和模式。所有的机构、法律、根源、方式、习俗——简而言之，古老教会生活的所有表现形式——都将得到发展、提升、实现，并被运用到人类社会生活之中。它们恰好都将演变成为"人类普遍教会"的表现形式，但最终只能达到这个程度：较低层次的特性可应用到更丰富、更一般的高级层次之上。因此，在对最接近上帝天国之国度的透视中，全然可以发现与上帝天国构成形式大致近似的这些组织形式。现在，人类已经到了这样一个时刻：在这些大致近似的组织形式之外，重新培育出一种更成熟、更适用的有机体……举例来说，虽然尘世教会中的神职人员可以对应等级制度的公职人员，并在政治管理之中找到他们世俗运用的场所，但是，修道院机构却一直在社会经济组织、联盟、协会、兄弟会、贸易联盟、友好社会等之中等候适合于它的发展形式和发展路径。

…………

（16）正如基督教教会有它自己的历史并在时代演变进程中经历了各种各样的兴衰荣枯，同样，没有人会把"伟大和有机的人类教会"设想成是一个凝固的、封闭的、冷酷的因而也是无生命力的国家。尘世天国也会经历生存和发展，甚至被迫在它自身内外经受各式各样的矛盾冲突。这个道理到现在或许并不昭然若揭，也不显而易见，因为在人们看来：如果"和谐"真是未来国家的标志，那么人们怎么可能会接受在神圣天国的发源地也存在矛盾冲突——不仅有外在冲突，而且还有内在矛盾？因此，有人可能会说，哪里有斗争，哪里就没有和谐或和平；即使神圣天国也不再是一个和谐的国度，也不再是一个和平的国度。

恰恰相反！和谐将终止极端的排斥行为或结束令人窒息的矛盾冲突，

因为未来国家的矛盾冲突本身是在与片面的、表面的和不可能的和谐做斗争。事实上没有斗争的和谐是纯粹的抽象和谐，是不切实际的幻想，因为神圣天国里的斗争是通过维持、发展、完善自己的生命而服务于和谐本身。它与现实国家的最大差别在于：通过争斗，那些消极落后的元素将不再因为自身或凭借自身而存在，而是为了实现和平、和谐、进步而继续存在。换言之，为了成为自身之外的手段，斗争本身就不再是目的。出于同样的原因，斗争的具体特征和表现形式也将出现彻底改变，斗争将被克服并不断完善。如是，斗争就成为一种争取和谐的斗争。

…………

因此，我们将会看见，当今政治环境中的某些有机构成要素，例如司法制度和警察机关，将以一种更高贵和更完美的形式移植到上帝天国之中，移植到"普遍人道主义国家"之中。相应地，那些适合于未来国家的构成要素以及那些还仅仅在其自身之内展现自我的构成要素，将在人类联合体之中无拘无束和自由自在地"正常出场"，而且也会被各个国家内部共享。当今世界，国家的执政特色依然是抵触与冲突——矛盾弥漫在每一事物之上；对立在每一事物中都设定了这样的基调；或者更确切地说，它们把每一事物都协调到它专有的错误音符之中。这种混乱不堪的统治，这种"一切反对一切"的斗争，在人类社会内部制造了一种严重分裂。按照人类社会本质而言，国家必须是一个有机统一的共同体。迄今为止，社会状态俨然是一个充满了内部纠纷的"蚁丘"：公共理想、公共需求同它们自身的私人利益严重对立。一般来说，私人利益和私人野心总是在抵制公共利益和公共理想，尤其体现在人民反对政府、被统治者反对统治阶级等方面。统治者与被统治者之间存在一种无休止的摩擦——它们彼此间不信任，统治者时时刻刻在提防着被统治者。如果真有包容一切的统一体，人类社会无论在任何地方都不会为厌战情绪所笼罩，也不会因为战争造成力气衰弱，当然也根本没有并不起实质性作用的停战协议。

…………

（17）一直到今天，不管我们的文明社会有多么蹩脚和多么懒散，它都"如其所是"地存在。尽管如此，它在人类社会生活发展过程中的作用也能够远远胜过南半球的那些野蛮民族。这个文明社会，达到了最接近"真正文明世界"的程度，因而它有权利也有能力去完成一段具有决定性意义的行程。所以，开启人类世界新纪元的使命非它莫属。不可否认，随着基督教在世界范围内的复兴，开启世间万物新秩序的使命也能降临在曾经阻碍文明进步的那些野蛮民族头上，因为这种复兴的特有标志是从现存关系中撤退，废除先前存在的一切社会制度。当前，人类世界复兴已不再是一个"如何废除旧世界"的问题，而是一个"怎样提升它"的问题。就其本质而言，基督教共同体是以前社会形态的敌人，人类共同体恰恰要求它们二者和谐相处、相互统一、相互充实。相对而言，基督教共同体是一个"非社会的社会"，而人类共同体则是一个"社群性的社会"。人类世界复兴带来的现实结果是"国家同一"——它们共同准备构成人类共同体。"国家同一"意味着首次拥抱和接纳这些民族——它们要么已经跨过基督教时代的社会形态，要么已经成为人类当前文明的实际参与者，或者至少尝到了文明社会的甜头。毫无疑问，到目前为止还有野蛮民族的那些国家，接下来首要的问题将是成为人类共同体的最忠诚的成员。为了实现社交方面的发展，落后国家恰恰是在等待人性的丰富，另外，同样可以肯定的是，强加在落后国家身上的社会动乱将拖着它们去掌握社交技巧和发展社交能力。

…………

（18）因此，我们将会明白：基督教徒的使命只不过是在上帝天国里的杰出传教士们的工作的预演和奠基石。当基督教的宣传要素和以往的殖民要素融合之时，当一个宣传忠诚的学院作为传播"至善"的学院而复兴之时，基督教徒最终将会完成伟大的基督教的任务和使命，引导我们的地球成为"一群羊和一个牧羊人"那样的国家。只有在那里，老教堂里摆放的那些有名的或不出名的典籍，才会揭示出整个内在真理：教会之外得不到拯救。毋庸置疑，这是一个伟大的真理，只不过迄今为止它还仅仅是一个"近似真理"，只有在不久的未来才会进一步完善成真正意义上的真理。显然，在伟大的人类教会外不可能有救世主，因为统一、和谐和幸福的人类社会只有在那里才能实现。也只有在那里，每一个人和每一个民族都是且必将是自由自在的。在类似共同体没有遭受到任何干扰的条件下，个人或民族都会退出人道主义教会，都会离开人类共同体。不过，显而易见，谁想从人类共同体中脱离出来，他就是想使自己失去拯救。到目前为止，拯救还只是一个信仰问题即一个关乎未来理想的问题，不过，它现在正在变成一个现实的、眼下的和明显可确信的问题。当人类社会中的所有人和人类共同体中的所有民族都承认：他们很满意自己的使命，很满意自己明显得到的拯救，或者如使徒所言："在圣灵之中感知到了正义、和平和快乐"，那么我们不禁要问：谁想从伟大的人类教会之中脱离出来呢？

…………

（19）我们既无意愿也没有权利去准确查明并掌握：人类和民族是怎样组织自身的？上帝天国在未来的历史发展过程中是怎样发展演变的？它的内在秩序和行为准则是什么？这是一个关乎未来传统、未来习俗、未来振兴发展的问题。事先说明和提前公布它，是对历史发展过程进行预判，那将可能会抑制或限制精神的自由。因为自由的实现取决于本质的自我澄明，所以，必然性原则总是寓于充满偶然性的表现形式的无限可能性之中。

…………

我们分析第一个祈祷文时就曾经说过，圣灵宗教不是一种新的宗教，而是宗教自身。作为宗教信仰必不可少的且永恒不变的"活的灵魂"，圣灵宗教至今为止还在一页接着一页地展现自身。它过去一直在连续不断（虽然有些片面）地塑造个体精神的元素，现在正处于充分发展的状态。在此，我们同样要说，我们没有提供一种新的政治体制，也没有出炉一部由特定成文条款构成的新宪法。同时，我们也要严肃地让某些人郑重做出承诺并严格执行之，那就是宣判君主立宪制在某些方面的某些作用是有罪的。

…………

五　愿你的旨意行在地上如在天上

第一个祈祷的对象是上帝，第二个祈祷的对象是人类，第三个祈祷的对象是自由……因为人类的自由与"上帝旨意在地球上实现"是完全同一的。自由是精神的最高品质。甚至我们可以这样说，自由不仅是精神的最高属性，更是精神的本质属性、绝对谓语、意义本身和终极目的。自由对于精神，好比体重或身高对于躯体、诠释或理解对于思想。

…………

真正的自由要求的不是纯粹的可能性，而是客观的现实性；不是自我否定，而是自我肯定；不是杂乱无章，而是井然有序。根本解决自由相关问题的行动还没有满足自由的上述需求。自由需要自由自在的生活、完整的生命过程以及客观现实的和谐，同时它必须是感性的实践行动，而不仅仅是停留在头脑中的意愿。如果一个人完全心甘情愿地放弃自己的意志，那他不可能是自由的，因为意志按其固有本性来说就是"不想放弃"。意志不仅渴望自由、向往生活，而且决定要实现这种自由生活，从而不断地追求与自身目的相一致……但是，在基督教世界里，自由的缺乏不单单是源于意志的主动放弃。人民群众从来都不会放弃或割让他们的自由，他们之所以缺乏自由是由于他们难以获得能接近自由的美德。为什么会这样呢？因为人类把自己设想成一个纯粹主观的人，而不是一个活生生的现实人。也就是说，作为精神性的个体，人类已经获得了抽象的尊严意识，但作为人类共同体的成员，它还没有相应的"具体的权力意识"。换句话讲，人类已经意识到了他在精神领域中的永恒权利和永恒义务，但还没有意识到他具有世俗领域的权利和义务——既然这些永恒权利和永恒义务是不朽的，那它们就不可能同时暂存。这样一来，永恒之物只不过是不切实际的抽象，因此也就是不真实的东西，所以它们到目前为止只不过是不成熟思想的虚构，其主要表现形式是幻想。因为我们确信"永恒在自身之中不能包含暂时"，那么"永恒之物应当拒绝当下实现"的观念恰恰就是以此为依据。显然，后一观念是建立在前一观念"这个特定事实"的基础上，而不是建立在真正客观现实的基础上。由此导致的结果是，为了维持某个抽象、无益、空洞的理想境界，人类限定了自身、脱离了现实，从而抛弃了一个能赋予自己生命的客观环境。

…………

作为单独个体，人只能是处于某种特定社会条件之下的"具体的人"（任何个体概莫能外）——他总是在外在客观环境中去感知、发现和确证自己的存在，同时，他也只能在这特定社会条件中"如其所是"地构建和筹划自身。作为主观性存在物，尽管人已经具备作为人的一般性特征，但依然是理论意义上的"抽象的人"——他习惯在自己内心深处去理解、认识和确认自身，并全心全意去塑造和规范这种内在性。"具体的人"只会关心他的存在、他的实有和他的生存权，而"抽象的人"只会关心他的思想、他的本质、他的意图和意义。这样一来，在特定的现实条件中，他是抽象的存在；在普遍的现实条件中，他同样是抽象的存在。人的这两种存在状态都不充分，都需要进一步实现。

在完全意义的"具体个人"的身上亦即是在"真正的人"的身上，

这种本质实现之事实已经被发现。真正的人随时随地都可在宇宙万物之中感知、发现和确证自身，同时他也知道自己不仅仅是"纯粹自我"，而是具有天赋权利的"精神自我"，为此他也想发展、实现自己的本质以及在他自身之外的存在。通过自身固有的实践活动、行动或行为，他卓有成效地确证了自身——不仅有意识地突破自身的限制，而且有意识地在社会中创造属于自己的事业，从而自然而然地就会为"人类有机生活"做出了贡献。

作为法律意义上的个体，真正的人仅仅是通过与"他人"的严格划界来明确自身的。当现实的人在仅仅履行尊重自己权利的消极义务——在行使没有冒犯他人权利的权利——的时候，真正的人则在坚决捍卫自己的权利和存在。作为道德主体，真正的人完全消融在抽象的普遍性之中，他甘愿奉献，从不琢磨自己的权利，时刻想到的都是自己的义务，仅仅关心的是自己的本质和意义。作为社会主体，真正的人自觉能动地行动并在行动中互相作用，共同参与到现实、协调和完全的社会生活之中。这种同时既是个体又是主体的社会人，把自己的能量和能力提升到一个更高的水平。真正的人所拥有的权利不全然是无意义和无根据的普遍性——既不是无任何数字的虚无，也不是与这个世界的伟大计算毫无关联的单独数字。这种人才是人类社会的真正成员，他的现实存在状态包括：他独立自主地进行实践活动但同时又与他人的实践行为存在依存关系；他通过自身实践活动而存在，并在普遍性社会关系中参与实际互动；他既是消极关系者（坚决尊重自己的权利和义务），又是积极关系者（坚决捍卫他人的权利和义务）；他的其他社会功能。

权利和义务是同一理念的两个对立面，如果把它们合二为一，理念就会变成德性。权利是"存在"在纯粹实然状态之下的德性，是绝对的指示；而义务是"思维"在纯粹应然状态之中的德性，是始终无法实行的意图。德性自身存在的本质仅仅在于保证权利和义务切实有效地履行，满足它们二者相互转化的条件并为它们各自的构成要素努力奋斗。在促使权利和义务从"存在和思想对立"转变为"自主生命"的过程中，德性就变成了行动。如果德性不能生产它们并把它们的发生学根源吸收于自身，权利和义务就会陷入永无休止的相互抵牾之中。可是，权利在贯通美德之后就变成了义务即职责权利；义务在贯通美德之后才能行使权利，才能实现令人惬意而快乐的义务。例如，在公民德性之中，公民权的行使即公民义务的履行。简而言之，在公共领域为公共利益服务，就是那些诚实正直的公民努力希望得到的快乐、热切愿望、目的和回报。

…………

因此，成文的法规和法律、道德、社会制度就是意志的客观实现与本质完成。它们和意志的关系，就像知识对于思想、美术对于感觉那样。它们既是思维的最高创造成果，同时又是最适合于思维的客体。

…………

在人类精神发展的进程中，确实有一种非常奇怪的和谐，也确实存在一种极其古怪的措施。当我们走到绝对知识面前而上帝向我们完全而彻底地展示自身之时，当我们因为已经知道上帝是什么而再也不需要通过想象去接近它之时，当这种关于"圣灵和宇宙之绝对精神"的知识已不再是精神的终极目标之时，也恰恰是在这一刻，一个崭新的、积极的、自由的关于"绝对实践"的目标浮出水面。如此一来，"绝对"这个范畴就不再像迄今为止思想所信奉的那样是绝对的；上帝意志（意志是上帝的整个本质和存在方式）的积极而自由实现就成为"新的绝对"，即"绝对之绝对"。追求绝对意志的任务将不再由纯粹的科学知识来承担，而是落在了伦理知识身上。在实现绝对意志的过程中，我们将不再仅仅为"绝对真理"努力，而是朝着"绝对的善"奋进。不过，"真"与"善"在本质上毫无疑问是完全同一的，仅仅在发展水平上略有差别。也就是说，"真"仅仅停留在思想之中——理论规定就是它的满足，而"善"则在行动领域中充分发展，并获准进入社会生活之中。

…………

为了按照我们自己的命运而生活，为了根据精神的本质规定而生活，为了依照在精神显现自我时发出的指示和激情而生活，我们必然要求精神正常发展、实现和完成。这既是人类的目标，同时也是上帝的意志。上帝想要实现他预先安排好了的东西，那就是"善"。因此，人类精神的本质从最根本的意义上说就是"善"，它绝无仅有的问题在于：人类如何才能富有成效地发展、实现和完成它。换句话讲，"善"秉承着神圣意志。

…………

所有倾向性行为与三类不同本原有关，或者更确切地说，精神存在三种最重要的倾向。

（1）爱自己，这是最首要的而且也是最直接的倾向性行为。它在客观精神领域里相当于法律理念，因为抽象意义上的法律是以心理学原则作为理论基础的。

（2）爱他人，它位于反思领域，对第一种倾向性行为构成完全否定，在客观性上和道德准则相符合。

（3）爱人类，这是由于推理而形成的综合性同一。它既是上述两种倾向之所以存在的根据，同时也是它们二者内在矛盾的最终消解的理由。它推动爱自己和爱他人倾向的发展，使之上升到最高的位置，从而构成人类爱好社交的心理学根源。爱人类的倾向有助于人类在比以前更广阔的领域中张扬个性；有助于个人在与他人共处中感知、识别和认可自我，并在自我意识中关注和重视他人的主体意识；同时，它还有助于构成人类特有的和充分的表现形式。唯有在这个领域中，爱自己与爱他人之间貌似真实的不兼容性才会得以消解，因为在家庭、国家以及整个人类社会范围之内，个体才能意识和感觉到他自己也是有机体的一名不可或缺的成员。

…………

为什么神的意志与人的意志往往不一致呢？为什么它们迄今为止总是处于对抗之中？这恰恰是因为，人的意志目前都不是自由的，总会受到一些有限性的或限制性的、外在的或内在的冲动制约。神的意志是天地万物的"善"，是普遍的幸福，是一切得救者的精神美德。[①] 人类的个人意志也是幸福的，也是善的，但它们却是每个个体以有限的方式构想出来的东西。人类最终会明白这种个体意义上的"有限的善"不可能是"真正的善"，因为就其固有本性而言，真正的善是和谐、赞成和协调，并不可能存在所谓的"片面性和谐"——这或许是一种自相矛盾的说法。因此，每个人的善取决于人民和人类的善，取决于国家和部落的善，依赖于"善的共同体"的形成。我们得出这样的结论，并不意味着那种抽象的因而也是虚假的共同体会使那些做青天白日梦的空想主义者感到迷惑不解。当那些充满矛盾的灵魂事实上对立于"真正的自由共同体"——它由共同参加行动、相互关联的关系、互相关联的责任、个人单方面的和谐统一组成——的时候，

———————
① "他愿意万人得救，明白真道"，参见《提摩太前书》2.4。

他们还自以为正处于人类真正进步的正确轨道之上。只有人类准确理解、把握了我们提出的这个结论之时，人类的意志才会变成神圣的意志。反之亦然，当上帝的意志什么也不愿意实现的时候，精神的所有元素都会完全协调地发出回响。这将形成幸福，这将构成上帝自身的健康。

…………

六　赐我食①

在祈祷经文中，再没有其他段落能比"赐我食"这一句表述②更适合成为爱上帝的直白而朦胧的注释和理由了。它包含了一种十分重要的真理和原则，以至于它的结果也非常丰富。解释者们已经明显感觉到，在完成如此直白、素朴的祈求过程之中，人们或许将会直接反对基督教的整个精神。这个表述在与客观世界绝对分离以及对一切明智思考进行自我克制的地方，都可构成正常人类社会生活的本质。在为物质利益或世俗的"善"努力拼搏的所有地方，要么会受到严厉谴责，要么几乎不可容忍。根据注释者使用的"daily"这个概念来看，基督教最通用的祈祷经文不应该包含以"世俗的善"为目的的祈求，或者至少不应该给予日常生活面包与祈求活动同等重要的地位，因为基督教的传教士们明确禁止信徒把日常生活面包挂在嘴边。因此，解释者们大多诉诸隐喻性翻译，并宣称面包问题通常关乎道德和精神问题，亦即神圣的教导。因此，要避免把日常生活面包同宗教信仰的普遍精神对立起来。

…………

据此，我们就能理解，基督教传教士和解释者的不安感觉——人们的祈祷活动与他们的精神信仰之间存在矛盾对立——无疑是正确的。从他们的视角来看，之所以完全正确是在于：通过赋予"daily bread"更多的象征

---

① 用"今天"这个词去表述"semeron"，这种翻译是完全错误的。因为，"semeron"这个希腊词不仅有"今天"的含义，而且有"总是"的含义，例如，每一天；同时，它不仅有"今天"的意思，而且有"每日"和"经常"的意思。它通常用于《圣经》之中，尤其经常使用最后那个意思。另外，用"日常的"这个词去翻译"epiousion"也将会招致批评。用"不可或缺的""充足的""丰富的"等词语去表征它或许会更准确一些，并且能如实地传达圣杰罗姆（St Jerome）想用"超大量的"这个词去表达的意思。

② 尽管注释①与下文都指出，对"give us this day our daily bread"这句话的翻译充满歧异，但我们采用通常的翻译"赐我食"来表达。——译注

意义和禁欲含义，把它强行塞入基督教教义之中，从而故意扭曲这个祈求的本来意思。但是，即便人们承认这种企图具有相对或暂时的正确性，我们也绝不可能把"这种正确"当作绝对、永恒和合理的东西来加以一般接受，因为这种祈求活动的本性就是如此，它根本不需要与基督教精神完全保持一致。正如我们经常提及的那样，所有这些祈求只适用于随后到来的那个新时代，亦即是接替并结束了基督教时代的那个时代。也就是说，人们旨在获取有关未来时代的基本特征，绝对不会像以前那样致力于在基督教自身界限之内来规定我们人类的命运。此外，不仅做祷告不需要与基督教精神相一致，而且作为实际上热衷于废除后者的人们，还有可能在这种矛盾对立中或多或少地发现自己的存在价值。这就是每次回答《罗马教义问答手册》中的问题之时，我们为什么总会做出最为直接明确的回答。以基督教徒的身份去要求具有暂时性的尘世之事，这样做就不再是合格的基督教徒，因为对于基督教教条来说，所有暂时性的东西都是不可接受的。但是，对于后基督教时代的人们来说，对于有机的人类来说，圣灵共同体不仅适合于尘世之事，而且也会不可避免地去关注尘世之事。恰恰因为祈祷文符合了事物必然性发展之要求，救世主本人才会命令我们为世俗之事祈祷。

…………

让我们来回顾一下卢梭说过的那些重要话语。在他的著作文本中，我们经常会发现古人的那些盲目预感和现代人刺激神经的搏动性疼痛："所有动物都有自己的本能能力。唯有人类有多出本能能力的能力。多余能力竟然成了人类之不幸的工具，这难道不奇怪吗？"站在今天的高度来看，这种说法无疑是正确的，因为随着宇宙万物之正常秩序的建立，人类的这些多余能力将从一种给人类带来不幸的工具转变为能够带来幸福的特殊手段。例如，每一种动物的牙齿以及一切生理器官的构成都是引领它们形成自己的生存方式的条件和指示牌，与之相类似，人类的精神是构建人类正常生活方式的条件和指示牌。卢梭提及的这些多余能力，只是相对于当今社会状态而言才是"过剩"的，这好比狮子的力量和器官在动物园的笼子里是毫无必要的。同样，同动物园不是狮子的目的地一样，当前人类社会状态也不是人类发展的目的地。当人类能够使用这些多余的力量和能力的时候，把自己提升到更高生活水平的时刻就临近了。如果不亵渎上帝以及他的智慧，我们就没有其他路径可推测未来。

…………

仅需反思当前人类社会形势就足以证明，我们今天正忙于念叨的这一句祈祷语，与祈祷经文中的其他祈祷语一样，只适用于即将到来的未来社会。我们的社会福利机构，用不着想方设法去减轻下层阶级的悲惨或者为他们提供每日续命的面包，甚至不用停止过去一贯的那种死气沉沉和漠不关心的态度，取而代之的则可以完全相反，甚至应该是扯开穷人嘴边的这块面包。在此，我只需举出财政预算安排和繁苛赋税正日益控制人们基本生活需求的相关案例即可，由于它们挤压着贫困人群的整个生活，让贫困人群丝毫感觉不到富有。举例来说，把面包价格抬高得如此明显的英国谷物法（其他国家的做法则是在面包上强加各种各样的沉重税收）是不是正在真真切切地撕扯最卑微的劳动者嘴边的日常面包呢？是不是肉制品——它是维持劳动人民的健康和力量的充分必要条件——在几乎任何地方都要承担消费它的附加税呢？是不是食用盐——人民最迫切需要的生活必需品之一——在每个地方都是巨额财政税收的主要来源，以至于劳动人民经常无法得到它呢？诸如此类，此不赘言。而且，公共物品垄断的发展似乎还不够充分，几乎存在私人垄断事实的所有国家都不能扯开穷人嘴边的面包。在尽可能多样化的形式下——不管是封建制度规定的（de iure）抑或仅是事实上的（de facto），如果综合应用它们来进行社会治理，是否可以给无产阶级致命一击呢？看起来，似乎所有社会机构一直都在密谋蹂躏无产阶级，其产生的影响除了称为"扯开人类嘴边的面包"之外，还能叫点别的什么吗？

如果说，所有这些明显繁琐的创作还不足以产生令人痛心疾首的影响，那我们还能说些什么呢？当我们了解到所有这些制度安排都被赋予了"最值得称赞的意图"——为了人类的"善"才产生了与之相类似或者通常更恶劣的影响——的时候，我们应该怎样来充分表达自己的恐惧和震惊呢？现代组织机构——例如当今的收容所、救济院，以及所有的慈善方案，总是想方设法去征收穷人的赋税，而不是去矫正举世公认的邪恶认知，反倒是无限赞美它。现代组织机构的所作所为不仅不符合它们的宗旨——根本不可能为人类提供一套能切实提高个体"作为共同体的市民或成员"的尊严的政策措施（因为只有下一个时代的辩护人才会授予这种尊严应有的一切属性和价值），甚至还想要剥夺基督教赋予个人作为道德主体的抽象尊严。在这里，我还是要做一些看似毫无必要的重复——有关这些政策措施（measure）和权宜之计（half-measure）所产生的那些糟糕透顶的影响已经如此频繁、如此明显地展示出来，当代政治家还在期待用它们去治好相关的社会疾病，直到今天还在一股脑儿地把这些有毒药物肌肉注射到社会身上。总而言之，当今的制度安排和机构设置不是使自己适合于精神的发展和人种的优化，反倒是从已经获取的成就上倒退或者是拆毁它。当今社会机构，已经沦落为腐败的源泉和道德的灾难，不仅不能提供人类历来缺乏的"外在善"，而且连人类通过基督信仰而获得的"内在善"也要抢夺去。懒惰、酗酒、令人作呕的铺张浪费、报复、纵火、卖淫、诈骗以及各种各样的犯罪，所有道德感觉都受到了践踏和摧毁，随之而来的是毒液在物理组织上的四处扩散，一言以蔽之，所有人类社会关系中的生命都会受到毒害。这就是我们在调查最文明国度中的下层阶级之社会状态的时候得出的答案，也是我们必然要遭遇的结果。情同手足之爱——基督教的最基本美德，在这里彻底显示了它的所有无奈，并且它也亲自证明了治病良方不可能在此时此地被找到。美德在过早的施舍或训练中展现自我，从而在笨拙的权宜之计中耗尽了自己，而没有带来了有益的结果。它只不过是泼进火的油、加剧伤口疼痛的酸。

…………

社会道德的基本准则——"细想每一种结果，不把任何人当作手段"——只有在随后到来的社会有机体中才能获得彻底而普遍的认识、领会或实现；在基督教社会之中，这个准则只能是一个私人性的假设，只能根植于主体性的道德，而不能根植于客体性的制度。这个准则自身就足以使"无产阶级"这个概念蕴含的固有矛盾完全敞开：一个人可被剥夺的不仅有基本生理需要和肉体实在，而且还有潜存在他身上的发展可能性。

人类不久就会把两个杰出人物——圣西门和傅立叶——列入圣人堂。尽管他们在目前的祈求活动中出现了这样或那样的失误，但抹杀不了他们作为"这场伟大革命预言的先驱"之地位和作用。圣西门和他的学派早已把追问"人类之友"问题投射到了无产阶级的悲惨处境之上。毫无疑问，这是他们学说的精髓，值得人类给予最深切的关注。几乎所有认真而勤恳的政治经济学家都积极参与到这个问题的讨论之中，才华横溢的傅立叶清楚明白地展示了这个结论：在没有建立他称之为"恰当的最低生活保障制度"的情况下，想要实现真正的自由以及创建一种更美好的世俗生活方式的所有尝试都是徒劳的和脆弱的。换句话讲，人类共同体的每一位成员，在没有例外或者疾病的情况下，仅凭他的成员身份就应该确保持续不断且始终如一地拥有一定比例的收入，以维持个体自身的基本需要和适应共同体的发展水平。只有到了那个时候，每个个体才会成为真正的和具体的现实人，因为他将不再为了生存而工作，而是为了工作而生活，也即是说，为了发展才正常塑造出他的个人生活。除此之外，工作将不再消极指望一个持续重建的贫困群体的不断补给，而是积极地信赖"与目的同一的精神"的普遍增长和一般进步。从今往后，我们将把"为了生存而工作"视为对人类社会的亵渎，而把"为了工作而生活"看作人类的目标。

旧的科学原理和道德准则已经显露出无效和萎缩，"道德的恶"必须通过发展崭新的科学原理和崭新的道德准则来予以消除。相应地，"自然的恶"——"道德的恶"的根源，也要通过有组织的工作和制定最低生活保障制度来给予抑制。最低生活保障制度将赋予"社会人"这个概念目前最缺乏的具体内容，而它恰恰也是我们每天向上帝祈祷的面包。"不可或缺的面包"这个独特的术语给予我们的启示在于：我们要求得到的，不应当是奢侈品或稀有之物，而仅仅是能够维持我们生存需要的必需品，以便我们有能力去实现人类的内在目标以及完成我们在地球世界上的最终目标——实现人类本质中的所有元素的常态化和谐。我们发现，最低生活保障制度还蕴含了一个更为深刻的象征性隐喻：上帝为以色列人提供了精神食粮。

根据人类已经获得的进步来看，额外需求领域越来越容易"涉入"基本需求领域。换句话说，昨天仍还属于额外需求的东西，今天就成了日常生活的必需品，明天将成为我们不可或缺的面包。例如，若干年前，看起来与邮政通信相比显得多余的铁路和电报机，然而在今天，如果不是必需品甚至是不可或缺的面包的话，还有什么东西能与它们相提并论呢？

毋庸置疑，我们将对以下这种观点提出批评。一方面承认"妄想通过运用基督教倡导的兄弟友爱这种'治标药物'去缓解当今社会的邪恶"在理论上是有害的。因为这种观点假定，人类天性懒惰，对自己的命运总是漠不关心，并且出于同样的原因而具有各种各样的"恶习"——它甚至会使人类陷入更加可悲的状态，而不是把他们从不幸之中解救出来。另一方面，又打算另外提出一种只会带来同样结果的所谓"全新药物"来作为治疗手段。事实上，这新药物仅仅只是具有了一种更加普遍的形式，它虽然在一定程度上可以增强疗效，但同时也会带来更为有害的副作用。对于绝对懒惰和盲目轻率的人来说，还有什么能比普遍而持续地保证他生存之道的每一种手段更具有诱惑力呢？还有什么东西能够更加确信地为他的贪婪提供源源不断的动力呢？又有什么东西能比为一个组织预报其构成元素终将解体更富有毁灭性冲击呢？

我们必须立即回应这个似是而非的争论。我们不要理会这个显得特别但又极其重要的答复：驱使人们走上邪恶和犯罪道路的主要原因恰恰就是缺乏面包；我们不仅应当消灭这种贫乏（只有极少数"贫乏"可允许例外），而且也应该拆除相应受害者的"监狱"和"绞刑架"。让我们把这些批评者的注意力引向以下原则：某些事情虽然现在看起来似乎是不合时宜的，但是它自身可能包含真理的保证。首先，我们必须探究这种不合时宜的根源是不是在外在环境中没有被发现？对于正常生长的事物来说，在较低级或不成熟状态下不可能实现的原则是否在更高级的发展阶段也不会发生？从目前的情形来看，在现代社会组织（或者更确切地说"非有机组织"）中，像我开出的这类"药方"似乎是难以理解的或者是自相矛盾的。然而，这并没有赋予我们权力去承认它本身就是一个似是而非的问题。在我们今天所能理解的东西中，有多少又是我们老祖宗不能领会的呢？在我们时代之前的任何时期的人，比如说古希腊人或古罗马人，能理解基督教的什么呢？他们会把基督教的纯粹精神和禁欲主义生活方式看作自身再整合的唯一途径吗？在古腾堡（Gutenberg）[①] 或瓦特之前，下凡到人世间来倡导世界革新的那些伟大先知，他们能想象得到像印刷术、蒸汽机这类表征了"精神和物质同一"的奇迹吗？相关的案例比比皆是。甚至，我应该更进一步地指出，现在对我们来说似乎是不可能的东西，在未来实现的可能性也许比那些事实存在或者曾经存在的东西更具有 100 多倍的可能。举例来说，如果历史没有考古学出土的确凿证据，如果历史哲学没有从古代的无

---

① 约翰·古腾堡（全名：Johannes Gensfleisch zur Laden zum Gutenberg, 1398~1468），德国发明家，被誉为"西方活字印刷术的发明人"，其发明引发了媒体革命，推动了西方科学和社会的发展。——译注

数条件中提炼出的推理理由，我们会承认和接受它们的真实性吗？关于过去，谁今天会把罗马帝国社会的愚蠢行为看作强有力的象征呢？等等。至于说现在，19 世纪以后的基督教和奴隶制度，这种巨大而又可怕的任性和社会荒谬，仍然作为我们地球一个具有重要意义的组成部分而存在，并与世界的文明政治状态并驾齐驱，谁能想象得到呢？面对这些发出刺耳尖叫的见证者，谁敢否定不可能性本身就是可能的呢？

....

的确如此，随着救世主降临，如同世界整体轮廓将获得彻底更新那样，万事万物的面貌也会焕然一新。人们对"复兴"一词的含义已经达成了一致共识。我们在前面已经讨论过了它的不同含义的某些方面，接下来将要进一步补充和澄清它的其他方面。至于我们探讨的"祈祷"概念，凭借上帝意志在地球上的现实化以及人道主义宗教的不断进化，它足以让人感觉到目前社会状态下的知性水平和道德境界，并要求用"具有责任的冲动"这个标识来进行身份识别。人类现在不能理解的影响，在未来将会自然而然地出现。

当劳动——目前还具有限制性和强制性特征——通过工业组织和自身魅力的展示而变得引人注目和令人愉快之时，当然没有人会在意劳动主体的最低生活保障问题，反而会聆听到他们的冲动和职责共奏的谐音。庄严的上帝之道将在如此粗糙的劳动工作中得到精确呈现。这样一来，劳动工作——先前还一直被看作"人类因从极乐世界撤退回来而受到惩罚"的标识，将会因为自己的回归而成为人类得到的奖赏。

....

目前，社会中的绝大多数人——正好是我们承认他们的社会状况糟糕透了的那些阶级，无一例外都被剥夺了精神和物质的面包。在这短暂的痛苦之中，却也充满了希望的慰藉。正是在这个时候，我们必须承认，每次重大危机之前都会出现的道德败坏，都是新兴社会势力诞生的征兆，从而为我们呈现出一幅双重悲惨的场景：一方面是面包的缺乏，另一方面则是面包产生的毒害。凭借基督教的普及，人类已经被赋予了精神面包。然而，诸多原因造成这份精神面包的营养成分不断被消耗——宗教情怀的坠落与腐败；对伟大作家热情洋溢地表达的永恒法则漠不关心；最重要的是，概念的不断沸腾为基督教引入了发酵的细胞核；同时远古的霉菌和偏见形成的迷雾在太阳还没能升起的地方充分而浓郁地弥漫着。除此之外，这些因素对这块面包的善行的清洗也从来没有停止过，它们甚至用某种强烈的邪恶来感染它，从而使之成为有毒的面包。

在这里，我们看到了一种在社会物质关系之中也可看见的相似现象，我们不能用一个事不关己或漠不关心的态度来安慰和麻痹自己，这不仅是因为我们已经丧失了有益人民的影响，而且也是因为腐败已经普遍地占据了绝对上风。双重任务亟待完成：一是惩恶扬善；二是强行扯开人类嘴边的有毒面包，给予他们有营养的面包。为此，我们必须实现以下目标。

①道德—宗教追求实现的目标，主要通过神的启示以及建立崭新的宗教关系来实现。我们在前几章已经探讨过相关问题，此不赘述……

②纯粹理智追求实现的目标，通过为人类开辟通往"真正知识"的道路来实现——用大量的基本概念丰富理智，让更高层次的范畴更易于理解。最低限度的要求在这里就像我们承认物质观点那样无可争辩。因此，每一个个体都应享受免费的基础教育；在继续教育的过程中，他将会找到最恰当的能力来清除当前的障碍……随着社会教育的大众化，社会治理努力追求的成就将是直接为继续教育提供可持续的方法、途径和措施，满足人民群众不断觉醒的知识需求。为此，必须通过以下措施来实现：大力发行基础图书；定期出版公共刊物——保证其中一些期刊的价格非常便宜；同时，在所有公共领域配备有用的、可理解的、取拿方便的书籍。一股强大的推动力将注入人类精神进步之中——当然，如果不企图去改善人类的物质生活状态，这也将是无效的幻想和笨拙的努力。

③理智—实践追求实现的目标，通过建立专业课程和通识课程来实现。这不仅是为了那些正打算致力于产业工艺的年轻人，而且也是为了那些成年工人和手工业者。这些课程有助于他们了解人类进步和科学发明的最新动态，从而为他们获取疏离已久且不易接近的"实践知识"清扫道路——没有了这些知识，工人阶级的一切几乎都被彻底剥夺了。更为重要的是，通过基础教育，实践知识可以比目前存在的所有教育模式更能广泛地传播实践生活信息。

我相信再没有任何批评比这种观点更站不住脚了，即认为这种实践知识不仅会阻止工人参与工作，而且还会赋予他们不合适的抱负。事实上，相对于严谨的证明，再没有什么比这个结论更简单明了了：没有工人的精神教育，劳动将永远不会成功地把他们自己从我们今天亲眼所见的贬值状态之中拖扯出来。没有公共教育，实践永远摆脱不了强迫、压制、失误和厌恶的污名，而这些污名将会不断汲取它的营养成分，剥夺这个世界如此众多的积极优势，并为它那些不能根除的积极元素烙上"在法律上行不通"的不光彩印记。现在是时候终止他人随意给工匠形象贴上恶意诽谤的标签；是时候该让工匠自身感觉到自己就是一位艺术家——带着艺术热情和理性之爱去走进他们的工作；是时候该让他们用有机工作去取代机械工作；是时候该让他们在技艺高超的工作劳动中体验到犹如士兵在战役胜利后迸发出的自豪和喜悦。因为在将来，工人阶级将会是人类在"有机实践"这面精神旗帜指导下持续不断赢得征服自然之胜利的真正军队；这种征服与击败没有关联，永远也挤不出眼泪，甚至如工人阶级自己所保证的那样——对于当前已经建立起的举不胜举的优势，他们将充分利用以便确立子孙后代的永久幸福。理解了他们的立场和抱负，我们就足可预见那个将会喷薄欲出的"幸福喷泉"蕴藏着的巨大能量和潜力。

因此，人民对日常面包的需求，实质就是要求排除一切社会反常现象，最大限度获得有益的效能——我们在本章已经触及过相关问题。我们已经明白，人类社会今天这种存在状态，发展的必然结果就是向每一位个体提供最低限度的物质和智力保障，也就是为他本人的独立发展提供能力支持。此处所谓的"最低限度保障"，不仅是由我们目前视为是基本生活必需品的那些物体组成，其中还包括其他一些东西——我们现在把它们看作是不必要的，但很快将会成为人类不可或缺的东西，因为"需求的范围"将会以牺牲"不必要的消费领域"作为代价来进一步扩展。这丝毫不会令人感到遗憾，因为每个人的幸福并不取决于剥夺自身的所有需求——正如我们错误的断言那样。因此，在确信自己有办法满足各方面需求之后，在此基础上退缩回来，并褪下那"可怕的冷漠"的外壳，反倒越来越有助于增加、改善和完善这些需要。因此，我们在"日常面包"的一般表述中大可不必只包含诸如营养、供暖设备、庇护所、读写教育以及基本知识之类的东西；随着人类的发展，我们应该汲取更多的元素来充实"最低限度保障"的内容，比如我们应当建立免费的公共澡堂和体育设施，同时引进公共娱乐节目、或多或少的精神表演——它们同样是"最低限度保障"必不可少的条件。

我们从众多相关案例中精心挑选出上述这些例子，一方面是因为它们很少为怀疑论者的否定所影响，另一方面是因为我们看到了它们在古代社会就已经实现了的证据——古希腊的体育场和古罗马的戏剧院、奥林匹克运动会、马戏团、大剧院、运动场和军事游戏，诸如此类。因此，人们会无偿得到满足，这样的满足不能被称为无关痛痒的"小乐趣"，而是生活的真正需要。这种需求既不虚无缥缈，也不言过其实，因为它已经在现实中实现过了，现在仅仅需要等待它的重建与再生。我甚至可以这样说，在未来制度进一步发展中，许多与之相似的需求还会被唤醒。对人类同盟者来说，这不仅不是一个令人害怕的见解，反倒是一个令人愉悦的见解，同时它还是人类社会快速发展的一个证据或证明。这种深深根植于人类天性的肉体和精神需求，在当今已经被堕落的大众娱乐所证实。尽管那些嘉年华和狂欢夜纯粹是放荡不羁的滥情纵欲，不过，它们也可以被很好地引领——如果对它们进行更高和更好地定位，它们在某种程度上甚至可以超越其在古典世界中占据的崇高地位。

还有一个疑问或者说是一个直接而明显的难题，仍有可能悄悄混进来。在哪里能够找到确保"最低限度保障"的方法和途径？用于这些花销的资金从何处而来？是不是该由社会行政部门来承担这笔费用呢？如果是，它们又将到哪里去筹措这笔资金？首先，我们要回答的是另一个问题：今天的行政部门是从哪里掏出钱用于自身的昂贵维护和某些分支机构的超额运转呢？例如军队，它将证明如果不是与其国情相匹配，至少在数量上是毫无必要的。不可否认，一些士兵因为教化使命而被需要——可以说，需要他们去防备或制止那些还没有融入文明世界的人，或者是那些能威胁社会安全的群体。另外，相比于补偿这种有机消耗的能力而言，像这样被注入工业社会中的强大推动力是不是更有能力去保证生产的直接来源呢？

劳动力——财富的基本要素——取决于我们自身；自然界——财富取之不尽、用之不竭的客观资源——无论什么时候都需要通过实践来刺激，从而为我们留下了绰绰有余的方法、措施或途径去实现社会目标。我重申：站在当今的视野来看，要勾勒一幅清晰的未来人类关系图景，在某些人看来似乎是非常困难的；我们的目的不是要让他们在困难面前垂头丧气，而是要激励他们为创建绝对正确的准则而勇往直前。如果人们就此达成共识，我们相信他们很快就会在行动中认识和实现根植在意识中的东西。

最后，重新梳理一遍本部分形成的假定或先决条件，我们将对政府行政机关的三个分支体系的功能达成一致共识。它们对于即将到来的时代定位的巩固、加强以及整合而言是不可或缺的因素。

①一个普遍适用的社会保险体系。它有助于保障每个个体已经拥有了的东西，以此让他免遭不利损失。

②一个普遍适用的社会保障体系。它有助于确保每个个体至少应该拥有什么，亦即"最低限度保障"。通过建构这种体系，可以让他完全避免陷入受饿之境地，使其不会成为无足轻重的社会存在。

③一个普遍适用的协会体系。它有助于确保每个个体获得他所能拥有的东西。换句话讲，它有助于确保每个个体得到其应该具有的权利、能力，甚至是在经济和精神上应该承担的义务和职责，从而开启一条更简单明了而且是绝无仅有的人生道路。这条道路能够激励他不断去探寻和追求充满正能量的目标，以便他能够坚信这句话："看哪，弟兄和睦相处是何等地善，何等地美！"①

七　阿门

向自己传达完上述祈求之后，我们带着愉悦的心情讲述最后一句话，只因为这句话是它们未来之实现的最完整的保证。基督经常用这句话去支撑和增强他的天启，而圣西彼廉（St Cyprian）非常恰当地把它称为"祷告最完美的印章"，因为它意味着：事实上就是如此。救世主不仅教会我们应当祈求些什么，还由此向人类展示了他们缺少什么，引导其欲望并指出人类将要去实现的目标，他们所赢得的东西就是他们努力的回报。他另外特别增添的这句有重要意义的话，赋予了已经建立起来的强烈希望无可置疑的必然性。如果救世主说："无论你以我的名义要求什么，我都会给你"，我们怎么可能去怀疑他命令我们去祈求的东西呢？我们怎么可能去拒绝他认为对我们幸福不可或缺的东西呢？毕竟，我们对所需之物的祈求，不仅是在他的名义下进行的，而且还是在他的承诺下进行的。我们可以给基于宗教权威建立起来的信心添加令人信服的科学理由。先验的哲学和后验的历史向我们证实，当前人类社会的剧变——无论我们是被动地或是主动地

---

① 《圣经旧约》中的《诗篇》133。

看到的，都是稀松平常的，只不过这个混沌世界的新结构以及它的许多特征都关涉我们对"祈求"的分析。因此，如果在信仰和知识这个节点上能够摒弃长期存在的"思辨同一性"争论，这难道不是对上帝的亵渎？假设有些人是理智的——我本不应这样表明我的怀疑，因为怀疑是被动的和消极的，因而它不会延伸到如此之远——但如果有人打算顽固地拒绝承认这种明显的确定性呢？

最后，为了使我们自己也确信布局在所有连续性之开端的基本原理和已经得到确认的个体特质，让我们快速浏览一下祈祷文的本质和整体结构——它的细节我们刚刚分析过了。这是一个精心为基督教徒准备的祈祷；它的祈求内容可以被概括为：表达了对新的社会状态的期望。在这个新社会中，基督教的障碍已经被移除，其不足之处已经被完善。祈祷行为的每一个构成元素都是一道映照未来的光，即使把我们自己也限定为这些元素，我们也能创作出一幅相当精确的未来图像。相应地，它的主要特征如下。

我们与其把上帝设置成是一个指引我们前行的超凡脱俗的存在，倒不如把他看作是一个活生生的、参与人类生活的存在。这样一来，从基督在人世间的短暂世俗生活之中，我们就能理解和领会这个事先已经准备好了的神秘预兆。在时间与社会的精神发展过程中，始终贯穿着圣灵的统治，现在所有这一切都将绝对地发生。这是弥赛亚公开宣布回归的现实化，圣灵不再仅仅是下落到个体身上，而是降临在作为一个完整总体的人类之上。

这个真正而不抽象的且被基督预言过的信仰团结终将实现。唯有"上帝"这个思辨概念才会使基督之名普遍神圣化，因为我们可能因为暴力或恐惧去被迫敬畏我们所不理解的东西，但永远不能热爱和敬慕。

在天国来临之际，在《新约全书》中发现的所有预言、《旧约全书》的某些预言（这些预言不局限于基督教内，而是能够通达我们这个时代）以及早期基督教徒的炽热信仰，都将会实现。天国将拥抱一种全新的社会秩序。在那里，社会的法律和道德状况，不是由外部暴力或内部斗争来确定，而是由天然本性和义务本质之间的和谐统一来决定。在那里，人类的一切崇高目标在家庭、社会和国家领域都能畅通无阻地实现；美、真、善的理念都将在艺术、科学和宗教的绝对领域找到自己的终极实现形式。

最高级存在的意志再也不会被发现，它自己同尘世个体的意志是相互抵牾的；它不仅能在整个历史过程中展示自己的卓越，而且在私人关系中也能如此。人类将从各种污名化中解脱出来——这些侮辱直到今天还在侵蚀着我们时代的文明自信，而基督教也只能通过废除奴隶制来进行部分清除。无产者、没有面包的人，或者那些没能力支撑更远大抱负的人，他们赖以生存的"土壤"都将从社会中消失。因此，人类成员期待已久的平等将会发生。确实，这种平等将不再依赖 18 世纪末出现的那些抽象、片面和不切实际的空想。要知道，这个世界为这些空想付出了惨痛的代价——流了如此多的血，遭受了如此多的不幸。这种平等，既是一种建立在能够有效实现所有崇高目标的能力之上的平等——这些崇高目标的种子播撒在人类精神本质之中，它们先前完全没有生根发芽（更别说开花结果了）的可能性；也是一种以拥有实现这些目标的手段和通往这些目标的开放途径为基础的平等。

凭借自己的行动，人类完全可以成为自身幸福或不幸的筹划者。只有确立了这个信念，对公正、仁慈的上帝意志的信仰才将最彻底强化。经历了无数外部胁迫和内部斗争的人类，只有在连续和谐的实践活动中——完全不受上帝赐予人类的诸元素之间的纷争和不容所干扰，才能感受到幸福无比。这些元素将不再参与到机械阻力或化学性拮抗作用中，而是在有机生活中相互协调。

简而言之，人类必将从一切必然消解且自相矛盾的邪恶之中解放出来。人类发展已经达到了它的第三个阶段即"综合时代"，这个阶段的典型特性就是和谐一致。通过精神和物质共同再生，一切都会变得更加生动、更有活力，人类将再一次开始超越包含在这个阶段内部的各种规定性，直到它实现圣约翰在《启示录》中提出的极乐之境。[①]

一旦进入这样的未来，我们将不再吟诵伟大的祈祷文，因为它包含的祈求已经实现。尽管如此，它也将永远保持，成为人类生活最珍贵的记忆和最宝贵的遗产之一，同时它也是人类瞻仰耶稣基督——这位全人类种族的救世主——的神圣德性的最重要的纪念碑之一。假如到了那时候，仍然还有人在怀疑基督的神圣使命，这份祈祷经文将是足够充分的证明，因为如果不是上帝自己，那还有谁能在如此少的字里行间融入如此遥远的未来的秘密呢？只有人类意识到了未来的秘密，秘密才不再是秘密；只有未来

---

① 参见《圣约翰启示录》Ⅱ.Ⅱ，21–4 和 14.3。

的秘密昭然若揭，人类才将进入被上帝应许的未来。不管怎样说，我们现在已经解开了它的含义，人类将重新睁开眼睛去审视《圣经》，并且每个人都会意识到：这祈祷文原来就是丹尼尔密封的那本书，要等到恰当时机才会重新解禁。我们差不多在 19 世纪就拥有了它，但深谙它的精髓的时机仍未来到，因为它被密封的隐含意义有待揭示，因为这本朴实无华的未来之书有待翻开。只要我们在这本书中还没提取出它透露的未来，我们就要用最大的热情去吟诵它，以此与它蕴含的祈求相匹配。用我们所有的爱去感激它的作者；用我们满满的确信去修习它包含的真理；用我们完美的宗教精神去激励我们的斗争，以便我们配得上成为天国的使节。当天国出现之时，我们则应该对它唱一首赞美和感恩的圣诗，并将这首充满感觉之活力和信仰之热情的圣诗充分表达在我们的嘴唇上，以此来替代祈祷经文。

阿门！诚心所愿——诚心应遂所愿。

编译后记

在中国人民大学读博期间，我的导师梁树发教授反复强调，要研究马克思实践哲学，就得关注和研究切什考夫斯基的"行动的哲学"思想，特别是他的代表作《历史哲学导论》。我当时牢记在心，可在校期间由于忙于恶补功课和撰写毕业论文，这项"作业"就拖到了博士毕业之后。当我真正着手完成这项"作业"的时候，才发现有关切什考夫斯基哲学思想的中文文献资料少之又少。它的确是有待开垦的空白之地，还是根本就没有学术价值？当时连我自己都不得而知。后来发生的两件事情印证了梁老师的博学与睿智：一是2014年我以翻译的《历史哲学导论》初稿申请中国博士后基金项目得到资助；二是2016年我以"切什考夫斯基'行动的哲学'著作翻译与文本研究"为题申请国家社科基金项目得到立项。毫无疑问，这坚定了我翻译切什考夫斯基著作的信心和决心。

翻译本来就是一项极其枯燥和极其辛苦的工作，对素来坐不住和语言迟钝的我来说更有一番说不出的滋味。几年下来，其他科研成果寥寥无几，还落下了腰椎间盘突出和肩周炎等病患。不过，看到译著即将付梓，似乎觉得所有付出与努力也值了。

在翻译的过程中，幸亏得到多位友人的支持和帮助。本课题组成员的辛勤劳动自不必说：西南大学外国语学院的刘杰伟老师组织人手翻译了该译著涉及的法文版本和波兰文版本的部分内容，使翻译能够得到精确比照；天津师范大学的马凤阳女士作为国内最早研究切什考夫斯基思想的学者，给我们的翻译工作提供了重要参考；我的姐姐，陆军勤务学院的文海鸿女士为这部译著做了大量的校对工作。除此之外，目前还在德国留学的李丽丽女士自告奋勇地翻译了该译著涉及的德文版本的部分内容；成都电子科技大学的盛扬燕女士给予了不可或缺的翻译技术指导；四川农业大学马克思主义学院的周虹博士不辞劳苦搜集和整理了大量的外文文献资料；我原单位同事、四川文理学院的刘海名老师和张岚老师不计名利地为我翻译了国外学者研究切什考夫斯基及其思想的多篇外文文章;我的老师、四川文理学院的王道坤教授不顾年事已高,为这部译著做了精致细微的润色工作。我受到的恩惠实在难以一一列举,我在此只是想真诚地表达,这部译著真的是集体智慧的结晶。在翻译过程中,虽然我们尽可能地按照"信、达、雅"的标准要求自己,无奈水平有限,只能做到如此,敬请各位专家学者不吝批评指正。

谨以此书献给:给予我支持的所有家人、赐予我点拨的各位导师、施予我友爱的各位朋友和同事。本书能够付梓,特别鸣谢:四川文理学院领导们的无限包容,四川外国语大学领导们的慷慨资助,社会科学文献出版社政法传媒分社总编辑曹义恒和责任编辑岳梦夏付出的专业劳动。这让我永存感恩之心。

文 翔

2022 年 7 月 19 日　林泉雅舍

图书在版编目（CIP）数据

切什考夫斯基实践哲学思想选集／（波）奥古斯特·
切什考夫斯基（August Cieszkowski）著；文翔等编译
. -- 北京：社会科学文献出版社，2022.7
　书名原文：Selected Writings of August
Cieszkowski's Practical Philosophy
　ISBN 978-7-5228-0096-7

　Ⅰ.①切… 　Ⅱ.①奥… ②文… 　Ⅲ.①切什考夫斯基
-实践学-哲学思想-文集 　Ⅳ.①B023-53

　中国版本图书馆 CIP 数据核字（2022）第 082389 号

切什考夫斯基实践哲学思想选集

著　　者／〔波〕奥古斯特·切什考夫斯基（August Cieszkowski）
编　　译／文　翔 等

出 版 人／王利民
责任编辑／岳梦夏
责任印制／王京美

出　　版／社会科学文献出版社 · 政法传媒分社（010）59367156
　　　　　地址：北京市北三环中路甲 29 号院华龙大厦　邮编：100029
　　　　　网址：www.ssap.com.cn
发　　行／社会科学文献出版社（010）59367028
印　　装／三河市东方印刷有限公司

规　　格／开　本：787mm×1092mm　1/16
　　　　　印　张：16.5　字　数：268 千字
版　　次／2022 年 7 月第 1 版　2022 年 7 月第 1 次印刷
书　　号／ISBN 978-7-5228-0096-7
定　　价／98.00 元

读者服务电话：4008918866